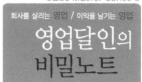

Sales Master Series 3

회사를 살리는 영업 / 이익을 남기는 영업

영업달인의
비밀노트

저자 노진경

약 력　건국대학교 무역학과
인하대학교 경영대학원 MBA

자 격　前, 데일 카네기 코스 강사, 카네기 경영전략 강사,
카네기 리더십 강사, 세일즈 강사
PHD 컨설팅, 경인카네기연구소 소장, 중소기업연수
원 외부강사, 뉴호라이즌 코리아 전임강사
現, 성취동기개발센터/서비스경영연구소 소장, 한국
생산성본부 지도교수, 한국표준협회 경영전문위원,
중소기업연수원 사이버튜터, 한국능률협회인증원 지
도교수, 카이저 교육 컨설팅 지도교수, 한국조직개발
협회 지도교수, 애니어그램 일반강사

저 서　『김 대리 영업의 달인이 되다』(Sales Master Series 1)
『프리젠테이션 마스터 A-Z』(Sales Master Series 2)

표지디자인 **김도영**

비즈니스 **5**   Sales Master Series 3

회사를 살리는 영업 / 이익을 남기는 영업

영업달인의 비밀노트

노진경 지음

프롤로그
prologue...

영업 활동을 하는 영업전문가들이 가장 행복하게 기다
리는 순간은 고객이 계약서에 최종 사인을 할 때가
아닌가 생각한다. 수개월 또는 수일간의 노력을 통해 고객을 발
굴하고, 만나서 상담을 하고, 프리젠테이션, 시연을 하고 설득
을 하며 협상 등의 다양한 영업활동의 결과물인 계약서를 받는
다는 것은 영업이 가진 매력이면서 자신의 능력을 확인하고 성
장과 발전에 자신감을 갖는 순간이다.

고객이 까다로운 성격이든, 사람을 좋아하는 성격이든, 일
을 힘들게 하는 성격이든 영업전문가를 힘들게 하였던 모든
것은 이 순간계약서를 받는 모두 잊혀진다. 오로지 성취감이 영업
전문가를 감싸게 된다. 하지만 여기서 영업전문가가 놓쳐서는
안 되는 매우 중요한 사실이 있다. 그것은 영업전문가가 받은
계약서의 수준이다. 이 수준은 A^+ 점수로부터 F 점수까지 다

양하다.

우수한 영업전문가는 어떤 성적을 받는 계약서를 받아낼까? 당연히 A⁺의 계약서이다. 영업은 매출로도 승부를 하지만 영업 이익률이익이 많이 나는도 매우 중요한 요소이다. 매출이 아무리 많아도 그 이익률이 낮다면 매력적이지 않다. 이유는 이익률이 조직의 성장과 발전의 중요한 재원이 되기 때문이다. 이글을 읽는 당신이 영업전문가라면 반드시 고려해야 하는 중요한 요소이다. 조직의 영업목표와 전략이 매출 중심이라고 하더라도 그 이면에는 영업 이익률을 높이고자 하는 것도 포함되어 있음을 알아야 한다. 당신이 우수한 영업전문가가 되고자 한다면 이 사실을 염두에 두고 반드시 달성하여야 한다.

즉, 영업의 성적표는 계약서이고 영업의 성적 수준은 계약서의 내용이다. 수정이 없는, 즉 자사가 작성한 표준 계약서대로 계약을 받는 능력이 영업스킬이다. 즉 영업이란 자사 판매조건의 수정이 없이 고객을 설득해 오더를 받아오는 것이다. 하지만 어떤 고객도 이 조건대로 구매를 하려 하지 않는다. 여기서 계약서의 내용을 좌우하는 것은 영업스킬이 아니고 협상스킬이다. 따라서 우수한 성적의 계약서를 받기 위해서는 영업스킬뿐 아니라 협상스킬 또한 매우 중요한 능력인 것이다.

영업전문가가 자사의 표준 계약서대로 계약서를 받기 위해서 요구되는 또 하나의 중요한 능력은 고객이 처음부터 협상으로 들어가지 못하도록 하는 것이다. 이를 위해서는 가치 중심, 고객의 문제해결과 고객이 얻는 이익 중심의 영업을 해야 한다. 이것을 위해서는 고객사의 구매의사결정 구조와 구매관계자를 파악하고 전략적인 접근을 하여야 한다. 구매의사결정에 개입하는 구매관계자사용자, 내부 전문가, 구매담당자, 의사결정자들은 서로 다른 욕구를 갖고 있다. 이렇게 서로 다른 욕구를 가진 이해관계자들을 적절하게 공략함으로써 영업의 성적을 향상시킬 수 있는 것이다.

이 책에서는 영업스킬 중 구매프로세스를 이해하고 구매관계자들을 공략하는 방법과 가치 중심의 영업기회 발굴, 영업 과정에서 발생하는 다양한 협상의 상황에 대처하는 방법스킬에 중점을 두고자 한다. 이 책을 읽고 각 장의 과제들을 잘 수행한다면 당신도 우수한 영업 성적표를 받을 수 있을 것이다.

노진경

차례
contents

contents

contents

contents

제1장

영업과 영업성적표 이해

제1장 영업과 영업성적표 이해

김 대리는 오늘도 자신의 목표달성을 위해 열심히 영업 활동을 하고 있다. 지난번 비즈니스 코치를 통해 새롭게 알게 된 상담방법들을 하나씩 적용하면서 자신의 성장하고 발전하는 모습에 스스로 놀라기도 하였다. 물론 김 대리가 만나는 고객들 또한 김 대리의 상담스킬과 영업을 바라보는 관점 더 나아가 영업전문가 중심이 아닌 자신들_{고객} 중심의 업무 수행 방법에 놀라워하고 있다. 따라서 김 대리의 성과가 향상됨은 당연한 일이 아니겠는가?

오랜만에 김 대리는 자신의 영업활동을 분석하고 있다. 과거에 비해 부쩍 늘어난 고객 수와 활동량과 성과를 보고 흐뭇한 미소를 짓고 있다. 이대로만 영업성과가 올라간다면 자신이 원하는 프로 영업전문가로서의 경력개발과 비전 달성에 큰 도움이 될 것 같은 확신에 저절로 신바람이 난다.

그때 김 대리 상사인 이기상 부장이 김 대리를 부른다. 그동안 김 대리의 성과향상과 태도변화에 누구보다도 기뻐하고 만족해 온 상사이다. 김 대리는 자료를 정리하던 손을 멈추고 이기상 부장과 회의실로 들어간다. 예전에 영업성과가 시원찮을 때는 그렇게 들어가기 싫어했던 회의실이 요즘은 오히려 자신을 위해 준비된 공간이라는 생각까지 든다. 자리에 앉자 이기상 부장은 가져온 자료를 꺼내서 하나씩 살펴본다. 흘깃 본 김 대리는 자신이 지난 10개월간 받아 온 계약서들인 것을 알고는 더욱 기분이 좋다.

이기상 부장: 김 대리!

김 대리: 예

이기상 부장: 난 자네 상사로서 최근에 자네가 보여 준 성과와 다른 직원들의 모범이 되는 태도와 영업스킬에 대해 매우 고맙고 뿌듯하게 생각하고 있다네. 그리고 지금과 같이 지속적으로 성과를 올린다면 회사에서 최고의 영업전문가가 되는 것 또한 확실하다고 믿고 있다네.

김 대리: 쑥스러워하며 감사합니다. 모든 것이 부장님과 다른 부서와 직원들의 도움 덕분이라고.

이기상 부장: 그렇게 생각을 해 주니 더욱 기분이 좋구면. 한데 한 가지 김 대리에게 알려 줄 것이 있어서⋯ 이것은 김 대리에게도 무척 중요한 것이라 생각을 한다네.

김 대리: 조심스럽게 무슨 말씀이신지요.

이기상 부장: 잘 들어보게. 이 자료들이 무엇인지는 잘 알지? 자네가 지난 10개월간 받아 온 계약서들이야. 다른 직원들 보다도 많지. 고맙네. 며칠 전 자네가 받아 온 계약서를 검토할 기회가 있어서 검토를 해 본 결과 자네 계약서의 수준에 조금의 문제가 있다는 것을 발견하였다네.

김 대리: 깜짝 놀라며 문제라니요? 제가 계약을 잘못 받아 온 것이 있습니까?

이기상 부장: 잘못 받아 온 것이 아니라 계약서의 수준이네. 약간 혼동이 될 것이네. 하지만 잘 들어보게. 자네가 받아 온 계약서는 모두 영업 이익률이 다른 직원들의 계약서보다 떨어진다는 것이지.

김 대리: 무슨 말씀이신지… 영업 이익률이 다른 직원들보다 떨어진다는 말씀이.

이기상 부장: 자네가 놀라는 것은 당연하네. 하지만 자네가 알아야 할 하나의 중요한 사실은 영업활동을 통해 받아 오는 계약서의 내용은 곧 영업의 이익률과 직접적으로 연결된다네. 즉 영업 이익률이 높은 계약서가 더 많은 조직의 이익을 보장한다는 말이지. 다시 말하면 아무리 많은 계약서를 받아 온다고 하더라도 그 계약서가 이익을 남기지 못하거나 이익이 낮다면 회사로서는 바람직하지 않다는 것이지. 즉 돈이 들어오지만 남는 것이 없다는 말과 같네.

김 대리: 조용히 침묵을 지킨다. 머릿속으로 무엇이 문제인지를 생각해 본다. 영업을

고객 중심으로 고객의 문제해결 중심으로 전개를 해서 성과를 올리고 있는데 그 계약서가 이익을 크게 가져오지 못한다…. 당황스럽다 좀 더 자세히 이해하기 쉽게 말씀을 해 주시기 바랍니다.

이기상 부장: 그래. 김 대리의 그러한 자세도 맘에 들구먼. 쉽게 말해서 자네가 받아 온 계약서의 내용이 원본에 비해 너무 많이 고쳐져서 회사로서는 큰 이익이 남지 않는다는 것이네. 즉 고객에게 너무 많은 양보를 했다는 소리지. 이해가 되는가?

김 대리: 예! 조금은 이해가 됩니다만 계약을 하자면 고객이 원하는 것을 들어주어야… 그리고 저는 큰 양보는 하지 않고 계약을 받아 온 것으로 생각을 하는데….

이기상 부장: 자네가 그렇게 반응하는 것도 당연하네. 하지만 회사로서는 매출도 중요하지만 매출 이익률도 매우 중요하다는 것을 알고 앞으로 영업을 할 때 이 부분도 고려를 하기 바라네. 혹 이해가 되지 않은 부분이 있는가? 그리고 이 부분에 대해 자네가 생각하는 해결안에 대해서 나중에 다시 만나서 이야기를 하지. 나도 자네를 도와줄 방법을 찾아볼 테니까. 오늘 내가 자네에게 한 말을 잘 기억을 하고 멋진 해결안을 보여 주기 바라네. 지난번처럼. 아마도 자네의 경력에 또 하나의 날개를 달게 될 것이니까!

회의실을 나와 자기 자리로 돌아가는 김 대리는 부장님의 이야기를 곰곰이 생각해 본다. '영업 이익률, 매출 이익률이

라! 그런 것도 영업성과의 점검요소가 되는군. 무조건 많이 파는 것이 능사는 아니라는 말인데….'

자기 자리로 돌아온 김 대리는 책상 위에 우편물을 발견한다. 수신자는 김 대리이고 보낸 사람은 이름이 없다. 의아해 하면서 우편물을 개봉한 김 대리의 얼굴에는 미소가 번진다. 지난번 김 대리를 도와준 비즈니스 코치가 보낸 것이 아닌가! 꽤 두툼한 서류가 있고 비즈니스 고치의 간단한 메모가 있다.

■ ■ ■

안녕하십니까! 김 대리님… 오랜만이군요. 하지만 김 대리께서 매우 우수한 성과를 올리고 있다는 것은 잘 알고 있습니다. 나 또한 무척 기쁘게 생각을 합니다. 지난번 대화에서 내가 해 주지 못한 이야기들이 있어 그 내용을 적어서 보냅니다. 잘 읽어 보시면 최근에 김 대리께서 부딪힌 문제를 해결하는 하나의 열쇠가 될 것 입니다. 그리고 조만간 김 대리님을 다시 만나게 될 것 같은 예감이 드는군요. 지금쯤이면 무엇인가 궁금한 부분이 생겨서 나를 만나고 싶어 할 것이라 생각합니다. 아무튼 동봉한 자료를 잘 읽어 보시기 바랍니다. 늘 김 대리님의 성공을 기원하며.

■ ■ ■

김 대리는 너무나 기뻐서 환호를 지를 뻔했다. 그동안 깜박 잊고 있었던 비즈니스 코치가 아닌가! 그리고 현재 나의 고민을 알고 있었다는 듯이 말하고 있지 않은가? 김 대리는 서둘러 비즈니스 코치가 보내 준 서류를 읽어 본다.

1 영업과 영업성적표[1] 이해

영업은 자사와 자사 상품과 서비스가 가진 역량특성, 장점, 기능, 차별화 등이 고객의 비즈니스 문제업무상의 문제와 달성하고자 하는 욕구경영목표, 업무목표를 채워 주는 방법을 증거 자료와 함께 논리적으로 제안을 해 고객을 설득하는 커뮤니케이션 과정이다. 이 정의가 내포하고 있는 것은 영업은 ① 고객의 비즈니스 문제와 욕구를 알아야 한다는 것이고, ② 자사와 자사 상품이 가진 차별화된 역량이 고객의 문제를 해결할 수 있어야 하며, ③ 이 사실들을 증거 자료와 함께 논리적으로 구성을 하고 ④ 전달을 통해 고객을 설득하는 커뮤니케이션 과정이라는 것이다. 영업전문가는 이러한 네 가지 영업의 역할을 명확하게 이해를 하고 각각에 대한 만반의 준비를 한 후 영업활동에 임해야 한다.

대부분의 영업전문가들은 자신들의 멋진 언어구사력으로 고객을 자신들이 원하는 대로 설득을 할 수 있어야 한다고 생각을 한다. 이러한 믿음은 고객의 욕구를 무시한 영업전문가 중심의 영업 커뮤니케이션을 하도록 하며, 가끔은 성공을 하기도 한다. 하지만 이 성공의 이면에는 고객이 스스로 판단을 해 자신과 기업의 비즈니스와 업무에 도움이 된다는 확신

---

1) 영업성적표는 자사의 영업계약서의 수준을 말한다. A+는 계약서의 내용 수정 없이 회사가 정한 조건으로 100%, 판매를 하였을 때의 영업계약서 점수이다. 이 영업계약서의 이익이 낮을수록 정수는 F까지 낮아 질 것이다.

이 그들을 움직였다는 사실이 숨겨져 있다는 것을 자기중심으로 영업 커뮤니케이션을 하는 영업전문가들은 모른다.

영업전문가 중심의 영업 커뮤니케이션은 고객을 효과적으로 설득하지 못한다. 여기서 이 책의 중요성이 있다. 당신은 영업전문가로서 꼭 거래를 하고 싶은 기업의 파트너를 만난다. 오늘이 첫 상담일 수 있고 여러 번 상담을 진행하였을 수도 있다. 오늘따라 고객의 반응이 소극적이다. 가끔은 당신의 설명에 관심이 없는 듯한 태도를 보이기도 하고, 시계를 바라보거나 당신 회사의 경쟁사를 들먹인다. 당신은 마음이 불안하다. 오늘 좋은 결과를 얻고자 하는데… 당신은 다시 상품의 특성과 기능을 장황하게 설명을 한다. 기존 고객의 사례도 이야기한다. 그래도 고객은 영 시원찮은 반응이다. 당신은 고객의 적극적인 반응을 보고 싶다. 자!! 어떤 이야기를 하겠는가?

대부분의 영업전문가들은 위와 같은 상황을 명확히 분석하지 못한다. 우수한 영업사원은 이러한 상황에 흔들리지 않는다. 그들은 먼저 오늘 이야기하는 상대의 구매프로세스상의 역할을 파악한다. 그리고 그 역할에 맞는 주제를 갖고 상담을 한다. 그들은 영업에서 무엇이 중요한 것인가를 잘 알고 있다. 고객을 설득하기 위해서 구매관계자들을 공략하는 방법을 알고 있다. 매출을 올리기 위한 계약서도 중요하지만, 그 계약서의 내용 또한 매우 중요하다는 것을 알고 있다. 그리고 어떻게 해야 계약서의 수준을 올려 높은 점수의 계약서를 받아야 하는가도 잘 알고 있다.

이것을 모른다면 당신이 받아 든 계약서는 A^+ 점수의 계약서가 아니고 어쩌면 F점수의 계약서가 될 수도 있다.

당신은 영업의 성적표를 받는 것에 집중하는 만큼 그 성적표의 점수도 매우 중요하다는 것을 알아야 한다. 우수상을 받을 수 있는 성적을 올려야 한다는 것이다. 그 평가는 자사의 경영층이 할 것이다. 높은 성적을 받은 성적표는 우수상을 받을 것이고 그것은 앞으로의 영업전문가로서 당신의 경력개발과 경력관리에도 중요한 역할을 할 것이다.

이 글을 읽는 당신이 영업전문가이라면 최근 6개월 동안 당신이 받은 영업 성적표의 점수를 확인해 보라. 어느 정도의 점수인가? 당신이 만족하는 만큼 당신 회사도 그 점수에 만족을 한다고 생각하는가? 혹 당신이 수개월간의 노력 끝에 받아 온 계약서에 대해 상사나 조직이 남는 것이 없다는이익이 너무 작다는 말을 듣는다면 당신의 기분은 어떠한가? 그것은 회사가 떠안아야 하는 문제라고 생각을 하는가? 당신은 계약서를 받아 온 것에 만족해 위의 것들을 무시하거나 무감각해지는가? 그래서는 안 된다.

영업 업무가 존재하는 이유는 고객들이 자발적으로 자사의 상품을 자사가 원하는 만큼 구매를 해 주지 않기 때문에 고객 한 명 한 명을 만나 설득을 해서 자사의 상품과 서비스를 구매하도록 하여야 하기 때문이다. 이는 조직이 성장하고 발전하기 위한 가장 기본적인 자원이 고객들의 구매에서 나오기 때문이다.

따라서 영업업무를 하는 영업전문가는 영업의 결과인 성적표계약서를 많이 받는 것만큼 높은 점수의 성적표계약서를 받아야 하는 임무/사명이 주어진 것이다. 또 영업전문가 개인의 경력을 위해서도 우수한 성적영업 매출과 영업이익 모두, 즉 두 마리 토끼를 잡아야 한다.을 올리는 것이 중요하다. 이것들을 위해서는 기존의 영업 패러다임을 혁신하고 전략적인 영업활동을 하여야한다. 이것들에 대해 하나씩 알아보기로 하자.

1) 버려야 하는 패러다임

영업강의를 하면서 수강생들에게 '영업을 하면서 가장 힘든 것이 무엇인가? 왜 영업을 힘들어하는가? 고객들이 가장 많이 요구하는 것이 무엇이고 무엇에 반대를 하는가?'라는 질문을 던진다. 대부분의 답은 '가격 조정', '품질조정', '납기', '결제조건과 방법' 등의 답이 나온다. 당신의 대답도 같은가? 여기에 또 하나의 질문을 던진다. '당신과 상담을 하는 고객은 누구인가? 위의 내용을 이야기하는 고객은 누구인가?' 이 질문에 대한 답은 거의 100% '구매부', 또는 '구매담당자'라는 답이 나온다.

여기서 또 하나의 결정적인 질문을 던진다. '그럼 구매부가 하는 역할은 무엇인가? 즉 고객기업이 이번 비즈니스를 위해

구매부에게 어떤 역할을 기대한다고 생각 하는가?'라는 질문
이다. 당신은 어떤 답을 하겠는가? 이것에 대해서는 뒤에서
자세히 알아볼 것이다. 그 다음의 결정적인 마무리 질문으로
'영업과 협상은 다른 것인가? 같은 것인가?'라는 질문을 던진
다. 당신의 답은?

영업전문가가 우수한 성적의 성적표를 받기 위해서는 영업과
협상을 명확히 구분할 수 있어야 한다. 이 구분을 할 수 없으면

가) 조건영업

나) 양보영업

다) 테크닉 구사형 영업을 할 수밖에 없다.

조건영업은 회사가 영업전문가에게 주어진 영업상의 권한영업
전문가에게 주어진 가격 할인율 등을 협상의 무기로 사용하지 못하고 고
객에게 이 조건을 일방적으로 제공하는 영업을 한다는 것을 의
미한다. 양보영업은 고객의 크고 작은 반대에 부딪힐 때마다 고
객이 요구를 수용해야 한다는 생각/믿음을 갖고 하는 영업을 의
미하며, 테크닉 구사형은 자신이 책임질 수 없는 조건들을 얼렁
뚱땅 넘어가면서 영업을 마무리하거나 지키기 어려운 약속을
하면서 고객을 설득하려는 영업 스타일을 말한다.

고객이 구매를 결정하는 것은 조건이 좋아서 구매를 하는
것은 아니다. 구매를 통해 자신들이 얻는 이익과 해결하는 문
제가 있기 때문에 구매를 하는 것이다. 물론 구매 조건이 중
요하지 않다는 것이 아니다. 구매 조건은 필요한 요소이다. 그

리고 이 조건을 고객이 스스로 해결하도록 하는 것이 영업의 역할이다. 고객이 이 구매조건의 문제를 해결할 수 없을 때 협상을 하는 것이다. 조건영업이라는 패러다임을 깨도록 하라.

당신의 영업스타일은 어떠한가? 위의 영업스타일이 가져오는 성적표는 대부분 B 점수 이하의 성적표가 된다. 이러한 실수를 범하지 않으려면, ① 영업과 협상을 명확히 구분을 할 것, ② 영업의 설득무기와 협상의 설득무기가 다르다는 것을 인식할 것, ③ 영업의 준비와 협상의 준비 또한 다르다는 것을 알고 활용할 것, ④ 가급적 협상을 하지 않고 영업에서 고객을 설득하는 데 성공할 것, ⑤ 영업전문가가 상담하는 상대방의 구매과정에서의 역할과 관심사를 명확하게 이해하고 활용할 것 등을 알아야 한다.

이러한 사실을 알고 영업활동에 적용하기 위해서는 기존 자신이 갖고 있는 영업의 습관과 패러다임을 바꿔야 한다. 물론 쉬운 일은 아닐 것이다. 자신이 익숙한 패러다임을 깨고 새로운 패러다임을 익힌다는 것은 과거의 패러다임에 익숙한 영업전문가들에게는 무척 힘든 일이다. 하지만 위의 패러다임을 벗어나지 않는다면 새로운 기회도 없다는 것을 알아야 한다.

2) 가져야 하는 패러다임

조직이 기대하는 영업은 많은 매출에만 있는 것이 아니다. 매출이 중요한 만큼 매출이익 또한 매우 중요하다. 영업전문가

는 자신이 땀 흘려 받아 오는 계약서가 이익이 많이 나는 계약
서가 되어야 한다는 것을 명심하여야 한다. 열심히 일하는 것
과 제대로 일하는 것이 다르듯이 영업의 결과도 그러하다.

높은 점수를 받는 계약서, 즉 매출이익이 높고 좋은 조건의
계약서를 받아 오기 위해서는 새롭게 인식을 하고 습관화 시
켜야 하는 패러다임이 있다.

가) 첫 번째 패러다임 - 영업과 협상의 구분

'당신은 영업과 협상을 구분할 수 있는가?' 강의를 하면서
이러한 질문을 던지면 대부분의 참석자들은 구분을 하기 어려
워한다. 어떤 이는 영업과 협상을 같은 것으로 인식하고 있다.
다른 이는 영업과 협상을 구분하지만 현실에서는 구분이 되지
않는다고 한다. 몇몇은 질문 자체에 의문을 갖기도 한다.

우수한 성적의 계약서를 받아 오기 위해서는 우선 우수한
계약서의 조건을 알아야 한다. 가장 우수한 계약서, 즉 회사
로서 가장 이익이 많이 남는 영업은 회사의 표준계약서대로
계약을 받아 오는 것이다. 회사는 처음 계약서를 만들 때 회
사로서 가장 이익이 많이 남는 조건들을 표준계약서로 만든
다. 따라서 고객이 이 표준계약서의 내용을 하나라도 수정을
하지 않고 구매의사결정을 하고 사인을 하였다면 그 계약서
는 가장 성적이 좋은 계약서이다.

영업은 고객으로 하여금 있는 그대로의 계약서로 자사와
비즈니스를 하도록 하는 활동이다. 대부분의 영업전문가는 영

업이 어려운 이유로 '가격이 비싸다', '경쟁사가 훨씬 좋은 조건을 제시한다', '고객이 까다롭다' 등등을 이야기한다. 그럼 이러한 어려움 없이 고객이 스스로 회사를 찾아오거나 연락을 해 회사가 원하는 만큼의 물량과 원하는 조건대로 상품과 서비스를 구매해 간다면 영업업무가 필요할 것인가? 아니다. 고객의 요구가 무조건 가격을 깎거나 자신에게 유리한 조건을 위한 것도 아니다. 영업은 상품과 서비스를 있는 그대로, 즉 회사의 조건대로 판매를 하는 것이고이것을 통해 고객은 자사의 문제해결과 이익을 얻는 방법수단을 구매, 협상은 그 조건들이 변경되는 것이다.자사의 구매능력 목표가 영업사원의 제안조건에 미달 할 때 조건을 자사에게 조금이라도 유리하게 하는 비즈니스 활동이다. 일단 이렇게 영업과 협상이 다르다는 것을 알아야 한다. 의미가 다르다는 것은 다른 기술과 내용을 요구한다는 것이다. 어떤 지식과 기술이 요구되는 것인가는 뒤에서 구매관계자를 공략하는 전략과 다양한 협상의 상황과 대응방법을 통해 알게 될 것이다.

나) 두 번째 패러다임 - 영업의 설득무기와 협상의 설득무기 차이인식

영업이든 협상이든 비즈니스 커뮤니케이션 특히 대고객비즈니스 커뮤니케이션의 목적은 고객을 설득을 하는 것이다. 설득은 '상대가 자신이 원하는 대로 사고하고 판단하고 행동하도록 하는 의도적인 시도'이다. 여기서 중요한 사실은 설득은 상호 이익이라는 것이다. 강의를 하면서 '설득을 하는 쪽

과 설득을 당하는 쪽 중 어느 쪽이 이익인가?'라는 질문을 던
지면 많은 참석자들은 설득을 하는 쪽이 이익이라고 대답을
한다. 이 또한 바꿔야 할 잘못된 패러다임이다. 설득은 어느
한쪽의 이익이 아니다. 다시 강조하지만 설득은 상호 이익을 추
구하는 것이다.고객은 문제해결과 그 이익, 영업은 매출증대

그럼 설득의 무기는 무엇인가? 바로 상호 이익이 되는 결과
물이다. 이 결과물은 가시적일 수도 있고 비가시적인 것일 수도
있다. 설득을 하는 쪽이나 설득을 당하는 쪽이 얻는 이익이 설
득의 무기이다. 여기서 중요한 또 하나의 사실은 설득을 하는
사람은 자신의 이익을 강조해서는 안 된다는 것이다. 이 또한
대부분의 사람들이 잘못 알고 습관화되어 있는 버려야 하는 패
러다임이다. 대부분의 사람은 상대를 설득을 할 때 자신이 기대
하는 것, 자신이 원하는 것 중심으로 이야기를 한다. 상대가 얻
는 이익은 대부분 생각하지 않거나 중요하게 여기지 않는다.

그럼 영업의 설득무기는 무엇인가? 영업의 설득무기는 영
업전문가가 판매하는 상품과 서비스가 해결해 주는 고객의
문제대부분 업무상 문제 또는 채워 주는 고객의 욕구경영, 업무목표와
그것을 보장해 주는 사례와 증거 그리고 그 결과 고객이 얻
는 최종적인 이익경영상의 이익, 감성적인 이익이다. 즉 고객이 개인이
든 기업이든 자신의 돈을 투자할 수밖에 없는 현실적인 문제
와 욕구 그리고 그 문제와 욕구를 해결하였을 때 고객이 얻
는 투자 이상의 이익을 영업전문가가 제안을 하고 영업전문

가의 제안내용을 고객이 믿고 신뢰하게 해 주는 것이 영업의 무기이다. 따라서 고객이 반드시 구매결정을 할 수밖에 없도록 만드는 것이 영업의 설득무기이다. 이 무기가 강력하면 강력할수록 고객은 협상을 하지 않거나 협상을 하더라도 힘을 갖지 못한다.

그럼 협상의 무기는? 바로 거래조건들이다. 당신이 오늘도 갖고 있는 회사의 계약서에는 어떤 내용들이 포함되어 있는가? 그 내용은 몇 가지인가? 당신이 영업전문가이라면 반드시 알아야 할 것이다. 계약서의 모든 내용이 협상의 무기들이다. 이 조건을 고객이 수정 없이 수용하도록 하는 것이 영업에서의 커뮤니케이션 목적이다. 그리고 이 거래조건의 교환과 수정을 위한 커뮤니케이션이 협상이다. 여기서 중요한 것은 영업전문가가 제시하는 조건이 고객을 움직이지 못한다면, 즉 설득을 하지 못한다면 계약서의 내용이 수정이 된다. 수정된 계약서의 내용은 반드시 원래의 내용보다는 점수가 낮아진다. 이를 극복하기 위해서는 영업전문가는 영업의 준비와는 다른 협상의 준비를 하여야 한다.

따라서 영업전문가는 협상의 무기로 영업을 해서는 안 된다. 영업의 무기로 먼저 고객을 설득을 하는 것이 우선이다. 여기서 또 하나 중요한 사실은 영업의 설득대상과 협상의 설득대상이 다르다는 것이다. 이에 대해서는 뒤 구매관계자 공략에서 알아볼 것이다. 자사의 역량으로 고객의 문제를 해결하는 방법과 내용을 제안하고 고객을 설득을 하는 영업활동이 일어나기전이나, 이 과정에서 설득을 당하지 않은 고객구매담당자이 협상을 하고자 하는 것은 1) 거래 절박함이 있거나 2) 영업전문가를 괴롭혀 많은 양보를 얻어내려는 전술이거나 3) 거래에 관심이 없다는 것을 의미한다. 고객이 먼저 협상을 하고자 한다면 영업전문가는 고객이 충분히 영업의 무기에 설득을 당하였는지자신들의 문제해결을 위해 영업전문가의 제안을 수용 할 것인지를 결정 하였는지 여유 확인을 하여야 한다. 그렇게 하지 않으면 고객은 영업과 협상을 왔다 갔다 하면서 자신에게 유리하도록 계약 조건들을 만들기 때문이다. 영업전문가가 만나는 대부분의 고객은 이러한 작전을 수행하는 데 능숙하다.

다) 세 번째 패러다임 - 영업의 준비와 협상의 준비 차이 인식과 활용

우수한 성적을 올리기 위해서는 평소의 공부가 필요하듯이 우수한 계약서를 받아 오기 위해서도 평소의 준비가 필요하다. 단 영업의 준비와 협상의 준비가 다르다는 것을 알아야 한다. 당신은 이 둘의 준비가 다르다는 것을 어떻게 생각하는가? 앞에서 영업의 설득무기와 협상의 설득무기가 다르다고 했다. 그럼 그것을 준비하는 것 또한 다른 것이 당연한 것이 아닌가?

우선, 영업의 준비는 영업전문가 혼자서도 할 수 있다. 영업전문가는 영업 업무를 하기 전 자사의 상품과 서비스, 즉 자신이 판매하여야 하는 것에 대해 지식을 쌓는다. 이것은 회

사의 카탈로그나 상품 설명서를 읽음으로써 가능하다. 그리고 회사의 다른 영업전문가와 과거 고객들을 분석해 자신이 누구를 또는 어떤 기업과 업종을 공략해야 하는지도 스스로 학습할 수 있다. 스스로 학습이 되지 않더라도 선배나 상사로부터 도움을 받을 수도 있다. 이 도움은 한 번으로 끝난다. 물론 더 많은 연구를 통해 자신이 판매하는 상품과 서비스의 가치를 발견하고 새로운 고객을 발굴할 수도 있다. 이 또한 혼자서 가능한 일이다. 회사는 영업전문가들에 이러한 학습을 할 수 있는 시간과 공간만 제공하면 된다. 사실 대부분 준비되어 있다.

하지만 협상은 이와는 전혀 다른 준비과정이 요구된다. 우선 협상은 영업전문가가 진행을 하지만 고객기업과 자사가 가진 역량, 즉 회사 대 회사의 역량을 겨루는 것이다. 즉 협상을 한다는 것은 그 창구가 누구든 회사의 역량을 등에 업고 상대방과 거래조건을 확인 – 제안 – 역제안 – 합의하는 것이다. 영업도 회사의 역량을 업고 하는 것이 아니냐는 질문을 할 것이다. 물론 그렇다. 하지만 영업은 역량의 교환이 아니다. 역량의 교환은 협상에서만 가능하다. 둘째, 영업의 문제와 해결책은 변하지 않는다. 즉 고객입장에서는 자신의 문제해결에 다양한 선택안들이 있을 수 있지만 영업전문가는 자신의 해결안만이 고객을 설득하는 유일한 무기이다. 따라서 영업전문가가 준비한 해결안이 영업의 마무리까지 유지된다. 하지만 협상은 수개의 또는 더 많은 숫자의 거래조건을 놓고 서로가 원하는 수준의 조건을 합의하는 과정이다. 여기서 서로가 준비하고 교환하는 거래조건은 영업전문가 혼자 준비할 수는 없다. 영업전문가는 자사의 모든 이해관계자생산부, 경리부, 물류부, 개발부, 내부 의사결정권자 등들과 지속적인 협의와 상의를 통해 매번 협상의 조건들을 준비해야 한다. 협상은 한 번의 만남으로 결론지어지지 않는다. 고객도 구매협상을 할 때는 시간적인 여유를 가지고 구매협상에 임한다. 따라서 영업전문가가 협상의 횟수를 제한할 이유는 없다. 그리고 매 협상 시 협상 테이블에 올려지는 것거래조건들 내용과 수준도 다르다는 것을 알아야 한다. 이 모든 준비에 영업전문가는 자사의 내부이해 관계자들과 조직의 역량을 총동원하여야 한다. 이것이 영업과 협상을 구분해 준비하고 대응해야 하는 가장 핵심적인 이유이다.

결론적으로 영업의 성적표인 계약서의 점수는 영업능력협상을 하지 않고 계약을 성사시키는 능력 - 다음 절에서 알아본다.과 계약의 조건을 결정하는 협상능력이 좌우한다고 볼 수 있다. 당신이 우수한 영업전문가이고 영업의 매출 이익을 극대화하는 영업전문가가 되고자 한다면 이 둘의 능력을 개발하여야 한다. 그리고 영업에 대해서든 협상에 대해서든 기존의 패러다임을 혁신적으로 바꾸지 않는다면 이 두 가지의 능력을 쌓기는 불가능하다는 것을 알아야 한다. 물론 그 능력들을 활용하는 기술 또한 혁신을 하여야 할 것이다.

라) 네 번째 패러다임 – 협상을 하지 않고 영업에 성공하기

협상을 하지 않고 영업을 마무리할 수 있을까? 물론 가능하다. 단 이 경우는 다음의 두 가지 중 하나일 것이다. 하나는 고객이 절대적인 구매 필요성 때문에 구매조건보다는 상품과 서비스의 확보가 중요해 협상을 할 여유가 없는 경우이거나, 다른 하나는 영업전문가가 먼저 모든 것을 양보해 영업전문가 스스로 협상을 포기한 경우일 것이다. 이 둘에 포함되지 않은 이유로 협상을 하지 않고 계약을 성사시켰다면 그 영업전문가는 아주 우수한 영업능력을 갖춘 것이다. 이를 위해서는 영업에 대한 선입견을 과감히 버려야 한다. '당신은 영업을 어떻게 정의하는가? 누군가 당신에게 무슨 일을 하는가?'라고 묻는다면 어떤 대답을 할 것인가?

영업은 물건을 판매하는 것이 아니다. 영업은 고객을 구워삶아 영업전문가가 원하는 것을 얻는 것이 아니다. 그럼 영업은 무엇인가? 이 답을 위해 입장을 바꿔 놓고 보자. 개인이든 기업이든 왜 그들은 자신의 돈을 써서 새로운 물건이나 서비스를 구매하는가? 그들은 자신들이 가진 문제개인적 또는 업무적와 채우고자 하는 욕구목표와 현실과의 차이를 위해 돈을 쓰는 것이다. 이 것을 영업전문가 입장에서 해석을 한다면 영업전문가가 판매하려는 상품과 서비스가 고객이 가진 문제를 해결하고 채우고자 하는 욕구를 채우는 데 가장 적합할 때 고객으로부터 선택을 받는 것이라고 해석할 수 있을 것이다. 따라서 영업전문가의 역

할은 자신의 상품과 서비스가 가진 역량특성. 기능. 장점 등과 매력이 고객의 문제를 해결하고 욕구를 채우는 데 최적의 대안이라는 것을 갖고 고객을 논리적인 근거와 신뢰를 주는 사례/증거들을 통해 설득하는 것이라고 이해할 수 있을 것이다.

이렇게 영업전문가의 역할을 정의하는 것이 중요한 것은 협상을 하지 않고 영업의 성공을 위한 올바른 방법이기 때문이다. 영업전문가는 고객이 찾고 있는 자신들의 문제해결과 욕구충족을 위해 영업전문가가 가진 대안이 최적이라고 믿게 만들어야 한다. 이 믿음의 강도가 영업에서 비즈니스를 마무리하는 중요한 요소이다.

영업전문가는 자신의 역할을 문제해결자, 고객의 비즈니스 성공을 지원해 주는 파트너라는 역할 정체성을 가질 때 영업의 성적표 점수를 올릴 수 있는 것이다. 협상의 내용은 항상 제일 마지막에 대화의 소재로 삼아라. 고객이 말하지 않으면 절대로 먼저 양보를 하겠다는 등의 이야기를 꺼내지 말라. 우선 고객이 영업전문가의 해결책에 확신을 갖도록 만드는 데 집중하라. 고객이 가진 문제해결의 욕구와 해결책에 대한 확신을 갖게 하는 것은 영업성적표의 점수를 올리는 지름길이다.

마) 다섯 번째 패러다임 – 영업 파트너의 역할과 관심사 이해와 대응

당신은 기업을 대상으로 영업활동을 하면서 누구/어느 부서를 집중적으로 공략하는가? 기업영업의 파트너는 다양하다.

이 사실 또한 새롭게 가져야 하는 패러다임이다. 이것에 대해서는 다음 장에서 상세히 알아볼 것이다.

제1장에서는 영업과 협상을 구분하는 것과 그 준비와 활동이 다르다는 것을 명확하게 인식하여야 한다는 것을 강조하였다.

영업의 성적표인 계약서가 높은 점수를 받아야 한다는 것을 강조하였다.

영업에 대한 기존의 패러다임을 바꿔야 한다는 것을 강조하였고 대표적으로 영업의 정의와 협상을 구분하였다.

새로운 지식과 방법 그리고 기술을 습득하지 않는다면 우물 안에서 벗어날 수 없다. 우물 안을 벗어나고자 하는 명확한 목표를 먼저 수립하여야 무엇을 배우고 익혀야 하는지를 찾게 된다. 그다음은 몸에 익숙할 때까지 연습을 하는 것이다.

당신도 영업전문가로서 성공을 원한다면 지금보다 나은 성과를 올려야 할 것이다. 새로운 단계로 도약을 원한다면 새로운 지식과 기술을 습득하여야 한다.

모든 사람들은 성공을 원한다. 그리고 성공의 기회가 자신을 찾아와 주기를 바란다. 하지만 그들이 놓치는 것은 그 기회가 왔을 때 기회를 잡을 수 있는 능력을 쌓는 준비를 하는 데 너무 소홀하다는 것이다. 준비되지 않은 사람은 기회가 와도 인식을 하지 못하고 인식을 하여도 잡을 수 없다. 기회는 준비할 때까지 그 자리에서 기다려 주지 않는다. 기회가 지나간 다음에 아무리 후회해도 소용이 없다. 기회는 뒤돌아보지도 않고 뒤에서는 잡을 수 없다.

　당신도 이러한 사람이 되지 않기를 바랄 뿐이다. 이 책을 읽는 그 자체가 벌써 무엇인가 새로운 준비를 하는 계기가 될 것이다. 이 책을 통해 서로가 얻는 것은 다를 것이다. 하지만 당신의 경력에 도움이 되는 지혜 하나를 반드시 얻기를 바라는 마음은 간절하다. 그러한 마음으로 앞으로의 글을 쓰고자 한다. 비록 부족한 부분이 있더라도 넓은 마음으로 양해를 해주시 바라며, 용기가 있다면 그 내용을 저자가 알게 해 주기를 바랄 뿐이다.

영업 파트너의 이해

제2장 영업 파트너의 이해

기업을 대상으로 영업을 하는 영업전문가는 고객기업의 다양한 구매 이해관계자와 구매프로세스를 이해하여야 한다. 왜냐하면 이들 구매관계자들이 활동하는 구매프로세스의 최종 결과가 영업전문가들이 기대하는 성과를 좌우하기 때문이다. 여기서 영업전문가가 기억할 사항은 영업전문가와 영업전문가의 팀 그리고 조직이 얼마나 빨리 그리고 강력하게 고객의 구매프로세스에 개입을 하고, 각 구매이해관계자들에게 미치는 영향력 수준이 영업의 성과를 달성하는데 중요한 역할을 한다는 것이다.

당신은 영업전문가로서 '고객의 구매프로세스를 얼마나 알고 있는가? 즉 고객들은 어떤 프로세스를 거쳐 자사의 상품과 서비스를 구매하는가? 그 이유를 아는가? 그리고 각 구매프로세스에 개입하는 고객기업의 실무자 또는 책임자는 누구이고 그들을 개인적으로 공략할 수 있는가?'라는 질문에 대해 답을 해 보라.

영업전문가들에게 왜 영업이 어려운가라는 질문을 던지면 나오는 답 중에 '구매부를 움직이기가 너무 어렵다!', '구매부서가 힘들게 한다.'라는 답이 나온다. 당신도 이같이 느끼는가? 그럼 구매부서 구매담당자가 영업전문가를 괴롭히는 이유는 무엇이라고 생각을 하는가? 당신이 판매하는 상품과 서비스를 고객기업이 구매를 하는 데 있어 구매부서의 역할은 무엇인가? 구매부가 구매업무를 하는 시기와 출발점은 어디라고 생각하는가? 그들에게 주어진 성과기준은 무엇이라고 생각하는가? 우수한 영업전문가는 이러한 질문에 대한 답을 할 수 있어야 한다.

또 하나 영업전문가들은 구매부 직원 또는 담당자들이 자신들을 홀대하거나 만나기를 꺼려하는 것이 힘들다고 말한다. 영업전문가는 고객이 누구든 대우받고 싶어 한다. 이는 영업전문가뿐 아니라 모든 사람들의 욕구일 것이다. 구매부서 직원들도 영업전문가에게 인정받고 좋은 대우를 받고 싶어 한다. 이것이 식사를 함께하고 접대하는 것을 의미하지는 않는다. 개인적으로나 조직에서 아직 구매에 관심이 없고 또 구매하려는 계획도 없는데 영업전문가들이 수시로 찾아와 구매를 하라고 요구한다. 즉 자신의 힘으로 해결할 수 없는 것을 요구하는 사람을 누가 만나고 싶어 할 것인가?

여기서 우리는 대부분의 기업들이 어떤 구매프로세스를 거쳐서 구매를 하는 것인지를 알아보자. 이 과정을 완벽하게 이해를 한다면 영업전문가는 자신의 영업활동을 어떻게 수행해야 하는지 새로운 시각을 갖게 될 것이다. 즉 구매프로세스를 이해한다는 것은 각각의 단계가 어떻게 진행이 되고 누가 힘을 갖고 있으며, 그들을 움직이는 동기를 파악한다는 것이다. 그리고 영업전문가가 각 단계에 적절하게 대응을 하기 위한 준비사항을 알게 된다는 것이다.

다음 페이지의 그림은 구매업무가 어떻게 이루어지는가를 나타낸 것이다. 영업전문가는 자신이 타깃으로 공략하고 있는 기업이 어떤 구매프로세스를 거치는지? 현재 영업활동이 구매프로세스 중 현재 어느 단계에 있는지? 무엇이 장애물로 나타났는지? 자사의 위치는 어떠한지? 경쟁사는 개입을 하고 있는지? 누가 영향력을 행사하는지? 그 사람을 어떻게 만나고 설득할 것인지? 자사가 가진 경쟁력은 이번 프로젝트에서 이길 수 있는지? 그것을 어떻게 알릴 것인지? 등을 알아야 각 단계를 자신에게 유리하도록 하기 위해 어떤 영업활동을 하여야 하는지를 명확하게 인식하고 실제 현장에 활용할 수 있다. 그렇지 않으면 수개월의 노력이 수포로 돌아가게 되는 불행한 경험을 하게 될지도 모른다. 지금부터 하나씩 알아보도록 하자.

〈기업의 구매업무 체계/프로세스〉

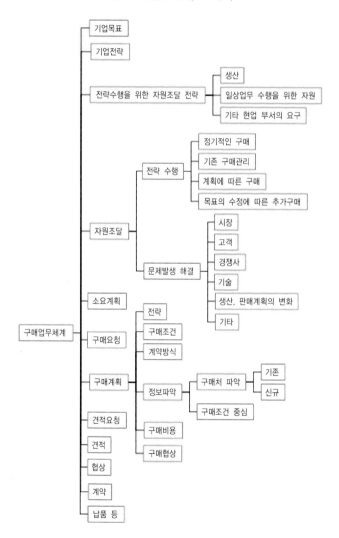

:: 기업목표 – 기업전략 – 자원조달 전략

　기업은 항상 성장을 하고 발전을 하여야 한다. 모든 조직은 지속적인 유지를 위해서 평균 7%의 성장을 하여야 한다고 조직 전문가들은 말한다. 따라서 영업전문가가 만나는 고객인 기업도 최소한 이 정도의 성장을 위한 목표를 수립하고 그 목표달성을 위한 기업의 경영전략을 수립하며, 그 경영전략에 맞춰 모든 조직 기능의 목표와 전략이 나온다. 즉 인사전략, 마케팅 전략, 영업전략, 생산전략 등등의 전략들이 수립이 된다. 이러한 전략을 수행하는 데는 자원이 필요하다. 그 자원들 중 조직 내부에서 조달할 수 없는 많은 자원들을 기업은 외부에서 구매를 하여야 한다. 이러한 필요에 의해 조직은 외부의 자원을 조달할 전략, 즉 구매전략을 수립한다.

　자원조달은 첫 번째, 기업의 목표달성을 위한 각 전략의 수행에 필요한 자원을 정기적으로 구매를 하여야 한다. 생산목표를 달성하기 위해 기존의 원자재 구매 유지와 확대 생산을 위한 추가 구매, 품질의 목표달성을 위한 더 나은 품질의 원자재 구매, 영업목표 달성을 위한 영업시스템 구매 등등의 전략수행을 위한 구매를 한다. 이 구매의 계기가 영업의 기회가 된다. 이러한 기회는 고객기업 내부에서 발생하는 것이다. 이것이 기존고객을 관리하고 판매확대의 계기가 되며, 경쟁사 고객을 자사 고객으로 전환하려는 틈새기회가 된다. 물론 신규고객 확보의 기회가 되기도 한다.

두 번째 구매 계기는 고객기업의 외부에서 고객기업에게 주는 자극으로 시장의 변화, 고객의 요구 변화, 경쟁사의 출현, 새로운 기술의 대두, 고객 불만의 증가, 고객의 고객이 요구하는 품질 수준_{기업 원자재 판매기업의 경우} 등이 있다. 이러한 자극은 기업이 새로운 생산, 새로운 업무 프로세스 실행, 업무 문제의 해결 등의 과제를 주고 이 과제를 해결하기 위한 자원의 조달이 요구되어 구매프로세스를 가동하게 되는 것이다. 이 또한 영업의 중요한 기회이다. 이 자극을 강하게 받는 고객기업은 영업전문가가 요구하기 전에 먼저 영업전문가를 찾는다. 그리고 영업전문가는 기존고객이든 신규고객이든 이러한 자극_{정보, 가설 등을} 발견해 영업의 기회로 만드는 활동을 하여야 한다.

:: 소요계획과 구매요청

위의 상황이 전개됨으로써 기업의 각 부서는 자신들의 목표를 달성하고 문제해결을 위해 새로운 자원의 조달방법을 검토한다. 이 검토과정이 완료되어 외부 구매가 필요하다는 결론이 나면 각 부서는 조직의 최고경영자에게 구매를 해야 하는 이유를 들어 구매계획서 또는 구매요청서를 작성 결제를 받고 그 후 구매부서로 구매요청서가 발송이 된다. 이 단계가 영업전문가에게 주는 시사점은 구매부서를 움직이는 것은 기업의 현장부서_{영업전문가가 제공하는 상품과 서비스를 사용해 업무 목표를 달성하고 성과를 올려야 하는} 사용자라는 것이다. 영업전문가가 영업의 무기로 설득을 해야 하는 공략 대상이 바로 현장 부서가 되어야 하는 이유이다.

:: **구매계획 – 견적요청 – 견적 – 협상 – 계약**

구매요청서를 받은 구매부서는 구매를 위한 본격적인 업무에 들어간다. 구매부서는 구매처가망 공급업체에 연락을 하기 전 구매를 위한 전반적인 계획과 전략을 수립한다. 여기에는 구매비용과 구매조건가격, 납기, 품질 등, 계약방식, 구매협상을 위한 전략과 전술 등이 포함된다. 이러한 모든 계획이 수립 된 후 구매부는 가능한 공급업체에 먼저 견적요청서를 발송한다. 견적 요청서에 대한 공급업체의 회신을 받아 다시 검토 후 몇 개 기업을 선정해서 구체적인 구매협상에 들어간다. 구매협상이 완료되면 정식 계약서를 작성하고 납품을 받는다. 이 과정에서 영업전문가가 할 역할은 구매부의 담당자에게 공급가능 업체 리스트에 자신의 이름을 올려놓아야 한다. 이를 위해 구매부 담당자와의 인간적인 관계를 구축하는 것이 중요하다. 현업부서를 움직이더라도 이 담당자와의 관계가 소원하면 영업활동에 지장을 받을 수도 있다. 또 이러한 단계에서 구매담당자를 만나는 경우 대부분 협상이 주요 목적이 된다는 것을 알고 적절한 준비를 하여야 한다.

영업을 하는 입장에서 고객사로부터기존 고객이든, 신규 객이든 이러한 요청을 기다려서는 안 된다. 이러한 요청에 대응하는 것은 영업이 아니고 대부분 협상이다. 이 사실을 파악하지 못하면 고객은 구매협상을 준비하고 있는데 대부분의 영업전문가는 이 단계에서부터 영업을 하려고 한다. 그래서 구매 담당자는 관심을 기울이지 않거나 반응을 약하게 보인다. 이때 영업전문가는 구매 담당자의 관심을 끌고 흥기를 유발하기 위해 영업조건을 미리 양보하는 실수를 범하게 되는 것이다.

위와 같은 프로세스로 고객기업의 구매부서가 움직인다면 영업전문가는 무엇을 어떻게 준비하고 영업활동을 하여야 하는가? 또 하나, 위의 프로세스를 볼 때 구매부서가 가진 힘이 어느 정도라고 생각하는가? 고객사의 구매프로세스에 올바르게 개입을 하고 강력한 영향력을 미칠 수 있다면 영업전문가에게는 좀 더 매력적인 영업의 기회가 되지 않을까? 이것에 대한 것을 하나씩 알아보기로 하자.

1) 그들은 누구인가?

위의 구매프로세스에는 누가 개입을 하고 영향을 미칠까? 영업전문가는 구매부만 만나고 관계를 유지하면 되는가? 고객기업의 구매프로세스에는 현업부서 사용자, 조언자사내 전문가, 의사결정권자, 구매업무 담당자 등이 개입을 한다. 이것이 의미하는 것은 영업의 성과달성을 위해서 영업전문가는 이 네 명의 이해관계자 모두 또는 몇몇을 공략해야 한다는 것이다.

2) 구매관계자의 역할은?

:: 현장 사용자

고객의 구매관계자 중 현장 사용자는 고객의 구매프로세스에서 가장 중요한 역할을 한다. 고객이 영업전문가의 상품과 서비스를 구매하는 이유는 자사의 경영상의 문제와 목표달성을 위해 해결해야 하는 현장의 업무과제, 업무상 문제 때문이다. 어떠한 경우든 현장과 현장에서 해결할 문제가 없다면 구매업무는 가동되지 않는다. 물론 사전에 경영목표와 전략수행을 위한 구매는 별도로 생각을 한 경우이다. 이 경우에는 사전에 현장의 상황이 내부적으로 파악이 된다. 그래서 기존의 구매자원으로 목표달성에 아무런 문제가 없다면 그 구매는 지속적으로 일어난다. 이러한 상황에서는 현장 사용자는 불만이 없다. 즉 새로운 제품과 서비스에 대한 요구가 없다는 것이다. 이때 구매부는 지난해의 구매를 지속하는 것이 기본이 된다. 지속적 구매 유지를 위해서 영업전문가는 고객관리활동_{인간적 관계.} 구매 비용 절감노력 서비스제공 등을 하여야 한다.

여기서 강조하고자 하는 것은 어떠한 경우든 현장 부서의 요구가 구매를 위한 첫 출발이 된다는 것이다. 그렇다면 영업전문가는 이렇게 중요한 역할을 하는 구매관계자를 공략하는 것은 너무나 당연한 일 아니겠는가?

이들의 존재를 알지 못한다면 영업전문가는 영업을 하는 과정에서 이들을 거의 만나지 않는다. 대신 구매부에만 집중_{접대·조}

건영업 등을 한다. 비록 만난다 하더라도 이들의 역할 중요성을 모르기 때문에 적극적인 공략을 하지 않을 것이다. 이들은 구매담당자 뒤에서 구매담당자를 움직이는 역할을 한다.

자신의 상품과 서비스가 제공하는 이익문제해결과 혜택 등을 중심으로 현장 사용자 또는 부서를 공략하여야 한다. 구매부서를 먼저 통과해야 하는 원칙은 없다. 이들을 영업의 창구로 활용할 수 있다면 많은 도움이 될 것이다. 이들은 영업의 대상이다.

:: 조언자(사내 전문가)

사내 전문가는 고객사가 구매하는 상품과 서비스를 직접 사용할 수도 있고 사용하지 않을 수도 있다. 하지만 이들은 고객사의 내부 전문가로서 구매과정과 구매하고자 하는 상품과 서비스에 대하여 기술적인 판단과 검토를 해 조언을 해주는 역할을 한다. 즉 현장 사용자가 필요한 상품과 서비스라 하더라도 이들의 반대가 있다면 쉽게 결정하기 어렵다. 이들은 자사의 기술과 능력을 중심으로 새로운 구매제품의 적용가능성과 성과향상가능성에 대해 검토를 하기 때문이다. 이들은 영업을 하는 과정에 부분 적으로 나타난다. 왜냐하면 구매담당자가 이들만큼의 전문가가 아니기 때문이다. 이들은 제품을 시연하는 과정에, 프리젠테이션을 하는 과정에 나타나 영업전문가를 곤란기술적 질문 등으로하게 만들기도 한다. 이들이 구매과정에 영향력을 미친다면 이들이 적극적인 지원자가 될 수도 있다는 것을 알아야 한다. 이들 대부분은 엔지니어나 기술전문가. 연구소, 품질부서 등에서 일을 할 것이다.

:: 의사결정권자

의사결정권자의 중요성에 대해선 재차 강조하지 않아도 영업전문가라면 잘 이해하고 그들이 영업의 성과구매결정에서 갖는 힘을 잘 알 것이다. 이들은 최고경영자일 수도 있고 사업부의 책임자일 수도 있다. 영업을 하는 과정에서는 거의 나타나지 않는다. 이들이 나타나는 경우는 협상의 단계 또는 공식적인 프리젠테이션을 할 때가 대부분이다. 왜냐하면 이들이 구매업무를 하는 것도 아니고, 사용하는 사용자도 아니기 때문이다. 하지만 고객사 내부의 구매프로세스에는 매우 자주 나타나고 강력한 영향력을 미친다.

:: 구매담당자

영업전문가들이 자주 만나는 고객사의 창구이자 영업의 마무리를 위한 최종 협상 상대방이다. 영업전문가들이 가장 만나고 싶어 하는 사람이기도 하고, 영업전문가를 힘들게 하는 사람이기도 하다. 영업전문가는 이들의 존재를 명확하게 인식을 하고 우호적인 관계를 쌓고 유지해야 한다. 어쩌면 이들이 영업전문가를 적극적으로 도와줄 수도 있기 때문이다. 그러기 위해서는 영업전문가는 구매담당자와 인간적인 신뢰와 그 이상의 비즈니스 전문가라는 인식을 강하게 심어 놓아야 한다. 이들의 주요 업무는 구매협상협상이다.

3) 그들의 관심사와 대응

:: 현장 사용자

영업활동에 집중해야 하는 파트너이다. 영업의 파트너라는 것은 자사의 상품과 서비스를 실제로 필요로 하는 고객으로서 해결해야 하는 문제 또는 채워야 하는 욕구를 실제로 갖고 있는 구매관계자라는 뜻이다. 현장에서 업무를 수행하는 모든 부서조직의 모든 부서의 목적은 고객만족을 통한 기업의 이익향상 또는 매출증대일 것이다. 이는 어느 조직이나 갖고 있는 경영목표이다. 하지만 부서에 따라서 그 기능과 역할이 다를 뿐이다. 영업전문가는 영업의 파트너를 잘 선정을 하여야 한다. 자신이 판매하는 상품과 서비스를 누가 또는 어느 부서가 필요로 하는가를 파악 해 그들을 만나 설득을 하는 것이 중요하다. 개인 고객인 경우 그 개인이 사용자이면서 구매실행자이고 의사결정권자가 되지만 기업고객의 경우 이 역할이 대부분 구분이 된다. 생산부서든, 스텝부서든 영업전문가가 가진 상품과 서비스를 활용해 자신의 업무 문제를 해결하거나 업무 성과를 올려야 하는 사람들이 영업의 파트너이다.

기업을 대상으로 영업을 한다면 이들을 가진 역할을 인정하고 활용하여야 한다. 이들이 움직여야 고객기업의 구매프로세스가 가동이 된다. 따라서 영업전문가는 구매부 구매담당자를 만나고 신뢰관계를 유지하는 만큼 이들 사용자들 또한 만나고 이들을 설득하여야 한다.

현장 사용자들이 가진 관심은 자신의 업무성과를 향상하고 업무문제를 해결하기 위한 새로운 상품이나 서비스가 얼마나 사용하기 편리하고. 업무에 실제적인 도움이 되는가이다. 따라서 이들을 움직이기 위해서는 실제적인 사례와 증거를 중심으로 사용상의 편리함, 업무 성과의 향상 정도, 문제해결의 수준과 신속성 등을 강조하여야 한다. 필요하다면 실물을 시연하거나 직접 사용을 통해 체험을 할 수 있는 기회를 제공해 주는 것도 필요하다.

당신은 영업전문가로서 신규고객을 확보하는 데 관심이 많다. 어느 날 당신이 잠재고객으로 선정을 해 놓은 기업의 상품 또는 서비스에 대한 잠재고객 기업의 고객들이 가진 불평/불만 사항을 알게 되었다. 그 내용을 잘 분석을 한 결과 당신 회사의 제품을 사용한다면 그 불평/불만의 문제를 해결할 수 있다는 것을 알았다. 당신은 잠재고객 기업을 어떻게 공략할 것인가? 1) 구매부를 통해 서서히 접근을 한다, 2) 현장의 부서를 먼저 만난다, 3) 양쪽을 동시에 공략을 한다, 등등의 영업활동을 기획 할 수 있을 것이다. 여기서 대부분의 영업전문가들은 구매부를 만나 당신이 들은 불평불만들을 이야기하고 그 해결안으로 당신의 솔루션을 제시한다. 구매부 담당자는 관심을 보이지만 그다음 행동은 적극적이지 않다. 즉 그 담당자가 당신과의 상담을 통해 구매프로세스를 가동하지 않는다는 것이다. 당신은 구매담당자가 왜 적극적이지 않는지 궁금해 할 것이다. 그 이유는 뒤에서 알아보기로 한다. 이러한 상황에서 당신이 잠재고객의 공략에 성공을 위해서는 구매담당자를 공략하는 동시에 문제의 근원지 또는 해결부서인 현장의 부서 담당자 또는 책임자를 만나 공략을 하여야 한다. 위에서 당신이 수집한 고객들의 불평불만을 해결할 업무는 구매담당자의 직접적인 업무가 아니고 현장부서의 직접 업무이기 때문이다. 그들을 움직인다면 구매담당자도 움직일 수 있을 것이다. 그 후 영업의 프로세스 ― 제안서 - 프리젠테이션 - 시연 - 공장견학 - 전문가 미팅 등등 ― 가 시작이 되는 것이다.

이러한 이유로 기업고객을 대상으로 하는 영업전문가는 고객사의 현장 사용자들을 중요한 영업의 파트너로 생각을 하고 유기적인 관계를 맺고 공략하여야 한다.

:: **조언자**(전문가)

이들은 고객사 내부의 기술전문가, 엔지니어, 품질 담당자들이다. 이들은 고객의 구매프로세스에서 전문가로서 자신들의 견해와 판단기준을 갖고 개입을 한다. 이들의 관심은 기술적인 활용성과 기존 시스템, 기술과의 연계성, 기능과 기술적인 우위 등을 주요 관심사로 검토를 한다.

이들은 영업활동 중 다양한 단계에 출현을 한다. 영업의 초기에 출현하기도 하고, 중간의 시연이나 프리젠테이션 시 출현하기도 하며 어쩌면 영업의 마무리 단계에 출현을 해 영업전문가를 당황하게 만들 수도 있다. 따라서 영업전문가는 언제든 이들 전문가들을 만날 준비를 하여야 한다. 영업전문가는 자신의 역량과 지식으로 한계를 느낀다면 사내 전문가들을 동원하는 준비도 하여야 한다. 이들을 움직이지 못하면, 즉 사용자는 설득을 하였으나 이들이 기술적인 문제를 제기한다면 영업의 다음 단계를 진행하기 어렵다는 것이다.

때로는 사용자가 전문가/전문가의 역할을 동시에 수행하기도 한다. 또는 구매담당자가 전문가 수준의 지식을 갖추고 있을 수도 있다. 구매담당자도 자신의 업무 성과를 위해 많은 지식을 습득을 할 것이고, 특히 내부 구매프로세스를 가동할 때 상품과 서비스에 대한 지식을 습득하기도 하며, 최근의 정보 시스템을 통해 언제 어디서든 자신이 원하는 정보와 지식을 활용할 수 있기 때문이다. 영업전문가는 이들의 존재에 두려움을 갖거나 어려워해서는 안 된다. 이들 또한 영업의 기회를 주는 파트너로 생각을 하라. 위에서 알아본 현장 사용자들을 먼저 움직이는 것과 마찬가지로 이들을 먼저 움직일 수 있다면 더 좋은 영업의 기회를 발굴할 수도 있을 것이다.

:: 의사결정권자

구매의 최종 의사결정을 하는 구매관계자이다. 이들의 존재는 거의 영업의 핵심활동 단계 또는 마지막에 나타난다. 즉 구매담당자와 영업의 단계 — 사용자, 전문가 앞에서의 시연, 프리젠테이션 등 — 을 마치고 협상의 단계에서 이들이 출현을 하기도 한다.

영업전문가는 가급적 영업 프로세스 초기 단계에서 이들이 누구인지를 파악해 필요하다면 별도의 공략전술을 세워야 한다. 의사결정권자들은 대부분 조직의 성공과 성장에 책임을 지고 있는 위치에 있다. 이들의 관심은 구매를 함으로써 얻는 이익 — ROI — 에 관심이 있다.

따라서 의사결정권자와의 커뮤니케이션_{의사결정권자를 설득}을 위해서는 이번 비즈니스를 통해 해결하는 문제 또는 가시적인 이익_{원가절감 등}과 궁극적으로 고객기업의 경영목표 달성에 중요하다는 점을 명확하게 인식시키는 준비를 하여야 한다. 이들에게 기술적인 메시지나 사용상의 편리함 등을 이야기하면 '그런 문제는 실무자와 이야기하라. 이번 투자/거래를 통해 우리가 얻는 이익은 무엇인가?'라는 질문을 받게 될 것이다. 이런 질문을 받았다면 그동안의 상담은 크게 의미가 없거나 의사결정권자를 움직이는 것이 힘들다는 것을 알아야 한다. '음! 투자가치가 있는데… 그럼 실무자들과 이야기를 하라!' 라는 답을 얻어야 한다.

필요하다면 영업전문가는 자사의 상사들을 동원해 고객사의 의사결정권자를 만나도록 하는 전략도 요구된다.

:: 구매담당자

영업의 파트너이자 협상의 파트너이다. 이들은 영업전문가를 힘들게 하고 괴롭히기 위해 존재하는 것이 아니다. 이들은 자신들에게 주어진 업무_{구매목표, 구매전략 수행}를 충실하게 수행할 뿐이다. 영업전문가들이 이들을 힘겨워하는 이유는 이들의 역할과 주요관심사에 대한 이해 부족에서 온다.

구매담당자들의 임무는 자사의 원활한 경영목표 달성과 그 장애물을 없애는 데 필요한 경영자원을 다른 부서를 대신해 구매를 하는 것이다. 이들이 구매하는 것은 미래를 위한 투자보다는 현재의 문제해결에 더 집중되어 있다. 그래서 구매부서가 쓰는 돈은 비용으로 생각을 한다. 그렇다면 다른 부서 직원들이 열심히 일해서 벌어들인 돈을 함부로 쓸 수는 없는 것이 당연할 것이다. 구매부서 담당자가 구매를 현장의 부서보다 먼저 결정을 하는 경우는 드물다. 즉 사전에 예측을 해 미리 구매하는 경우는 거의 없다는 것이다. 연간 계획에 의한 구매경영목표(원가절감, 생산성 향상, 품질향상 등) 달성을 위한 구매계획라 하더라도 여러 번의 구매 필요성을 확인한 후 구매프로세스를 가동을 한다.

하물며 계획되지 않은 상품과 서비스를 영업전문가가 소개를 한다고 덥석 구매를 하는 담당자는 있을 수가 없다. 이러한 사실을 모르는 영업전문가는 영업을 무척 힘들게 할 수밖에 없을 것이다.

:: 구매담당자는

1) 내부 현장 부서에서 구매 요청이 있을 때 비로소 구매프로세스를 가동한다. 이때는 구매를 위한 조건을 내부 관계자들과 협의를 한다. 그 후 구매부 내부적으로 구매

대상업체를 선정을 하고 견적서를 요청을 하는 단계를 밟는다. 이 단계에서 구매담당자의 관심은 거래조건이다. 상품과 서비스의 기능, 성능 등은 현장부서에서 거의 검토가 끝난 경우가 대부분이다. 그렇지 않다면 현장부서에서 정리한 기능과 성능을 갖춘 상품을 찾고 영업전문가를 부른다. 이때 상담을 하는 자리에 가끔씩 사용자 또는 전문가가 동석을 한다. 영업전문가는 이러한 상황을 예견하고 적절한 준비를 하여야 한다. 상담 자리에 누가 나오는지를 파악한 후 대응을 하여야 한다는 것이다. 이러한 자리가 아니라면 구매담당자는 대부분 구매협상으로 들어간다. 영업전문가는 협상이 준비되지 않았는데… 이것은 구매담당자에게 중요하지 않다. 이 상황을 역전시키는 것은 영업전문가의 몫이다. 이 능력이 없다면 이 책에서 주장하는 성적표가 높은 계약서를 받기 어렵게 될 것이다.

2) 구매담당자는 영업전문가를 만날 때 자사의 문제를 먼저 이야기하지 않는다. 그 문제를 모르기 때문일 수도 있고현장에서 문제가 부각되지 않아서, 알아도 자신의 구매 파워를 강하게 하기 위해 이야기하지 않는다. 구매담당자사자사의 해결해야 하는 문제를 먼저 이야기를 꺼내는 경우는 이미 구매프로세스 중 상당한 부분이 내부적으로 진행되었음을 알아야 한다. 영업전문가는 이러한 상황에

대해 적절히 판단할 수 있어야 한다. 절대로 구매담당자의 침묵에 흔들려서는 안 된다. 구매담당자가 자사의 문제를 모르거나 영업전문가가 제시하는 이익에 흥미가 부족하다고 생각이 들면 영업전문가는 현장 부서 담당자 소개를 부탁하라. 이것을 위해서 영업전문가는 구매담당자와의 우호적인 관계유지가 중요하다. 어쨌든 구매담당자는 영업의 시작이자 마지막 창구이기 때문이다. 구매담당자의 흥미를 끌어내거나 그가 영업전문가를 좋아하도록 하기 위해 조건영업을 해서는 안 된다.

3) 현장의 사용자, 전문가조언자, 의사결정권자의 힘에 영향을 받는다. 따라서 영업전문가는 구매담당자를 설득하기 전에 이들 구매관계자들을 먼저 설득하는 것에 우선순위를 두어야 한다. 이러한 활동을 위해 영업전문가는 자사의 모든 역량을 동원하는 팀 영업을 할 수 있어야 하고 조직 또한 이를 지원하는 시스템을 갖추어야 한다.

4) 구매담당사의 주요 성과는 구매조건이다. 즉 구매계약서의 내용이 구매의 점수를 결정한다는 것이다. 이를 위해 구매담당자는 구매전략과 전술, 즉 구매협상을 철저히 준비를 한다. 다음 페이지에 있는 그림이 구매협상 준비 구조이다. 아마도 현업에서는 이것보다 더 철저하게 준비를 할 것이다. 영업전문가인 당신은 이 구조도를 보고 어떤 느낌이 드는가? 당신은 영업과 협상을 어떤 시스템으로

준비를 하는가? 구매담당자들이 까다롭다고 그들에게 하소연을 해 본들 얻는 것이 아무것도 없다는 것을 알아야 한다. 그들이 준비하는 만큼 당신도 준비를 하여야 한다.

구매담당자들이 준비하는 구매 전체 프로세스는 이보다 훨씬 복잡하다. 영업전문가들에게 그들을 두려워하라는 겁을 주려는 것이 아니라 구매담당자와 대등한 관계, 비즈니스 파트너, 문제 해결자로서 영업활동을 하고 협상을 진행하는 영업전문가가 되려면 이 정도의 이해는 기본이고, 이것에 대응하는 철저한 준비를 하는 것에 중요하다고 말하고 싶은 것이다. 이러한 지식과 준비가 없다면 영업은 물건을 파는 일, 구매담당자는 영업전문가를 괴롭히고 힘들게 하는 사람들이라는 시각을 버릴 수가 없다. 그다음의 모습은 이야기하지 않아도 잘 알 것이다.

영업은 결코 쉽게 진행되는 비즈니스가 아니다. 고도의 심리적, 비즈니스 지식, 영업스킬, 협상력, 커뮤니케이션 능력, 인간적인 매력 등을 요구하는 고급 비즈니스이다. 당신이 영업전문가로서 더욱 우수한 인재가 되고 경력을 쌓고자 한다면 고객으로부터 비즈니스 파트너라는 인정을 받는 것이 우선이다. 인정을 받는 것은 당신과 구매자들이 고급스러운 비즈니스를 하는 것이고, 당신과의 비즈니스를 통해 이익을 공유한다는 것이며, 자신들 또한 유능한 비즈니스맨이라는 인정을 받는 것이다.

당신의 고객인 구매관계자들은 준비되어 있고, 유능하고,

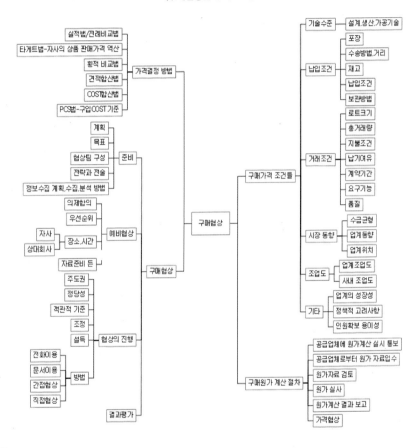

〈구매협상준비 구조도〉

우수하며 상호 존중해 주는 비즈니스 전문가와 일을 하고 싶어 한다는 것을 명심하여야 한다.

위의 글을 다 읽은 김 대리는 한 가지 말이 떠오른다. 지난번 만남에서 비즈니스 코치가 한 말인 듯하다. "기업에는 다양한 구매이해관계자들이 있고 이들을 때로는 따로따로 설득을 하여야 하며, 영업과 협상은 다르다."는 말이다. 그동안 까맣게 잊고 있었던 말이다. 그 내용을 이렇게 글로 보내 준 것이다.

김 대리는 서류를 잘 접어 가방에 소중하게 넣는다. 늘 그렇듯이 지난번 비즈니스 코치와 나눈 대화내용도 잘 정리를 해 늘 가방에 넣고 시간이 날 때마다 꺼내 읽어 왔다. 이 자료는 직접 비즈니스 코치가 작성한 것이다. 소중하게 보관하고 늘 곁에 두며 읽어야 한다는 생각과 그렇게 할 것을 다짐한다.

다시 김 대리는 이기상 부장님이 한 이야기를 생각해 보면서 아마도 다시 비즈니스 코치를 만나야 할 것 같다는 생각이 든다. 이번에는 김 대리가 적극적으로 비즈니스 코치를 찾아갈 생각이다. 하지만 어떻게 연락을 하지… 전화번호도 모르는데… 김 대리는 자신의 무심함에 스스로 자책을 한다. 하지만 반드시 만날 수 있을 것이라는 생각이 든다. 보내온 메모에도 다시 만날 것을 암시하고 있지 않은가?

제3장

영업 성적표를 관리하라

제3장 영업 성적표를 관리하라

오늘 김 대리는 지난 2개월간 공을 들인 고객을 만났다. 꽤나 어려운 고객이었는데 결국은 계약을 하게 되었다. 김 대리는 고객과 계약을 마무리하고 계약서를 받아 가방에 넣고 서둘러 이동을 한다.

오늘은 외부 세미나에 참석을 할 것이다. 지난번 비즈니스 코치와의 대화를 통해 스스로 개발을 위한 노력을 해야 할 필요성을 느끼고 한 달에 한 번은 꼭 외부세미나에 참석을 한다. 물론 비용은 김 대리가 부담을 한다. 지금까지 일곱 번의 세미나에 참석을 하였다. 인간관계에 대한 주제도 있었고 커뮤니케이션에 대한 주제, 마케팅 세미나 등에 참석을 하였다.

처음에는 시간 낭비가 되면 어떻게 하나 우려를 하였지만 그런 일은 일어나지 않았다. 왜냐하면 시간의 가치는 세미나를 진행한 사람이 내리는 것이 아니고 김 대리 자신이 내린다는 것을 깨달았기 때문이다. 어떤 주제든 스스로 자신의 업무에 적용을 하려는 생각과 긍정적인 마음으로 수용을 하면 모든 내용이 다 가치 있고 귀중하다는 믿음이 김 대리를 오늘도 세미나 장소로 이끈다. 오늘 주제는 마케팅 내용 중 고객 발굴전략에 관해서이다.

김 대리는 세미나 장소에 일찍 도착을 해 마음에 드는 장소에 앉아 잠시 휴식을 취한다. 영업업무를 알면 알수록, 영업에서 성과를 올릴수록 영업이라는 일이 매력적인 것임을 느낀다. 예전에는 가장 힘들고 기피하는 일이라고 생각을 하였는데… 역시 모든 일은 그 나름의 매력이 있다는 생각을 한다. 그때 누군가 김 대리의 어깨를 가볍게 두드린다. 깜짝 놀라 뒤를 돌아본 자리에는 김 대리가 그토록 만나고 싶어 한 비즈니스 코치가 있는 것이 아닌가! 김 대리는 자신도 모르게 자리에서 일어나 정중하게 인사를 한다. 비즈니스 코치는 잔잔한 미소를 지으며 김 대리를 바라본다.

비즈니스 코치: 그동안 잘 지냈는지요? 얼굴이 좋아 보이네요. 하고 부드럽게 말을 건넨다.

김 대리: 예! 덕분에…. 그동안 잘 지내셨는지요? 하면서 김 대리도 반갑게 인사를 한다.

비즈니스 코치: 이런 장소에서 김 대리를 만나다니 무척 놀랍기도 하고 반갑기도 하군요. 그래, 그동안의 이야기나 들어볼까요? 아직 세미나가 시작되려면 시간이 남았으니….

김 대리: 예! 그런데 어떻게 여기에… 하면서 김 대리께서는 며칠 전에 받은 서류가 생각이 나서 아참! 보내 주신 서류는 잘 받았습니다. 너무 감사합니다. 제가 궁금해 하던 것에 명확한 답을 알려 주셔서….

비즈니스 코치: 지난번에 내가 자세히 설명을 해 주지 못한 것 같아서… 마침 그 분야에 대한 글을 쓰다 생각이 나서 보내준 것이지요. 아무튼 도움이 되었다니 다행이군요. 그래 그동안의 김 대리 활동상을 들어볼까요? 기대되는데….김 대리는 자리에서 일어나 비즈니스 코치의 옆자리로 이동을 해 앉는다.

김 대리는 조용히 지난 수개월 동안의 자신의 성과와 활동 내용을 머릿속으로 정리를 해 본다. 무엇부터, 어디에서부터 이야기를 할까 망설이다가 자신의 성과가 향상된 것부터 이야기를 한다. 비즈니스 코치는 김 대리의 이야기를 아주 즐거운 듯이 듣고 있다. 마지막으로 대리는 오늘도 계약서를 받았다는 이야기와 비즈니스 코치의 이야기가 절대적인 도움이 되었으며 진심으로 고맙게 생각한다는 말로 자신의 이야기를 마무리한다. 김 대리는 며칠 전 상사로부터 들은 영업의 이익률에 대해서는 이야기를 하지 않았다.

비즈니스 코치: 그래요! 아주 좋습니다. 김 대리가 이렇게 좋은 결과를 얻으니 나도 무척 기쁘군요… 그런데 오늘도 계약서를 받았다고요? 정말 훌륭하군요! 괜찮다면 그 계약서를 한 번 볼 수 있을까요?

김 대리: 조금의 망설임도 없이 그리고 자랑스럽게 가방에서 계약서를 꺼내 비즈니스

코치에게 건네준다. **여기 있습니다!**

비즈니스 코치: 김 대리가 건네준 계약서를 꼼꼼히 살핀다. 한참 후 진지하게 **김 대리에게 몇 가지 물어봐도 될까요?**

김 대리: **예! 무엇입니까?**

비즈니스 코치: **우선 이 계약서의 내용은 처음의 내용 그대로 입니까? 아니면 수정이 되었나요?**

김 대리: **당연히 수정이 되었지요. 원본대로 계약을 한다는 것 은 불가능한 일입니다.**

비즈니스 코치: **그럼 어느 부분이 얼마만큼 수정이 되었나요?**

김 대리: 그것은… 하면서 김 대리는 따로 준비하고 있는 계약서 원본을 꺼내 비즈니 스 코치에게 건네주며 **이것이 수정되지 않은 원본 계약서입니다.**

비즈니스 코치: 김 대리가 건네준 계약서 원본과 오늘 받은 계약서를 비교해 본다. **김 대리님! 이 두 계약서는 차이가 많군요. 가격도 그렇고, 납기와 납품방법, 그리고 특히 클레임처리에 대한 부분도 꽤 차이가 나는군요!**

김 대리: **그것은 당연한 것 아닌가요? 계약을 하려면 고객이 원하 는 것을 수용하고 때로는 양보를 해야 하는 것이 당연하니까요! 아니 그렇게 하지 않으면 고객이 계약을 하지 않을 것 아닙니까?**

비즈니스 코치: **그럼 이 계약서대로 한다면 김 대리 회사는 얼 마나 이익을 보는가요?**

김 대리: **그것은…** 대답을 망설인다 **그것은 회사가 책임질 문제 아 닌가요?**

비즈니스 코치: 한동안 계약서를 보다가 김 대리에게 눈길을 돌리며 김 대리도 그렇게 생각하나요? 영업전문가는 계약서를 많이 받는 것이 중요하지 그 내용은 회사 책임이라고. 즉 이익이 남지 않아도 또는 이익이 적게 남아도 그것은 회사가 책임질 사안이라고.

김 대리: 불현듯 며칠 전 이기상 부장으로부터 들은 이야기가 떠오른다. 그럼 그것은 영업전문가 책임인가요? 며칠 전 상사인 이기상 부장님으로부터도 그런 이야기를 들었는데….

비즈니스 코치: 매우 중요한 것을 김 대리 상사가 이야기하였군요. 그럼 영업성과인 계약서의 수준이 어떠해야 한다는 이야기도 들었겠군요? 이것이 대해선 어떻게 생각합니까?

김 대리: 계약서 내용에 수정을 하지 않고 계약서를 받아 올 수만 있다면 얼마나 좋겠습니까? 그러면 당연히 회사도 더 많은 이익을 남길 것이고, 그러면… 하지만 어느 고객이 그렇게 계약을 해줍니까? 그들은 틈만 나면 계약서의 내용을 수정하거나 자신들이 원하는 내용으로 계약을 하고자 하는데. 더구나 그들의 요구를 들어주지 않으면 계약을 하지 않거나 다른 경쟁사와 계약을 할 것이라고 하는데….

비즈니스 코치: 충분히 김 대리의 이야기를 이해합니다, 그럼 고객들이 그렇게 나오는 이유는 무엇일까요?

김 대리: 그것은 적은 구매비용을 들이고 구매원가를 줄이려고 하는 것이 아닌가요?

비즈니스 코치: 그렇게 해서 고객이 얻는 이익은?

김 대리: 그것은 비용절감이지요.

비즈니스 코치: 그럼 고객의 비용절감이 김 대리 회사의 이익 감소로 이어지는군요. 그럼 김 대리의 고객인 구매부는 자신의 역할을 다하는 것이고… 구매성과에 대해 좋은 평가를 받을 것이고…. 그러면 그다음의 구매 시에도 당연히 지난번만큼의 양보를 요구할 것이고… 여기서 김 대리의 역할은? 즉 회사는 김 대리에게 무엇을 기대할까요?

김 대리: 그것은 당연히 계약서를 받아 오는 것이지요.

비즈니스 코치: 그럼 어떤 수준의 계약서를 기대할까요?

김 대리: 계약서의 수준이라니요? 하면서 김 대리는 이기상 부장의 이야기가 다시 떠오른다. 계약서의 수준이 중요합니까?

비즈니스 코치: 당연하지요! 김 대리는 그렇게 생각하지 않습니까?

김 대리: 글쎄요. 그것은 한 번도 생각해 보지 않아서… 그럼 회사는 높은 수준의 계약서를 원한다는 말씀이신가요?

비즈니스 코치: 그렇지요! 계약서의 수준이 높다는 것은.

김 대리: 비즈니스 코치의 말을 가로막으며 계약서의 수준이 높다는 것은 회사로서는 많은 이익이 난다는 말씀이신가요?

비즈니스 코치: 그렇지요! 이제 제대로 이해를 한 것 같군요.

김 대리: 그렇지만 그것은 고객이 허락을 하지 않는데… 그들은….

비즈니스 코치: 김 대리, 며칠 전에 제가 보내 준 서류를 받고 읽어 보았나요?

김 대리: 예! 아주 도움이 많이 되었습니다.

비즈니스 코치: 구체적으로 어떤 부분이 도움이 되었나요?

김 대리: 고객기업의 구매프로세스에 대한 이해와 구매담당자의 업무와 관심사. 그리고 다른 구매관계자의 역할 등.

비즈니스 코치: 그 내용과 오늘 우리가 나누는 대화와는 어떤 관련이 있을까요?

김 대리: 예! 제가 이해하기로는 영업의 성적표 수준이 중요하다는 것, 고객의 구매프로세스가 다양하고 또 다양한 이해관계자가 개입을 한다는 것, 그 구매관계자들의 요구와 관심사가 다르다는 것, 영업과 협상을 구분해야 한다는 것 등등인데.

비즈니스 코치: 아주 잘 이해를 하고 있군요. 그럼 그러한 것을 어떻게 활용할 수 있을까요? 즉 그러한 이해 내용을 어떻게 오늘의 주제와 연결을 지어 영업활동에 적용을 할 수 있을까요? 그리고 어떻게 해야 높은 수준의 영업성적표를 받아 올 수 있을까요?

김 대리: 거기까지는 아직 생각을 해 보지 못하였습니다.

비즈니스 코치: 이해합니다. 현업에 바쁘다는 것을⋯ 하지만 지식을 이해하였으면 활용을 해서 성과향상에 활용을 하여야 하지요. 오늘은 이 부분에 대해서 이야기해 봅시다.

그때 세미나 장소가 시끄러워진다. 벌써 강연장의 자리 대부분이 메워졌다. 비즈니스 코치와 이야기를 하느라 김 대리는 시간 가는 줄을 몰랐다. 김 대리는 새삼 이렇게 많은 사람들이 자기개발에 관심을 갖고 학습을 한다는 것에 놀란다. 잠시 후 세미나 사회자가 나와 곧 세미나가 시작될 것임을 알린다.

김 대리 옆에 앉은 비즈니스 코치도 호기심을 갖고 연단을 바라본다. 자신에게 영업에 대한 훌륭한 코칭을 해 주는 이분도 이렇게 자기개발에 열심인 것이 놀란다. 비즈니스 코치는 김 대리를 바라보고는 빙긋 미소를 짓고는 "오늘 이야기는 세미나가 끝나고 계속합시다." 하면서 강단을 바라다본다.

김 대리도 새삼 마음을 가다듬고 가방에서 노트를 꺼내 메모를 준비하면서 자리를 고쳐 앉는다.

1) 최고의 영업성적표를 위해

두 시간의 세미나가 끝난 후 김 대리는 비즈니스 코치와 조용한 휴게실로 자리를 옮겼다. 김 대리는 비즈니스 코치를 통해 어떻게 우수한 수준의 영업성적표를 받아 올 수 있는지에 대한 답을 빨리 듣고 싶다. 하지만 비즈니스 코치는 여유를 갖고 강연의 내용을 조용히 생각하는 듯하다.

김 대리: 그럼 어떻게 하면 지식을 활용해 높은 수준의 영업성적표를 받아 올 수 있습니까? 김 대리는 조급한 마음으로 질문을 하며 비즈니스 코치를 바라본다.

비즈니스 코치: 본격적으로 이야기를 해 볼까요? 김 대리께서는 내가 보내 준 서류를 읽고 어떤 것을 알게 되었나요? 구체적으로 어떻게 하면 좀 더 효과적이고 효율적인 영업을 할 수 있을 것이라 깨달았나요?

김 대리: 글쎄요! 구매과정이 복잡하고 다양한 이해관계자들이 개입을 하고, 구매부의 역할을 알게 되었고….

비즈니스 코치: 영업의 성과향상과 이익률 향상을 위해 그 내용들을 어떻게 활용하면 좋을까요? 지금 이야기한 대로 기업의 구매프로세스에 많은 이해관계자들이 있다면 그들을 효과적으로 움직여 영업에 도움을 받을 수는 없을까요?

김 대리: 그것에 대해 정말 궁금합니다. 지난번같이 좋은 지혜를 부탁드립니다.

비즈니스 코치: 웃으면서 그러지요. 최고의 영업 성적표를 위해서는 1) 구매관계자들을 효과적으로 공략하라. 이것에 대해서는 내가 보내 준 서류에 정리가 되어 있을 것입니다. 2) 영업과 협상을 구분해야 한다. 이 또한 앞의 서류에 정리가 되어 있지요. 3) 가치 중심의 영업을 해서 고객들이 자신들의 이익을 위해 기꺼이 구매를 하도록 하는 것이 중요하지요. 4) 고객들이 구매프로세스를 가동하면서 김 대리의 경쟁사보다는 수준 높고 비용이 절감되는 구매경험을 하도록 하는 것도 유용한 방법입니다. 5) 영업의 성적표 수준을 결정하는 가장 핵심적인 능력은 바로 협상능력이지요. 영업과 협상을 구분하여야 한다는 것은 잘 알 것입니다. 제가 여러 번 강조를 하였으니까요. 사실은 많은 영업전문가는 이 둘을 잘 구분하지 못하지요. 영업과 협상은 엄청난 차이가 있다는 것을 알아야 합니다. 뒤의 두 가지에 대해서 지금부터 하나씩 알

아보도록 합시다. 협상에 대해서는 나중에 따로 시간을 내어서 이야기를 하도록 하지요.

2) 최고의 영업성적표를 위한 가치 중심 영업전략

비즈니스 코치: 김 대리께서는 김 대리가 판매하는 상품의 가치를 누가 결정한다고 보나요? 그 상품이 시장에 존재하게 하는 것은 누구라고 생각하나요?

김 대리: 예? 그것은 고객 아닌가요?

비즈니스 코치: 맞습니다. 그럼 고객들은 왜 상품과 서비스에 가치를 부여할까요?

김 대리: 그것은 자신들의 문제를 해결하거나 니즈를 충족시킬 수 있다는 확신과 믿음 때문이지요.

비즈니스 코치: 잘 알고 계시는 군요. 그것이 지난번 내가 김 대리에게 이야기한 핵심이지요. 그러면 그 가치 때문에 고객은 어떤 대가를 지불하게 되지요?

김 대리: 고객이 지불하는 대가는 바로 구매비용이 아닙니까?

비즈니스 코치: 그렇지요. 여기서 중요한 핵심은 고객은 자신에게 가치 있는 제품과 서비스를 구매한다는 것입니다. 그 가치의 기준은 업무상의 문제해결이든, 보다 나은 성과를 위한 욕구의 충족이든 자신들의 구매가 구매비용 이상의 가치를 갖기를 원한다는 것이지요. 이 말은 가치 중심으로 영업

을 하라는 것이지요. 즉 김 대리가 판매하는 상품과 서비스가 고객에게 제공하는 가치를 명확하게 전달을 하고 그 가치를 고객이 얻을 수 있다는 확신을 심어 주어 고객들로 하여금 강한욕구를 갖도록 한다면 좀 더 쉽게 고객을 설득할 수 있다는 것입니다. 즉 고객이 얻는 가치 중심의 영업을 통해서 영업의 성적표의 수준을 올릴 수 있다는 것이지요. 하면서 비즈니스 코치는 설명에 들어간다.

- 가치, 문제해결 중심
비즈니스 코치: 김 대리께서는 자신이 판매하는 상품과 서비스가 고객의 어떤 문제를 해결해 주고 그 해결을 통해 고객들이 얻는 이익은 무엇인지 명확하게 이해하고 영업활동에 적극 활용을 해야 하지요. 이것은 고객이 처한 상황과 고객이 추구하는 목표에 따라 그들이 해결해야 하는 문제와 채워야 하는 욕구는 다양하고 수준이 다르다는 것을 의미합니다. 즉 고객의 니즈는 고객별로 다르다는 것이지요.
김 대리께서 알아야 할 것은 우선 자신의 상품과 서비스가 어떤 기능과 특성, 장점이 있는지를 구체적이고 자세하게 알아야 합니다. 그리고 그 기능과 특성, 장점의 활용을 통해서 고객은 자신들의 어떤 문제를 해결하고 니즈를 충족시킬 수 있는지도 알아야 하지요. 지난번에 이야기한 솔루션이 기억날 것입니다. 그 솔루션을 이제는 한 단계 수준을 올려서 고객이 얻는 그리

고 고객이 기대하는 가치 중심의 메시지로 만들어야 합니다.
상품과 서비스가 갖고 있는 각각의 특성, 기능, 성능을 자랑
만 해서는 안 되지요. 그리고 그러한 것은 그냥 있는 것이
아니지요. 그것들의 활용을 통해 고객은 많은 이익을 누릴
수 있다는, 그리고 고객이 원하는 이익을 보장받는다는 확신
을 고객들에게 심어 주어야 합니다. 그러자면 상품과 서비스
에 대해 좀 더 깊은 이해와 분석이 요구될 것입니다. 다음의
표를 채워 보시기 바랍니다.

상품과 서비스 명	기능, 특성, 장점	해결하는 문제 해결할 수 있는 문제 기존 고객을 통해 해결해 온 문제	이 문제해결을 통해 고객이 얻는 이익

많은 영업전문가는 이 표를 채우는 데 꽤 어려워합니다. 특
히 마지막에 있는 문제해결이라는 항목과 고객이 얻는 이익
부분은 정말로 채우기 어려워합니다. 이 두 칸을 채우기 위
해서는 우선 고객 조직의 업무에서 자신이 판매하는 제품/
서비스가 왜 필요한지를 알아야 합니다. 이 필요가 대부분
고객 조직이 해결해야 하는 문제업무니즈/문제해결니즈들이지요.

이 문제를 해결해야 하는 이유가 조직의 궁극적이 목표_{경영목}
_{표의 달성}가 되는 것이구요. 즉 고객은 상품과 서비스의 이름
그리고 특성과 기능, 장점 때문에 구매를 하는 것이 아니고
그것들이 제공하는 문제해결 능력과 그것을 통해 얻는 이익
때문에 구매를 하는 것입니다. 이 문제해결과 이익이 고객이
기대하는 가치가 되는 것입니다. 여기서 문제해결을 원하는
부서는 현장부서가 대부분이죠. 즉 구매관계자 중 대부분 사
용자가 됩니다. 이들은 자신들의 문제로 인해 경영상의 목표
달성이 어렵다는 압박을 받게 되고 그 압박에서 벗어나고자
문제해결을 위한 새로운 제품이나 서비스를 요구하게 됩니
다. 그리고 경영상의 이익을 기대하는 구매관계자는 대부분
상위층에 있는 의사결정권자들입니다. 물론 구매부서나 다
른 부서도 문제해결과 경영이익에 관심을 갖지만 그들 스스
로 구매를 결정할 만큼 강한 욕구는 아니죠.

이 둘을 이해한다면, 그리고 위의 시트를 완벽하게 채울 수 있
다면 자신의 상품과 서비스의 가치 그리고 그것들이 고객에게
제공해 주는 가치를 알게 될 것입니다. 예를 하나 들어 봅시다.
여기에 최신 내비게이션이 있습니다. 이 내비게이션이 가진
기능과 특성은 무선 인터넷 기능, 일정관리 기능, PMP 기
능, 8G용량, DMB 기능, 실시간 교통량 알림기능, 태양열 충
전기능(배터리 용량 강화), 4시간 휴대가능 배터리 등등이
있다고 합시다. 물론 더 많은 기능이 있겠지만 그 모든 기능

은 이 시간에는 몰라도 되니까요? 만일 김 대리께서 이 내비게이션을 구매한다면 왜 구매를 하시겠습니까?

김 대리: 글쎄요! 저는 태양열 충전기능과 4시간 휴대가능 배터리가 매력적인데요? 그리고 무선 인터넷 기능도….

비즈니스 코치: 그것이 왜 필요하지요?

김 대리: 그러면 운전을 하지 않고 대중교통을 이용할 때도 사용할 수 있으니까요?

비즈니스 코치: 그래서 어떤 문제를 해결할 수 있지요?

김 대리: 그러면 이동하면서 인터넷으로 실시간 정보 수집이나 자료공유 특히 고객에 대한 정보 수집이 편리할 것이니까요? 고객사를 찾는 데도 도움이 될 것이고요.

비즈니스 코치: 그래서 얻는 이익/혜택은?

김 대리: 그러면 우선 고객과 상담준비를 제대로 할 수 있고 그 결과 상담에서 좋은 결과를 얻을 수 있게 될 것이고, 둘째는 실시간으로 고객이 원하는 자료를 보내거나 고객의 요청사항을 파악해 효과적으로 대응할 수 있을 것 같고, 8G의 용량이니까 필요한 자료제안서, 프리젠테이션 자료 등들을 저장하여 다닐 수 있고… 등등의 이익/혜택이 있을 것 같군요

비즈니스 코치: 그러한 이익과 혜택으로 얻을 수 있는 결과는?

김 대리: 그럼 영업활동량이 증가되고 영업의 성과도 향상이 되겠지요!

비즈니스 코치: 결국 김 대리가 이 내비게이션을 구매한다면

그 이유는?

김 대리: 그것은 제가 얻는 이익 때문이지요, 영업활동량의 증가와 성과향상이라는?

비즈니스 코치: 그럼 만일 이 내비게이션 영업전문가가 김 대리에게 위의 기능들만 나열식으로 또는 자랑하듯이 설명한다면….

김 대리: 그럼 흥미가 없겠지요.

비즈니스 코치: 따라서 김 대리께서는 내비게이션이 가진 기능이 아니라 그 기능들이 주는 이익과 혜택 그리고 얻을 수 있는 결과 때문이군요?

김 대리: 예 그렇습니다.

비즈니스 코치: 그럼 이 내비게이션의 가치는 영업을 하는 영업전문가들의 영업활동량을 증가시켜 주고 영업의 성과향상을 도와주는 가치가 있는 것이군요. 그렇지 않습니까?

김 대리: 그렇습니다. 진짜 가치 있는 제품이군요.

비즈니스 코치: 그럼 김 대리가 영업전문가가 아니고 관리업무를 하다면 어떨까요? 즉 김 대리가 대기업의 구매담당자라면 영업전문가들에게 지급하기 위해 김 대리 혼자의 결정으로 이 내비게이션을 구매할 수 있을까요? 또 만일 김 대리가 대기업의 영업담당 임원이라면 이 내비게이션은 어떤 가치가 있을까요?

김 대리: 제가 구매담당자라고 하더라도 저 혼자만의 결정을 할 수 없습니다. 부장님께 보고를 하고 부장님의 결정이 나거나, 영업부의 설득 또는 영업부의 구매요구가 있고 윗선에

서 구매결정이 나야 구매를 할 수 있을 것입니다. 그리고 영업담당 임원이라면 내비게이션이 영업의 성과에 어떤 영향을 미치는지에 관심이 있지 않겠습니까? 영업활동상의 문제 해결, 영업성과 관리상의 문제 해결 그리고 그 결과 영업의 성과와 이익률 등에 관심이 있을 같습니다. 그리고 영업전문가들은 사용하는 데 얼마나 편리한가와 실제적인 업무상의 문제를 해결해 주는지에 관심이 있겠지요.

비즈니스 코치: 이제 제대로 맥을 짚을 줄 알게 되었군요. 그렇지요. 결국 내비게이션이라는 제품이 가진 가치는 고객이 그 제품을 통해 어떤 문제를 해결하고, 그 결과 어떤 이익을 주는가에 따라 결정이 되는 것이지요. 여기서 고객이 가진 문제와 고객이 원하는 이익의 가치를 극대화하고 그 결과에 확고한 믿음을 줄 수 있다면 영업의 성적표 점수를 올릴 수 있는 방법이 나오는 것이지요.

김 대리: 그렇지만. 그렇다고 하더라도 고객들은 거래/구매의 조건을 따지고 자신들에게 유리하게 하려고 하는데….

비즈니스 코치: 맞습니다. 그럼 김 대리께서는 내비게이션을 구입하면서 가격 흥정협상을 할 것인가요?

김 대리: 물론이지요. 당연한 것 아닙니까?

비즈니스 코치: 맞습니다. 그런데 때로는 가격 흥정을 하지 않고 구매를 결정하기도 하겠지요.

김 대리: 그것은… 그럴 경우도 있겠군요.

비즈니스 코치: 그렇지요? 이유는 아마도 1) 김 대리께서 경제적인 여유가 있다, 2) 흥정을 해도 판매하는 사람이 받아들여주지 않을 것이다, 3) 주변에 다른 사람들이 있어서 체면 때문에 흥정을 시도하지 않았다, 4) 내비게이션이 급하게 필요하다, 5) 흥정을 할 수 있는 시간적인 여유가 없었다, 6) 사전에 다른 제품과 비교하지 않았다, 7) 영업업무 수행을 위해 김 대리에게 반드시 필요한 제품이었다, 8) 위의 내비게이션이 주는 혜택을 누리지 못해 최근에 영업 마무리를 실패하였고 다시는 그런 실수를 하지 않기를 원한다 등의 이유가 있을 것입니다. 여기서 기억해야 할 사실은 그 내비게이션을 판매한 사람도 어느 정도 흥정_{협상}의 여지를 가지고 있었다는 것입니다. 문제는 김 대리께서는 위의 이유 중 하나로 인해 가격흥정을 시도하지 않았다는 것이지요. 다시 우리 이야기로 돌아와서 김 대리께서 만나는 고객의 의사결정권자는 자신이 가치 있는 제품이라고 확신을 가져도 자신이 구매를 하지는 않지요. 그 업무는 구매담당자와 구매부서가 하는 것이고, 이들의 역할과 목표는 구매조건에 맞춰져 있으니까요. 여기서 사용자 또는 의사결정권자가 가진 문제해결에 대한 확신과 이익에 대한 가치는 고객들로 하여금 구매조건들을 완화시키는 역할을 하지요. 이것은 뒤에서 협상을 이야기할 때 다시 알아볼 것입니다. 중요한 것은 고객이 영업전문가에게 기대하는 것은 상품의 특성, 성능, 장점들이 자랑과 일장

연설이 아니라 그들의 문제를 해결하고 그것을 통해 이익을 얻을 수 있다는 확고한 메시지이지요. 이것을 잘 이용한다면 어쩌면 협상으로 가지 않고도 구매 조건의 변화 없이, 표준 판매계약 조건 대로 영업의 결과를 가져올 수 있다는 것을 명심하여야 할 것입니다.

따라서 자신이 판매를 하는 제품과 서비스가 고객의 어떤 문제를 해결해 주는지 그리고 그 해결을 통해 고객은 어떤 이익을 얻는지를 명확하게 정리하여 영업 커뮤니케이션의 메시지로 사용하여야 합니다. 또한 상품과 서비스의 기능과 특징들은 하나의 특징과 기능이 여러 개의 고객 문제를 해결하기도 하고, 하나의 문제해결을 위해 여러 개의 특성과 기능이 요구되기도 하지요. 영업전문가가 갖추어야 하는 상품과 서비스 지식은 이 수준까지 깊이 있게 연구하고 활용할 수 있어야 합니다. 이러한 준비를 갖춘 다음 영업활동을 할 때 고객들은 영업전문가의 역할을 상품/제품과 서비스를 판매하려고 자신에게 강요하는 사람이 아니고, 자신의 비즈니스를 도와주는 파트너로 생각을 하게 되지요. 영업전문가를 자신의 비즈니스 파트너라고 인식한 고객은 절대로 무리하게 영업전문가를 몰아세우는 구매는 하지 않을 것입니다. 그리고 이러한 가치 중심의 영업은 구매담당자보다는 사용자 또는 의사결정권자를 대상으로 영업활동을 할 때 더 효과를 발휘합니다. 고객이 강력하게 가치를 원한다면 구매자로서의 입장이 불리하게 되고 이는 협상의 힘을 떨어뜨리게 만들기 때문입니다. 이는 사용자와 의사결정권자가 문제해결과 그 후의 이익에 대한 확신을 가진 다음 구매부서로 구매업무가 이관되기 때문이지요. 이때 구매부가 구매협상을 지루하게 끌고 간다면 가치의 혜택을 누리는 사용자 또는 의사결정권자가 빨리 구매를 하라는 압력을 구매부에 넣지요. 그러면….

김 대리는 비즈니스 코치의 말을 자세히 음미해 본다. 자신이 내비게이션을 구매를 해야 한다면 구매를 하는 과정과 구매 목적을 자신의 고객이 자신의 상품과 서비스를 구매하는 과정과 목적을 비교해 본다. 사실 구매부서에서 김 대리의 상품과 서비스를 소비하거나 사용하는 경우는 거의 없다. 구매부서가 직접 사용하지도 않는 제품과 서비스를 구매하는 것은 다른 부서의 업무를 지원하는 것이 그들이 존재이유이기 때문이다. 그것으로 현장 부서는 업무상의 문제를 해결하고 가치를 창출하는 것이다. 그러면 고객이 구매를 하는 것은 결국은 자신들의 문제해결과 이익을 위해서라는 것을 깨닫게 되었다.

김 대리: 그럼 영업을 하면서 고객에게 던지는 메시지는 고객이 해결하는 자신들의 업무상 문제와 그 결과로서 얻는 이익에 집중을 하여야 하겠군요.

비즈니스 코치: 그렇지요. 그것도 사용자와 전문가 그리고 의사결정권자에게는 반드시 그래야 하지요. 그것을 통해 그들

을 설득하는 것이 영업이지요. 그들을 설득하는 데 성공을 하여 그들이 김 대리의 제품과 서비스가 제공하는 가치문제해결과 이익에 확신을 갖는다면 그것을 간절히 원할 것이고 그러면 그들의 구매의 긴급성과 중요성을 구매부서에 알려 구매를 종용하거나, 때로는 신속한 구매를 요구하는 압력을 넣기도 하지요. 그러면 계약서의 내용이 김 대리에게 유리하게 되는 것이지요. 물론 이것을 위해서는 구매담당자들과 지혜로운 협상을 하여야 하지만…. 일단 영업의 단계에서 고객들에게 가치를 확실하게 인식시키는 것이 좋은 조건의 영업 계약서를 받기 위한 영업 활동의 목표입니다. 가치를 경쟁사보다 강력하게 인식시키는 것 또한 협상의 중요한 전술입니다.

김 대리: 그렇군요. 고객에게 제가 제공하는 가치문제해결과 이익를 명확하게 인식시키는 것이 우선이라는 것을 알게 되었습니다.

- 고객 MOT 강화: 구매프로세스를 지원하라.

비즈니스 코치는 김 대리가 자신의 말을 이해하고 있는 모습을 보고는 계속 말을 한다.

비즈니스 코치: 두 번째 수준 높은 영업성적표를 받기 위해서는 고객의 업무를 지원하는 것입니다. 그것은 1) 구매프로세스를 지원하는 것과 2) 구매비용을 절감해 주는 방법이 있지요. 구매비용을 절감해 주는 방법은 잠시 후 알아보기로 하고 먼저 구매프로세스를 지원해 줌으로써 영업의 성적표 점

수를 올리는 방법에 대해 알아보도록 합시다. 김 대리께서는 고객구매부, 사용자, 전문가, 의사결정권자이 구매를 하는 과정에 어떤 불안감을 해소하고 확신을 얻고자 하는지 생각해 보았나요? 구매 이후의 가치문제해결과 이익에 대해서는 앞에서 충분히 언급을 하였으니까 지금부터는 구매 과정을 검토해 보도록 합시다.

김 대리: 구매과정을 지원하다니요?

비즈니스 코치: 구매과정을 지원한다는 것은 고객이 구매를 할 때 갖는 여러 가지의 불편한 사항을 지원해 준다는 것이지요. 필요하면 고객이 구매과정에서 부딪히는 문제내부의견 조율, 기술적인 한계들, 의사결정을 하는 데 갖는 불안함 등를 김 대리께서 해결을 해 줄 수 있다면 고객은 그것을 통해 또 다른 가치를 느끼지 않을까요?

김 대리: 그렇기는 하지만 그것을 어떻게….

비즈니스 코치: 김 대리께서는 영업의 사이클을 어떻게 운영하고 있나요? 즉 고객을 만나 영업의 마지막까지 어떤 단계들을 거쳐서 영업활동을 전개하나요? 그리고 그 각 단계들의 대상과 목적은 무엇인가요? 내가 보내 준 자료에 나온 구매업무 프로세스상에 나타나는 구매관계자들이 그들의 업무와 역할 수행을 효과적으로 할 수 있도록 지원을 한다면 그들로부터 우호적인 반응을 얻을 수 있지 않을까요? 그러면 다른 경쟁사보다 더 나은 조건으로 성과를 올릴 수 있을 겁니다. 그러면 영업의 이익률이 올라가지 않겠습니까!

앞에서 언급한 구매프로세스상의 각 구매관계자들을 효과적
으로 지원하는 방법에 대해 알아봅시다. 먼저 김 대리의 가
장 중요한 비즈니스 파트너인 구매담당자를 어떻게 지원을
하면 좋을까요? 구매담당자가 갖는 업무상의 어려움을 김 대
리 입장에서 최대한 도움을 주면 될 것입니다. 다음 쪽의 그
림이 구매담당자를 지원할 수 있는 내용을 정리한 것입니다.

비즈니스 코치: 어떤가요? 김 대리께서는 영업활동을 하면서
위의 사항들 중 어떤 항목을 지원하고 있나요? In - Bound
상황은 고객이 자신들의 문제해결을 위해 먼저 김 대리에게
연락을 취해 오는 경우를 말합니다. 영업전문가들이 가장 바
라는 상황 중 하나이지요. Out Bound 상황은 영업전문가들
이 먼저 가망고객에게 접근을 해 영업 프로세스를 진행하는
활동을 말합니다. 가장 도전이 되는 영업활동이지요. 위의
그림은 이 두 가지의 상황을 중심으로 구매담당자에게 영업
전문가가 구매담당자의 업무수행을 지원할 수 있는 내용들
을 정리한 것입니다. 어떤 상황이든 구매담당자들은 자신의
업무구매업무를 무리 없이 진행하고 싶어 하지요. 즉 크든 작
든 업무수행에 방해를 받고 싶지 않는 다는 것입니다. 따라
서 김 대리께서 구매담당자가 힘들어하거나, 까다롭게 여기
는 업무를 대신 수행해 주거나 효과적인 방법을 제공한다면
구매담당자로서는 훨씬 수월하게 업무를 진행할 수 있을 것

〈구매담당자 지원〉

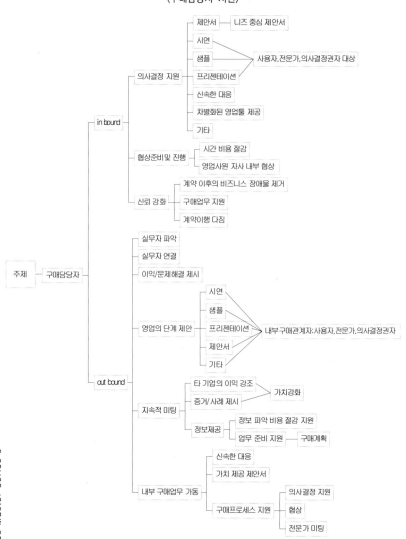

입니다. 물론 김 대리의 지원은 김 대리 입장에서 큰 비용이 요구되어서는 안 되고 더 나아가 영업의 성과에 도움이 되지 않은 것이어서는 안 됩니다.

김 대리께서 만나는 구매담당자들이 힘들어하는 일이 무엇이라고 생각하나요? 그것이 무엇이든 구매담당자의 일이라고 방관하지 마시기 바랍니다. 가능하다면 그 업무를 지원해 줌으로써 빠른 시간에 구매의사결정을 하도록 한다면 고객도 빨리 가치를 갖는 이익을 보게 됨으로써 김 대리에게 유리한 조건을 양보할 것이고 이를 통해 계약서의 수준이 올라가는 것이지요. 또한 김 대리 입장에서 영업비용시간비용이 절약이 되는 것이고, 이것이 영업의 이익률더 많은 영업활동, 신규 고객 개척 등을 올려 줄 것입니다.

고객의 구매과정이 가동되지 않은 상황에서는 구매담당자에게 필요한 정보문제해결, 타사의 이익 등를 제공하도록 하세요. 구매담당자를 만나 거래조건들을 양보하는 이야기는 절대로 하지 말기 바랍니다. 많은 영업전문가들이 구매담당자를 만날 때 구매담당자에게 제공할 정보를 준비하지 않고 만나서 구매담당자의 흥미를 끌어내기 위해서 거래조건의 양보를 이야기하지요. 그리고 구매담당자는 이러한 이야기에만 관심과 흥미를 갖지요. 이것은 결국 나중에 계약을 할 때 영업전문가를 압박하는 내용이 됩니다. 고객기업 내부의 의사결정을 지원하는 여러 가지 영업활동들을 제안하고, 기회가 될 때마다 니즈를 파악해서 기획 제안서를 제공하고 사용자 또는 실무 부서를 지원할 수 있는 준비가 되어 있음을 알려 주시기 바랍니다.

다음으로 고객이 김 대리를 찾는, 즉 고객기업 내부에서 구매 프로세스가 가동이 되어 기본적인 구매 계획이 수립된 다음 김 대리를 구매부 담당자가 찾을 때는 우선 구매관계자들을 설득하는 영업의 단계를 제시하고, 다음으로 협상을 준비하여야 합니다. 이러한 상황에서는 고객은 대부분 구매협상을 시도합니다. 김 대리가 이러한 상황에서 지체하지 않고 협상을 시작할 준비가 되어 있다면 구매과정을 단순화하고 신속하게 진행하도록 지원을 하는 것이지요. 이 또한 고객에게는 구매 시간을 절감하는 이익을 주는 것입니다.

김 대리: 하지만 대부분의 영업전문가들은 구매부를 주요 파트너로 생각을 하고 영업활동을 전개합니다. 그들을 무시할 수는 없는 것이니까요! 그들과의 좋은 인간관계가 매우 중요하다고 생각을 합니다.

비즈니스 코치: 물론입니다. 어떠한 영업이든 기업을 대상으로 한다면 구매부를 반드시 거치게 되지요. 고객의 계획된 구매든, 갑작스런 문제발생으로 해결을 위한 구매든 구매부가 최종구매협의協商를 하지요. 영업전문가들이 구매부를 대상으로 영업활동을 할 때 구매부와 주고받는 대화의 내용이 중요합니다. 구매부는 주로 구매조건에 관심이 있지요. 여기서 구매프로세스가 가동되기 전에 구매부를 만나는 영업전문가

는 조건영업을 하지 말라는 것입니다. 구매부를 만날 때도 영업전문가의 상품과 서비스가 해결한 다른 기업들의 문제와 그 결과로 그들이 얻은 이익을 중심으로 대화를 하여야 합니다. 필요하다면 언제든 비즈니스 조건에 대해선 협상이 가능하다는 메시지로 말을 하여야 합니다. 일방적인 양보가 아니라 구매부 담당자가 영업전문가의 해결책상품과 서비스의 문제해결 능력 과 이익을 명확하게 인식을 하고 기억을 해 현장에서의 구매 요청이 있을 때 그 내용을 기억하고 영업전문가를 찾도록 인간적인 신뢰와 비즈니스 전문가로서의 능력을 보여 주는 영업활동을 해야 합니다. 가끔은 구매부가 영업전문가의 제안가치를 안다면 구매를 수월하게 하기 위해 스스로 영업전문가에게 도움현장 사용자를 소개하거나, 샘플제공요구 등을 요청하기도 합니다. 이를 위해서 조건영업 대신에 가치영업이 중요하다는 것입니다. 물론 회사가 영업 전략으로 영업전문가에게 권한을 준 거래조건○○% 내에서는 영업전문가 가격을 결정하라 등을 구매담당자와의 상담에서 먼저 이야기할 수도 있지요. 이는 협상을 포기하는 것이지만 그럼 그다음의 만남에서는 무엇을 이야기할 것인가요? 구매담당자에게도 구매를 통해 고객이 해결하는 업무상의 문제와 그 결과로 얻는 이익 그것에 대한 근거자료 등으로 상담을 전개해야 합니다. 그래야 영업전문가가 제공하는 이익을 알고 기회가 되면 현업부서에 소개를 하거나 잠재적인 구매업체로 기억을 하고 자료를 보관할 것입니다. 구매담당자가 영업전문가가 쉽게 양보를 한다는 인식을 갖게 해서는 안 됩니다. 고객들이 비즈니스 전문가로 자사와 자신의 경영목표와 업무목표 달성에 도움이 되는 영업전문가고 필요한 해결책을 갖고 있는 영업전문가로 인정하게 하는 것이 중요합니다. 현업부서에서의 구매요청이 있을 때 가장 먼저 떠오르는 구매업체로 또는 영업전문가로 구매담당자가 영업전문가를 기억하는 것이 중요합니다. 여기서 중요한 사실은 영업전문가가 거래조건을 갖고 영업활동구매담당자 설득을 해야 하는 때는 1) 기존고객의 이탈을 막기 위해경쟁사가 제안하는 조건이 유리해 경쟁사로 이동하는 것을 방지, 2) 경쟁사와 거래를 하고 있는 고객을 자사의 고객으로 유치할 경우, 3) 제품의 기술적 차별화가 없는 성숙시장의 영업인 경우입니다.

김 대리: 그렇군요. 좀 더 전략적으로 영업을 준비하고 활동을 하여야겠군요. 구매관계자들의 업무를 지원한다는 것은 곧 그들의 구매프로세스를 지원하는 것이군요. 그것을 통해 그들이 쉽고 빠르게 그리고 확신을 갖고 구매를 하도록 지원함으로써 제가 제안한 솔루션의 가치를 강화해 의사결정을 촉구하는 것이기도 하구요. 그럼 다른 구매관계자들은 어떻게 지원하면 좋겠습니까?

비즈니스 코치: 자! 이것들을 보세요. 이 그림들이 구매전문가와 현업사용자, 의사결정권자를 지원할 수 있는 활동들을 정리한 것입니다.

김 대리: 그렇군요. 꽤 많은 지원이 필요하겠는데요? 김 대리는 비
즈니스 코치가 내민 자료를 보면서 대답을 한다. 어쩌면 저 혼자의 힘만으
로 할 수 있는 것도 아닌 것 같고요.

비즈니스 코치: 그래요. 영업을 영업전문가 혼자 해결해야 하
는 비즈니스로 생각해서는 안 되지요. 영업전문가 뒤에는 조
직의 모든 역량이 뒤를 받치고 있는 것이니까요. 자 다음을
볼까요? 구매 – 내부 전문가를 지원하는 일인데….

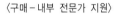

〈구매 – 내부 전문가 지원〉

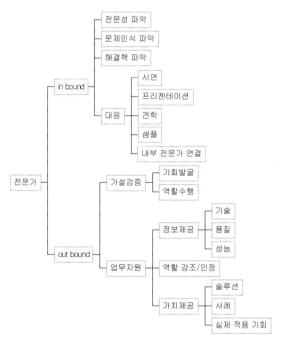

비즈니스 코치: 이들이 누구이고 구매과정에서 어떤 역할을 하

는가는 충분히 알고 있을 것입니다. 그럼 이들의 업무를 지원하는 것은 무엇일까요?

김 대리: 보내 주신 자료를 보면 구매 – 내부 전문가들은 구매하려는 제품/서비스가 자사의 기술수준과 생산제품의 품질 향상, 기능향상에 도움이 되는지를 판단하는 중요한 역할을 한다고 되어 있습니다. 따라서 이들의 관심사는 구매하려는 제품과 서비스의 성능과 품질이 어느 수준이고 그것이 자사의 업무와 생산성 향상에 도움이 되는가가 아닌가 하는데요?

비즈니스 코치: 그렇습니다. 바로 그 판단에 확신을 갖도록 하는 것이 이들을 지원하는 것이지요. 필요하다면 김 대리 회사 엔지니어 또는 기술 전문가와 미팅을 주선하기도 하여야 할 것입니다. 또 다른 기업들의 성공 사례, 전문적인 실험 자료, 통계자료 등을 통해 이들에게 확신을 갖도록 할 수 있지요. 이들이 중요한 이유는 이들의 판단과 결정이 구매결정에 있어서 사용자만큼의 힘이 있다는 것입니다. 김 대리께서 앞에서 언급한 내비게이션을 구매를 하는 데 한 가지 의문이 있습니다. 다름이 아니라 기존의 컴퓨터와 호환이 되는지입니다. 그래서 이것에 대해 잘 아는 동료에게 물어봅니다. 그때 그 동료가 '호환이 안 된다. 자신도 그것 때문에 망설이고 있다.'라고 하면 어떻게 할 것인가요?

김 대리: 그럼 구매를 망설이거나 호환이 되는 상품이 나올 때까지 기다릴 것입니다.

비즈니스 코치: 그 동료가 김 대리의 내비게이션 구매에서 바로 전문가의 역할을 한 것입니다.

김 대리: 하지만 이들을 만나기가 쉽지 않는데요. 구매부서에서도 제가 이들을 만나는 것을 꺼리기도 하고….

비즈니스 코치: 그렇지만 이들이 구매 과정에서 이렇게 비중 있는 역할을 한다면 그냥 두어서는 안 되지요. In－Bound 영업이든 Out－Bound 영업의 경우든 이들은 내부 구매계획 수립과 외부 공급업체 선정에 꽤 큰 영향력을 발휘합니다. 생산부 또는 현업부서에서의 구매요청의 기술적인 조언을 해 주는 것으로 이들의 힘을 알 수 있지요. 이들은 직접 영업전문가를 만나기도 하지만 대부분 공식적인 상담프리젠테이션 등에 나타나지요. 고객이 김 대리를 부른 경우 이들이 구매 담당자와 함께 상담장소에 나오기도 하지요. 이 자리에서 그들의 궁금증을 해결해 주어야 합니다. 그것을 위해서는 고객이 상담을 요청할 때는 목적이 무엇인지? 누가 함께 나오는지 묻고 충분한 준비자료, 내부 전문가 대동 등를 하여야 합니다. 그리고 필요하다면 고객의 구매프로세스가 가동되기 전 이들을 대상으로 영업활동을 할 수 있어야 합니다. 이들은 자사의 상품과 제품 또는 서비스의 품질과 성능, 기능에 책임을 지고 있기 때문입니다. 따라서 이들을 미리 만나 자신들의 문제를 인식시키고 그 해결책을 제안하거나, 앞으로 나타날 문제에 대한 해결책을 제안하는 영업활동을 한다면 이후 구

매프로세스가 가동이 될 때 김 대리를 도와줄 수도 있지 않겠습니까? 이들을 만나고 지원할 수 있는 영업활동의 내용이 위의 그림에 나타나 있습니다.

김 대리: 아! 아주 중요한 것을 알게 되었습니다. 사실 이들이 상담 장소나 프리젠테이션 장소에서 저를 곤란기술적 질문으로에 빠트린 상황이 몇 번 있었지요? 그때는 왜 그들이 그러한 질문을 하는지 날 몰랐었는데… 이제야 알게 되었네요. 그리고 이들의 출현을 예상해 어떤 준비를 해야 하는지도 알게 되었습니다. 더구나 영업활동 대상으로 이들도 포함시켜야 한다는 것이 새로운 도전인데요? 좋은 방법 같기도 하고요!

비즈니스 코치: 이제부터는 김 대리의 영업활동 폭과 방향이 훨씬 다양해지고 넓어지겠군요. 구매 - 내부 전문가의 존재를 절대로 가볍게 여기지 말기 바랍니다. 어쩌면 이들이 김 대리를 도와줄 수 있는 고객 내부의 챔피언이 될 수도 있으니까요! 자 다음으로 구매 - 사용자들에 대해 알아볼까요? 김 대리께서는 자신이 판매하는 상품과 제품 또는 서비스를 사용 하는 사람들을 어떻게 파악하고 대응하는가요?

김 대리: 그들은 대부분 현업부서 직원들이지요. 그들은 자신들의 업무문제해결과 업무성과를 향상해야 한다는 과제를 갖고 있지요. 그런데 그들은 제가 영업을 하는 과정에서 별로 접촉을 하지 않았던 것이 사실입니다. 어쩌다 구매부와 이야기를 할 때 한두 번 만나기는 하지만…. 그들은 별로 의견을 말하지

도 않고 그냥 제 설명만 듣고는 이해 수준을 밝히는 정도입니다.

〈구매 – 사용자 지원〉

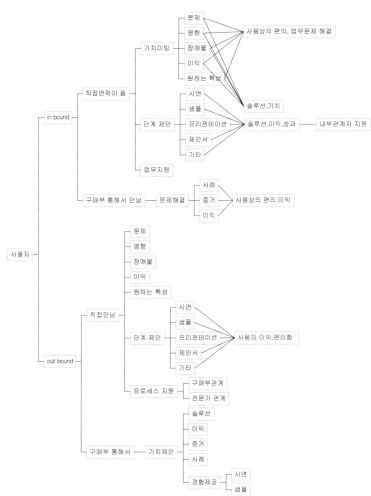

그들도 구매-전문가만큼 중요한 역할을 하겠지요? 보내 주신 자료에도 그것을 강조해 놓으신 것으로 알고 있습니다.

비즈니스 코치: 그렇지요. 구매-전문가가 기술적인 기준으로 김 대리가 제공하는 상품과 서비스의 조직 내 적용가능성을 검토한다면 구매-사용자들은 그 상품과 서비스를 자신들의 업무에 직접 사용하는 사람들이지요. 이들이 필요를 느끼지 않는다면 구매프로세스가 가동되기는 쉽지 않지요. 이들은 업무 현장에서 상품을 생산하거나 고객의 불평불만을 처리 등 자신들의 업무성과를 위해 새로운 제품과 상품 또는 서비스를 요구합니다. 많은 경우 이들의 요구에 의해 고객의 구매프로세스가 가동이 됩니다. 경영 목표와 전략 수행을 위한 계획상의 정해진 구매이것 또한 현업부서와 연결이 됨 외에는 대부분 이들의 업무성과를 위해 구매가 일어나는 것이지요. 따라서 이들을 움직여야 하는 것은 영업을 하는 김 대리에게는 매우 중요한 일입니다. 이들을 설득해 구매의 필요성을 느끼게 한다면 영업이 한결 수월할 수도 있지요. 이들이 구매부서를 움직여 구매프로세스가 가동되도록 할 것이니까요.

김 대리: 그렇군요. 하지만 그들을 어떻게 움직일 수 있나요? 현 업무에 바쁘기도 하고, 구매-전문가와 마찬가지로 구매부서에서 그들을 만나는 것을 별로 반기지도 않는데….

비즈니스 코치: 위의 그림이 구매-사용자들을 지원하는 방법들을 정리해 놓은 것입니다. 영업활동에 중요한 관계자라면

어떻게든 그들을 만나고 설득을 하여야 하겠지요. 구매부가 기꺼이 이들을 소개해 준다면 더 이상 좋은 일은 없겠지 만… 여기서 구매부 입장에서 제대로 된 구매를 위해서는 이들의 판단과 의견은 매우 중요하지요. 그래서 그들을 김 대리와 만나게도 할 것입니다. '구매의 적절성을 검토하기 위해 만나는 기회를 주거나 실무자를 소개해 주십시오.' 라고 요청을 하세요. '구매를 통해 얻는 이익을 보기 위해 함께 만나자.' 라고 요청하시기 바랍니다. 고객이 수용할 수도 있으니까요. In – Bound 영업의 경우에는 구매 계획과정에 이들이 개입을 해 의견을 공유하고 구매의 전반적인 조건기술, 품질적인 부분을 결정하는 데 영향력을 미치지요. 때로는 공식적인 프리젠테이션 또는 시연, 샘플제공 등의 영업활동에 나타나기도 하지요. 그때 그들의 관심사는 제품과 상품 그리고 서비스가 자신들의 업무 문제를 어떻게 해결하고, 성과향상과 목표달성에 도움이 되는지를 알고 싶어 하지요. 사용상의 편리함은 물론 새로운 사용법의 학습 시간에도 관심을 갖지요. 이들은 구매담당자에게 구매의 필요성과 그 결과로서의 이익을 알려 줄 것입니다. 이것으로 구매부서는 구매의 조건을 강조하면서 구매를 지연시키기가 쉽지 않지요. 사용자들이 업무상의 문제를 해결하여 보다 나은 상품과 서비스를 생산하는 기회를 구매부가 막을 수는 없는 것이니까요. 구매부는 그러한 일을 지원하는 역할을 하는 것이니까요. 따라서 김 대리께서는 사용자들과 상담 또는 영업활동을 할 때 사용자들의 관심사와 문제를 파악하고 그 해결방안을 명확하게 전달하여야 합니다. In-Bound 영업의 경우 이들과의 만남이 잦을 수 없기 때문입니다.

Out-Bound 영업의 경우 직접 이들과 접촉을 통해 김 대리의 솔루션으로 설득할 수도 있을 것입니다. 이들을 만나기 쉽지는 않겠지만 이들을 영업의 대상으로 접촉을 하는 노력은 영업의 성과에 중요한 역할을 할 것입니다. 사용자들을 김 대리 영업의 창구로 활용할 만큼 중요한 고객으로 대하시기 바랍니다. 그들이 김 대리와의 상담을 통해 김 대리가 제안한 솔루션의 가치를 인정하면 그들이 구매부를 소개해주거나 구매프로세스를 가동하게 도와줄 것이니까요. 그러면 구매부와 협상을 할 때 김 대리가 유리한 파워를 가질 수 있을 것입니다. 이들을 만나는 것을 중요한 영업활동 중 하나로 믿고 적절한 계획을 세워야 합니다. 물론 구매부를 먼저 만나고 이들을 소개받을 수도 있겠지요. 어떠한 경우든 이들의 존재와 역할을 잊거나 무시해서는 안 됩니다. 이들을 영업활동의 첫 번째로 만나야 할 고객으로 생각하고 접촉을 하는 것도 좋을 것입니다. 위의 그림에 나와 있는 다양한 준비와 활동들을 창의적으로 개발을 하고 준비를 통해 사용자들을 만나고 상담을 하며 움직이도록 하시기 바랍니다.

김 대리: 그렇군요. 사용자들이 매우 중요하고 결정적인 역할을 한다는 것을 알게 되었습니다. 이제까지는 구매부와 상담

을 하는 데 참고인 정도로만 생각을 하였는데… 이제부터는 전략적인 접근을 해야 할 것 같습니다. 이들만 설득을 한다면 영업활동을 보다 쉽게 전개할 것도 같습니다.

비즈니스 코치: 맞습니다. 중요한 사실을 깨달았군요. 다음으로는 구매프로세스의 최종 마무리를 결정하는 구매 – 의사결정권자에 대해 알아보도록 합시다. 김 대리는 영업활동을 하면서 의사결정권자와 자주 만납니까?

김 대리: 그렇지 않습니다. 최종 의사결정을 하는 분들은 직위도 높고 또 구매부도 적극적으로 만나는 기회를 제공해 주지 않으니까요. 그리고 만난다 하더라도 그분들의 위치와 직위가 부담이 되어서…. 그분들을 설득한다는 것이 쉽지 않습니다. 그분들의 관심사도 잘 모르겠고…. 하지만 이분들 또한 다른 구매관계자들 만큼이나 중요하겠지요?

비즈니스 코치: 당연합니다. 그리고 그들은 대부분 고위 관리자들이지요. 영업전문가가 이분들을 만나는 것을 두려워해서는 안 됩니다. 가급적 이분들을 만나고 니즈와 욕구들을 파악하는 것이 중요합니다. 구매 의사결정권자들을 지원하는 방법은 다음과 같습니다.

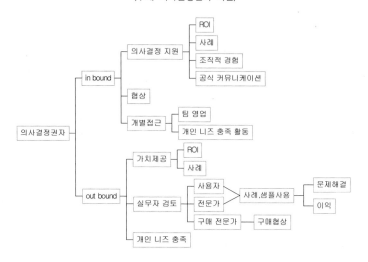

〈구매 의사결정권자 지원〉

비즈니스 코치: 위의 그림에서 보듯이 구매 의사결정권자들은 대부분 영업과 구매프로세스의 마지막에 나타나지요. 협상을 하거나 중요한 문제에 봉착이 되었을 때라야 이분들을 만날 수 있을 것입니다. 하지만 구매 과정에서 이분들의 역할을 안다면 그때까지 기다릴 수 는 없겠지요. In - Bound 영업이든 Out - Bound 영업이든 구매 의사결정권자를 만나는 일을 전략적으로 계획을 세우시기 하시기 바랍니다. 이분들의 관심사는 다른 구매관계자들 하고는 다릅니다. 이분들은 기술적인 부분이나 품질, 사용의 편리함 등보다는 투자의 효율, 즉 이번 구매가 제공하는 경영상의 이익에 관심이 집

중되어 있습니다. 사용자 또는 업무 현장의 문제를 해결해야 하는 이유도 경영상의 이익과 목표달성을 위해서이니까요. 따라서 구매 의사결정권자가 의사결정을 하도록 지원하는 방법은 투자의 효율 또는 이번 구매가 가져다줄 경영상의 이익을 구체적인 증거 자료, 사례 등을 동원해 제안을 하여야 하지요. 또한 이분들은 개인적인 관심사도 중요합니다. 특히 이분들은 구매부의 구매조건 변화에도 큰 영향력을 미치지요. 이분들이 결정이 곧 구매조건이 될 수도 있으니까요. 그래서 영업전문가들은 조직의 모든 인맥을 동원해 구매 의사결정권자를 설득하는 노력을 하여야 합니다. 이분들을 설득하는 수준이 구매의 많은 조건들을 영업전문가에게 유리하게 만들 수도 있다는 것을 알아야 합니다.

김 대리: 그렇군요. 하지만 이분들을 만난다는 것이 쉽지만은 않습니다. 만난다고 하더라도 설득을 시키기에는….

비즈니스 코치: 왜 그렇게 생각하나요? 우선 구매 의사결정권자는 어디에 관심이 있다고 생각하나요? 그분들도 자신들의 업무성과경영이익 달성 등를 위해서 최선의 솔루션들을 찾고 있다는 것을 잊어서는 안 됩니다. 정도와 내용의 차이는 있지만 구매 의사결정권자도 자사의 여러 가지 업무문제를 해결하는 것과 그를 통해 고객만족 또는 매출 향상, 이익증가에 최종적인 관심을 갖고 있으니까요. 이들을 움직여 스스로 구매를 해야 하겠다는 또는 자사의 현업부서 문제들을 해결하

는 데 자신의 의사결정이 필요하고 중요하다는 것을 설득만
한다면 영업의 조건을 유리하게 조절할 수 있으니까요. 그리
고 김 대리가 고객의 문제를 해결해 주고 비즈니스 성장을
도와주는 컨설턴트라면 오히려 이분들이 김 대리를 만나려
할 것입니다. 문제는 김 대리가 얼마나 준비가 되어 있는가
에 달렸지만….

김 대리: 알겠습니다. 결국은 영업을 하는 제가 위의 사실들을
인식하고 그것에 어울리는 준비를 하는 것이 핵심이군요. 그
리고 무엇을 어떻게 준비해야 하는지도 조금은 알 것 같기
도 합니다.

비즈니스 코치: 구매관계자들을 효과적으로 공략하는 것은 영
업의 성적표 향상에 도움이 될 것입니다. 구매관계자가 다양
하고 각자의 욕구와 니즈가 다르다는 것과 그들을 설득하는
것도 다르다는 것을 명확하게 이해를 해서 영업활동을 전개
해야 할 것입니다. 영업의 성적표 수준을 올리는 또 다른 방
법으로는 고객의 구매비용을 줄여 줌으로써 영업의 이익률을
올리는 방법이 있습니다. 지금부터는 이것에 대해 알아보도록
합시다. 이를 위해서는 먼저 구매비용에는 어떠한 것들이 있
으며, 그 비용을 줄이는 영업의 활동들을 찾아내는 것이 중요
합니다. 다음의 그림이 구매비용의 구조를 나타낸 것입니다.

〈구매비용 구조〉

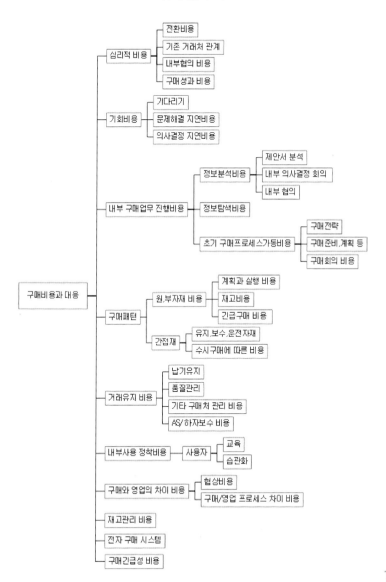

– 구매비용을 줄여 주라

김 대리: 와! 굉장하군요! 이렇게 많은 비용을 고려할 것이라고
는 상상하지도 못했습니다. 이래서 구매담당자들이 까다롭
게 영업전문가들을 대하는군요

비즈니스 코치: 이것은 일부분입니다. 구매프로세스 가동으로
고객사 내부적인 여러 가지 활동영업이 접근할 수 없는 구매업무 내용들
은 제외하고 영업활동이 지원하고 접근할 수 있는 부분만
정리한 것이니까요. 이 비용들은 구매담당자들에게도 매우
중요한 비용이고 이 비용을 줄이기 위해 많은 노력을 하는
것이지요. 계산할 수 있고 눈에 보이는 경제적인 비용도 있
지만 눈에 보이지 않는 비용도 고려할 요소입니다.

하나씩 알아보면서 어떻게 영업활동을 준비할 것인지를 생
각해 봅시다. 그 어떤 비용이든 자신의 비용을 줄여 주는 것
에 대해서는 항상 보상 또는 대가를 지불한다는 것이 비즈
니스이고 사람의 심리라는 것을 먼저 기억을 하기 바랍니다.
다음으로 이 구매비용을 줄여 주는 것이 영업비용의 상승으
로 이어져서는 안 된다는 것 또한 기억을 하시기 바랍니다.
이것이 쉬운 일은 아닐 것입니다. 하지만 구매비용의 내용을
이해하게 되면 김 대리 입장에서 비용을 적게 들이고도 구
매담당자와 구매관계자들의 구매비용을 지원할 수 있는 아
이디어를 얻을 수 있을 것입니다. 구체적인 아이디어에 대해
서는 김 대리에게 과제로 남길 것입니다. 왜냐하면 김 대리의

영업스타일과 사이클 그리고 고객에 맞는 이야기를 할 수 없으니까요. 하지만 고민을 하고 연구를 하면 좋은 답을 찾을 수 있으리라 생각을 합니다. 그것이 김 대리의 개인적인 능력을 차별화하고 더 나은 성장을 위한 기회가 될 것입니다.

자! 하나씩 알아보도록 할까요? 이것들에 대해선 제가 준비한 자료가 있으니 그것을 읽어 보면서 이해하시기 바랍니다. 고객의 구매경험을 지금보다 높은 수준으로 만들어서 고객의 구매결정을 지원하는 것, 구매비용의 절감을 통해 고객의 비즈니스 부담을 줄여 주고 영업전문가 자사의 영업이익을 향상하기 위해 무엇을 어떻게 하여야 하는지가 적혀 있습니다. 지금부터 이 서류들을 읽어 보시고 영업에 활용할 수 있는 아이디어를 개발하시기 바랍니다. 그 아이디어는 다시 만나서 이야기를 하도록 하지요. 하나씩 읽으면서 궁금한 부분이 있으면 질문을 하시기 바랍니다. 하면서 비즈니스 코치는 가방에서 서류를 꺼내 김 대리에게 건네주고는 가방에서 두툼한 책을 꺼내 읽기 시작한다. 김 대리는 건네받은 서류를 펼친다.

구매담당자는 자신의 업무를 수행하는 데 많은 비용이 소요됨을 알고 있다. 구매를 위해 공급업체에게 지불하는 상품과 서비스의 가격 외에 눈에 보이는 비용과 눈에 보이지 않는 비용이 있다. 가시적인 비용은 어떻게 해서라도 영업전문가와 협상을 통해 조정을 할 수 있다. 하지만 눈에 보이지 않는 비가

시적 비용은 쉽게 조정을 할 수가 없다. 구매담당자는 영업전문가가 이러한 부분을 이해하고 자신을 도와주기를 바란다. 이러한 비용에 대한 부담을 줄여 주는 영업전문가이라면 구매담당자는 자신의 업무를 도와주는 파트너로 생각을 할 것이다.

:: 심리적 비용

구매담당자는 구매업무를 수행하면서 기존 구매처로부터의 지속적인 구매를 할 때보다는 구매처를 바꿀 때 심리적으로 많은 부담을 지게 된다. 새로운 구매처로 공급업체를 바꿈으로써 발생하는 전반적인 비용인 전환비용새로운 구매처의 대응속도와 방법, 새로운 구매처의 상품과 서비스 수준, 비즈니스 파트너의 능력과 수준, 거래조건을 협의하는 협상의 능력 등이 들어간다. 구매처를 바꾸지 않으면 전혀 문제가 되지 않는 비용이다. 또한 기존 구매처 에 대한 부담 더 이상 구매를 하지 않을 것이라는 사실의 통보을 지게 되고, 거래처를 변경하는 것에 대한 내부 관계자들을 설득해야 하는 부담사용자들의 사용습관의 변화에 대한 부정적인 반응, 구매처 변경에 대한 부정적인 시각 — 이 경우 현장의 사용자와 조언가들의 구매에 대한 적극적인 지원(사용자와 조언가들이 영업전문가가 제안한 솔루션에 대한 가치 인정, 확신, 수용)이 있다면 훨씬 부담이 줄어든다.을 갖게 된다. 마지막으로 구매 후 내부 관계자들의 반응, 즉 구매 결과에 대한 구매관계자들의 평가올바른 상품과 서비스의 구매, 구매조건 등에 신경을 쓰지 않을 수 없는 것이다. 따라서 영업전문가가 고객의 기존 거래처를 자사로 바꾸려고 할 때 위의 비용을 보상할 수 있는 차별화된 무엇인가를 제공할 수 있어야 한다. 거래조건일 수도 있고 구매업무의 서류작업 간소화가 될 수도 있다.

기존 거래처로부터의 새로운 상품과 서비스의 구매인 경우에는 심리적인 비용이 상대적으로 적을 수 있다. 이때에는 구매관계자들의 협의비용과 구매결과에 대한 평가비용이 중요하다. 만일 이 구매를 통해 기존의 거래처와의 비즈니스를 끊어야 한다면 전환비용도 일부 발생할 것이다. 영업전문가는 기존고객을 통해 기존 제품과 서비스의 지속적인 거래를 유지하면서 추가적인 판매를 하여야 한다. 이러한 기회를 경쟁사에게 빼앗기지 않으려는 노력을 하여야 한다.

:: 기회비용

구매업무가 지연되거나 올바른 상품 또는 서비스의 구매가 제때에 이루어지지 않아서 발생하는 고객사 내부의 업무 문제 해결 지연 비용과 구매부에 대한 업무독촉의 비용이 발생한다. 또한 구매부에서 올바른 정보파악과 자료준비의 부족으로 내부 의사결정 프로세스를 올바르게 진행하지 못해 발생하는 업무 지연의 비용이 있다. 즉 제때에 올바른 구매가 이루어졌다면 지불되지 않았을 가시적업무 문제 해결 지연으로 발생하는 경제적인 비용과 비가시적구매부에 대한 압력, 업무 지연에 대한 질책 등 비용이 발생한다. 이 비용의 발생을 막기 위해서 구매부서는 구매업무가 가동되지도 않았는데 영업전문가를 만나 정보를 수집한다. 여기서 구매담당자는 자신이 원하는 정보를 수집하는 데 목적이 있다. 영업전문가는 여기서 너무 강하게 구매담당자를 푸쉬하면 거부반응을 일어남을 인식하여야 한다. 구매담당자의 잠재적 공급업체 리스트에 영업전문가의 이름이 기록되도록 신뢰를 구축하고 기회가 있을 때마다 비즈니스 성과_{다른 기업이 얻은 이익,} _{해결한 문제 등}에 대한 정보를 꾸준하게 제공하여야 한다.

:: 구매업무 진행 내부 비용

구매업무를 진행하면서 구매담당자는 내부 관계자들의 다양한 요구_{정보 수집 – 견적서, 예상 구매처 등}를 받고 필요한 정보를 정확하게 수집할 수 있을까? 수집된 정보를 어떻게 분석해 올바른 정보를 선택할까? 그 결과를 내부 구매관계자들과 협의하는 일, 구매 결정이 이루어진 후 구체적인 구매계획_{거래조건들}과 구매전략_{대부분 협상 전략과 전술}을 수립하는 데 비용이 소요된다. 이 비용은 대부분 영업전문가가 인식하기 어려운 비용이다.

경영 계획에 따른 정기적인 구매라 하더라도 내부 경영상황의 변화와 외부 경영환경의 변화에 따라 구매프로세스를 가동하는 데 요구되는 비용도 달라진다. 영업전문가는 구매담당자가 내부 구매과정을 가동하는 데 도움이 되는 방법_{시연, 샘플 제공 등}을 제안하여 지원을 할 수 있어야 한다. 이를 위해 다양한 영업의 도구와 방법들을 개발하는 노력도 필요하다.

:: 구매 패턴에 따른 비용

구매를 일시에 필요한 양을 모두 구매하게 되면 지불해야 하는 상품과 서비스의 가격이 부담이 된다. 또 일시에 많이 구매를 하면 재고관리에 비용_{창고유지비용, 물품 적재 시 발생하는 하자비용 등}이 소요된다. 필요할 때 필요한 만큼 구매를 한다면 위의 두 가지 비용 부담은 제거할 수 있지만 제때에 납품이 되지 않거나 품질문제가 발생해 사용자 또는 조언가로부터 부정적인 피드백을 받게 되는 비용과 업무지연의 비용이 발생한다. 이를 지원하기 위해 영업전문가는 협상의 조건들을 많이 개발을 해 구매담당자와 협의할 수 있어야 한다.

또 구매하는 상품과 서비스가 생산에 필요한 원/부자재인가 아니면 일상적인 업무에 소요되는 물품인가에 따라 구매비용이 발생한다.

원/부자재의 가격상승 예측으로 일시에 많은 구매를 하는 경우에도 비용 부담은 발생한다.

:: 거래 유지비용

구매계약을 한 후 구매업무가 끝나는 것은 아니다. 구매계약을 한 후 정말 중요한 업무가 있다. 구매결정을 한 업무가 얼마나 잘 진행되는지에 대한 부담이 주는 심리적 비용, 문제 발생 시 처리에 들어가는 시간과 비용, 구매처 관리비용, 품질유지와 납기 준수를 확인하는 데 들어가는 비용 등이 발생한다. 때로는 구매처를 교육시키는 데 비용이 소용되기도 하고, 구매처의 품질이나 기술향상을 위한 지원업무에 비용이 발생하기도 한다. 이를 위해 영업전문가는 구매담당자가 느끼는 '구매 후 후회'라는 심리적인 비용과 경제적인 비용이 발생하지 않도록 세심한 주의가 요구된다.

더 나은 거래처가 나타난 후에도 기존 구매처를 바꿀 수 없는 이유 때문에 발생하는 비용도 있다. 이는 구매를 한 영업전문가보다 더 나은 경쟁사가 나타난다는 것을 의미한다. 이에 적극적이고 효과적으로 대처를 하지 못하면 언제 고객이 경쟁사로 돌아설지 모른다. 영업전문가는 신뢰 중심의 고객관리를 통해 이러한 정보를 입수하고 적절한 대책을 강구하여야 한다.

:: 내부 정착비용

개인 소비자가 자신의 삶의 질을 올리기 위해 상품과 서비스를 구매한 경우에도 그 후 사용방법을 익힐 때까지 시간과 비용이 들어간다. 즉 기존의 습관다른 상품과 서비스를 사용하던 습관 또는 한 번도 사용한 경험이 없는 상태에서 구입한 상품과 서비스를 사용해야 하는 불편함을 바꾸어야 하는 노력이 들어간다. 이와 마찬가지로 조직의 업무수행을 위한 상품과 서비스를 사용해 온 과거의 업무습관이 새로운 상품과 서비스의 구매를 통해 익숙한 습관으로 바뀌어야 한다는 것은 개인적으로도 조직적으로도 결코 쉽지 않다. 그 구매가 필요에 의해 구매를 하였다고 하더라도 사용법을 익히는 데 시간이 소요되고 불편한 과정을 거쳐야 한다.

구매를 하는 입장에서는 이러한 시간과 비용 또한 매우 중요하다. 특히 구매한 상품과 서비스를 사용하는 부서의 불편

함은 큰 비용으로 발전할 수도 있다. 영업전문가는 이를 위해 코치로서의 또는 트레이너로서의 능력을 갖추어서 고객의 직원 교육비용을 줄여 줄 수도 있다. 또 신입직원이 들어오면 고객이 영업전문가를 찾도록 영업전문가의 역할과 능력을 기억시켜 놓아야 한다. 이러한 영업전문가의 능력은 고객의 구매처 전환비용을 높여서 쉽게 전환을 하지 못하게 하는 효과도 있다.

:: **구매협상비용**

구매관계자 중 구매담당자는 영업전문가와 최종 구매계약을 위해서는 구매협상을 하여야 한다. 구매협상의 목적은 구매조건을 변경함으로써 구매의 비용을 줄이고 구매 효율화를 강화하기 위해서이다. 영업전문가 입장에서 볼 때 협상은 영업과는 다르게 시간과 많은 노력이 요구된다. 당신이 영업전문가라면 이 사실을 간과해서는 안 된다. 더더욱 협상을 하지 않고 구매담당자의 요구를 모두 수용해 주는 것은 바람직한 결과를 가져오지 못한다.구매담당자는 승자의 딜레마에 빠진다. 비록 자신의 요구가 수용이 되었더라도 영업전문가와 구매협상을 진행하지 않음으로써 더 많은 심리적인 부담을 안게 되는 것이다. 구매담당자와 진지한 영업/구매협상을 전개함으로써 구매담당자의 역할을 강화시켜 주는 것이 필요하다. 이와는 반대로 구매담당자와 영업/구매협상을 할 때 제대로 준비된 전문가로서 영업/구매협상에 임하는 것이 구매담당자의 영업/구매협상 관련 비용을 줄여 줄 수 있을 것이다. 이 영업/구매협상의 다양한 상황과 대응법에 대해서는 뒤에서 자세히 알아볼 것이다.

:: 재고관리비용

고객 기업은 자사의 업무수행생산부의 생산, 기타 현업부서의 업무 수행을 위해 많은 자원을 외부에서 조달한다. 이 물품들 중 상당 부분은 긴급 구매와는 달리 즉시 사용이 어려워 구매한 제품을 재고로 관리한다. 이 재고비용제품의 자연 손실, 보관비용, 장기보관으로 인한 성능의 손실 등 또한 구매부는 신경을 쓸 수밖에 없는 비용이다. 구매담당자는 이 재고비용을 줄이고자 하는 욕구가 있음을 알고 영업전문가는 고객의 재고비용을 줄여 줄 수 있는 창의적인 아이디어납기조정 납품 방법 등를 제안함으로써 구매담당자의 부담을 줄여 줄 수 있다.

:: 구매의 효율성

이 비용은 구매업무의 성과가 기업의 생산성과 업무효율에 미치는 영향을 의미한다. 구매의 수준과 구매의 적절성은 구매한 상품과 서비스를 사용해 업무를 수행하는 현업부서의 업무 생산성과 업무성과에 지대한 영향을 미친다. 구매담당자는 이 영향을 긍정적으로 만들고자 한다. 구매담당자는 구매를 시기적절하게 하는 것, 원하는 품질, 기능의 상품과 서비스 구매를 위해 현업부서와의 긴밀한 협조를 한다. 여기서 고려되는 구매를 위한 내부 협의 비용을 영업전문가가 적절한 영업활동으로 지원을 해 준다면 구매담당자로서는 큰 힘이 될 것이다. 구매의 효율성은 구매담당자만의 몫이라고 생각하지 말라. 영업전문가의 능력과 영업스킬은 이 구매 효율화에 큰 영향을 미친다는 것을 기억하라.

- 구매 경험을 혁신하라

위의 구매관계자 지원과 구매비용의 지원 등을 통해 구매업무를 지원하는 것에 더해서 영업전문가는 고객이 영업전문가와 비즈니스를 하면서 경험하는 구매경험의 수준을 혁신 또는 강화함으로써 그들의 협력을 이끌어 낼 수 있어야 한다. 고객이 구매업무를 하면서 영업전문가와 진행하는 비즈니스 경험Experience은 감지Sense - 느낌feel - 생각Think - 행동Action - 관계강화Relate의 단계를 거친다. 즉 고객은 어떤 기술과 상품 그리고 서비스가 자사의 경영목표를 달성하기 위한 문제해결에 도움이 되는지를 알아야 하고 그 상품과 서비스의 존재를 알아야 한다.감지단계 다음으로 고객은 그 상품과 서비스가 자사의 경영상 목표달성을 확실하게 지원한다는 사실을 확인하고 그 필요성을 강하게 가져야 한다.느낌단계 그리고 고객은 자신의 느낌을 확인하고 비교 가능한 대안들을 찾고 가장 합리적인 대안을 비교 검토하는 단계를 거친다.생각단계 이 비교 검토 후 구매를 결정하고 구입 후 현업에서 사용하는 행동의 단계를 거친 후, 이익의 지속을 위해 재구매하고 비즈니스를 확대해 나가는 관계강화의 단계를 거친다.

영업전문가는 고객이 갖는 위의 경험을 혁신하고 강화하는 노력을 기울여야 한다.

:: 감지단계

이 단계는 고객이 영업전문가의 상품과 서비스의 존재특성, 기능, 장점과 해결하는 문제와 이익, 혜택 등를 아는 것이다. 고객은 자신의 업무를 원활하게 수행하기 위해 정보를 필요로 한다. 구매담 당자는 현재 또는 미래의 구매업무를 수행하기 위해 구매처와 시장에 대한 정보가 필요하고, 사용자는 자신의 업무문제를 해결하기 위해 그 해결책을 찾고자 한다. 이러한 욕구와 필요에 따라 고객은 정보 수집이라는 행동을 하는 것이다. 그리고 그 정보 수집은 빠르고, 정확하며 제때에 올바른 정보를 얻는 경험을 원한다.

여기서 영업전문가는 어떻게 고객이 자신이 판매하는 상품과 서비스를 인식하고 기억하게 만들 것인가를 고민하고 차별화된 경험을 하도록 고객에게 접근하여야 한다. 더 나아가 고객이 단순히 상품과 서비스의 존재만을 인식하는 것이 아니라 그것을 통해 자신의 어떤 문제를 해결하고 그 결과로 기대되는 이익을 알도록 만드는 것은 영업전문가의 영업활동 초기 목적이다. 고객 또한 자신이 만나는 영업전문가가 어떤 문제를 해결해 줄 수 있고 어떤 도움이 되며 궁극적으로는 어떤 이익이 되는지를 알고자 한다.

영업전문가는 다양한 방법과 수단으로서 고객이 보다 쉽게 그리고 명확하게 자신의 차별화된 역량문제해결의 종류와 이익을 알도록 노력하여야 한다. 이 단계의 수준 높은 경험은 이후 단계가 진행될 때 계속 기억에 남게 되어 의사결정에 영향을 미칠 것이다. 수준 높고 차별화된 제안서 작성과 제공, 이 메일과 DM의 수준 강화, 단순히 카탈로그나 명함을 주고 오는 단계에서 머물지 않고 고객이 영업전문가의 존재를 인식하도록 하는 문제해결/비즈니스 컨설턴트로서의 영업활동을 통해 감지단계의 경험수준을 강화할 수 있을 것이다.

만일 고객이 먼저 접근을 해오는 상황이라면 첫 연결의 경험이 향후 큰 영향을 미친다. 전화를 받는 상황이든, 이 메일을 통한홈 페이지를 통해서든 첫 접촉이든 이 감지단계의 경험 수준을 향상하는 데 노력하여야 한다.

:: 느낌단계

감지단계에서 고객이 가치 있는 경험을 한다면 영업전문가가 제안하는 것이 단순한 구매를 하라는 압력이 아니고, 조직의 업무상 문제를 해결하고 이익향상과 성장/발전을 위한 제안이라는 것을 알게 됨으로써 그러한 조직 내 업무상 문제를 해결하고자 하는 욕구가 발생할 것이다. 혹은 그러한 문제가 있는지를 탐색을 할 것이다. 조직 내부 문제를 사전에 발굴을 해 미리 예방책을 세우는 것 또한 구매부의 중요한 업무가 될 수 있기 때문이다. 더 나아가 현업부서에 다양한 문제해결의 아이디어를 제공함으로써 현업부서의 의사결정을 지원할 수도 있을 것이다.

따라서 영업전문가는 고객에게 지속적인 사례와 증거를 제시하거나 때로는 다른 경쟁사들이 사용하지 않는 방법을 동원해 영업전문가가 제공하는 솔루션의 가치를 느끼도록 하는 것이 필요하다.

:: 생각단계

고객이 인식단계와 느낌단계에서 차별화된 경험을 통해 솔루션의 가치와 이익을 알게 되었다면 그다음으로 영업전문가는 그 솔루션을 적용하기 위한 다양한 내부 검토 활동을 지원하여야 한다. 차별화된 영업의 단계를 개발하는 것이 이 단계에서 고객이 경험하는 수준을 강화하는 것이다. 경쟁사들이 사용하지 않는 영업의 단계를 개발하라. 고객이 좀 더 쉽고 간단하며 그러면서도 확신을 가질 수 있도록 지원하는 영업의 활동내용들을 개발하여야 한다.

고객의 의사결정을 지원하는 다양한 영업의 활동샘플제공, 공장견학 등을 개발하여 활용하도록 하라.

:: 행동단계

이 단계는 구매를 결정해 현업부서 사용을 하면서 경험사용의 편리함, 문제발생 시의 대응능력과 속도, 품질/기술 수준 등하는 것과 구매부서의 계약 후 납품의 정확성, 품질의 수준 등 계약서상의 내용을 얼마나 충실히 지켜지는가의 경험을 의미한다.

이 단계의 부정적인 경험은 경쟁사로의 이탈 또는 다음 단계인 관계강화단계의 단절이 발생하게 된다. 영업전문가는 계약 후 고객관리를 철저히 하는 노력을 하여야 한다.

:: 관계강화단계

고객은 구매처의 비즈니스 수준이 자사의 비즈니스를 도와주는 수준이 된다면 구태여 다른 구매처를 찾는 노력을 하지 않을 것이다. 기존 구매처를 통해 비즈니스의 성장에 지원을 받을 수 있는 사실이 명확한데 어떻게 다른 구매처를 찾는 수고를 하겠는가? 이것 또한 비용이 소요되는데….

영업전문가는 현재의 거래 비즈니스를 강화할 뿐 아니라 미래의 비즈니스 기회도 끊임없이 개발하여야 한다. 또 자사의 기술개발과 품질향상의 노력 등을 통해 고객이 얻을 수 있는 미래의 이익을 인식하도록 하여야 한다. 이러한 활동을 통해 고객이 영업전문가를 상품과 서비스를 판매만 하려 하는 것이 아니고 자신의 업무를 도와주는 파트너로 인식할 것이다.

위의 감지 - 느낌 - 생각 - 행동 - 관계강화는 고객이 영업전문가와 비즈니스를 통해 또는 구매업무를 수행하는 동안 겪게 되는 경험의 단계들이다. 각각의 단계에서 차별화되고 고객화된 가치를 제공할 수 있는 영업활동을 하라. 고객과의 끊임없는 커뮤니케이션을 통해 자사의 새로운 기술과 상품, 서비스의 가치를 제공해 고객이 스스로 구매동기를 갖도록 하는 영업활동과 고객과의 지속적인 대화를 통해 고객 스스로도 인식하지 못한 문제를 해결하고 고객이 기대하지 않는 가치고객에게는 매우 중요한를 제공해 주는 기회를 발굴하여야 한다. 특히 자사의 개발 중인 기술, 다른 기업들이 얻은 이익과 문제해결 등등의 정보를 제공해 고객이 새로운 구매의 동기를 스스로 자극하도록 하는 영업활동도 하여야 한다.

이러한 수준의 영업활동을 전개하기 위해서는 보통의 영업전문가를 뛰어넘는 영업의 전문가가 되어야 한다.

고객과 영업전문가가 함께 공유하는 비즈니스 경험의 수준을 올리는 것은 영업전문가가 지속적으로 개발하여야 하는 자신의 경쟁우위 요소이다. 자신의 영업 스타일고객 발굴, 첫 접촉, 상담 수준, 설득, 니즈개발, 제안서 수준, 프리젠테이션 능력, 협상능력, 사내협의 능력, 구매관계자 공략 능력, 팀 영업 수준, 영업전략, 고객별 영업접근 방법 등 고객과 접촉을 하는 모든 활동들의 형태을 점검하고 분석하고 수준을 올려야 한다.

- 영업비용을 줄여라

최근 나는비즈니스 코치 영업협상 과정을 진행하면서 두 참가자의 대화를 듣게 되었다. 그 두 사람은 동일제품의 경쟁사 영업전문가였다.가끔 공개과정에 이러한 경쟁사 직원들이 함께 참석하는 경우가 많다. 한 사람이 금년도에 자신의 회사가 영업비용을 인상을 해 영업을 하는 데 편리하다고 하자 다른 참가자는 이를 부러워하는 내용이었다.

이 책을 읽는 당신은 영업비용에 대해 어떻게 생각하는가? 우리가 일반적으로 말하는 영업비용은 대부분 고객을 접대할 수 있는 비용이 아닌가 한다. 먼저 이러한 접대라는 활동이 절대적으로 없을 수 없다는 것에는 필자도 동의를 한다. 왜냐하면 고객이 원하는 경우 이를 거절하거나 대응을 하지 않을 수 없는 것이 아닌가? 그리고 관례화된 경우도 많다.

여기서 잠깐 시각을 돌려 최근 기업들이 구매비용을 줄이기 위한 노력을 알아보자. 최근의 기업들은 소모성 제품들을 구매대행업체에 맡겨서 구매비용을 10% 이상 절약을 하고 구매에 들어가는 시간을 80% 정도 절약을 하고 있다. 이 업무를 대행해 주는 기업들의 매출이 급성장을 하고 있다. 해외 소모성제품을 아웃소싱해 주는 전문가들은 이 서비스를 이용할 경우 구매비용과 시간 등을 25~30% 절감을 할 수 있다고 한다. 기업들이 이렇게 구매비용의 절감, 전략적 구매를 할 때 이들을 대상으로 영업을 하는 영업전문가는 어떤 대안을 갖고 있는가? 이들에게 접대라는 영업비용은 어떤 의미가 있을까? 이제 기업들은 자사의 원부자재와 기타 소모제품을 구매할 때 비용을 절약하려는 노력만큼이나 영업비용의 절감에도 신경을 써야 한다.

구매를 할 때 필수적으로 들어가는 비용이 있듯이 영업활동을 할 때도 들어가는 필수 영업비용이 있다. 이러한 비용부터 그 내역을 파악해 줄일 수 있는 부분부터 줄여야 한다.

기본적인 영업활동에 소요되는 비용도 전략적이고 체계적인 영업활동을 분석하고 기획한다면 줄일 수 있을 것이다. 영업활동을 준비하는 데에도 무엇을 어떻게 준비를 하면 좋은

지 그 방법을 찾아야 한다. 영업활동의 성공비율을 분석해 과학적인 영업활동을 하여야 한다. 예를 들어 고객과의 상담을 위해 약속을 잡는 Cold Call의 시도대비 성공률을 분석해 보라. 고객에게 제안하는 제안서의 숫자와 성공률을 파악해 보라. 영업전문가가 실시한 프리젠테이션의 수행과 성공_{계약}율을 분석하라. 예상 고객이 가망고객이 되고 이 가망고객이 계약고객이 되며, 계약고객의 추가 구매 비율을 분석하라. 이러한 활동 모두는 영업비용을 초래한다. 시도 횟수가 많을수록 성공률이 낮을수록 영업비용_{시간, 활용량 제한, 장비사용 비용 등}은 높아진다. 이제는 시도 횟수도 중요하지만 시도 성공률 중심으로 영업활동을 수립하여야 한다. 위와 같은 시도율과 성공률의 분석을 통해 영업활동을 전략적으로 추진하여야 한다. 영업전문가들의 부족한 능력은 어떤 식으로든 개발하여야 한다. 이러한 것이 준비되고 갖추어지지 않으면 어쩔 수 없이 접대라는 영업의 고비용 무기를 사용할 수밖에 없을 것이다. 이 고비용의 활동은 영업 수익률에 엄청난 부정적인 영향을 미친다. 더 중요한 것은 접대가 모두 영업의 계약으로 진행되지 않는다는 사실이다.

자사의 영업비용의 항목을 철저하게 분석을 하여야 한다. 이를 통해 줄인 영업비는 고객과의 협상 무기로 사용할 수 있다. 또한 영업전문가들에게 동기부여 차원에서 보상을 할 수도 있다. 책정된 영업비용 중 절감한 비용의 일정 부분을 영업전문가의 인센티브로 제공할 수도 있다.

:: 일반적으로 영업비용은

영업비용판매비와 일반관리비

  1. 인건비급여와 임금, 상여금 등

  2. 복리후생비

  3. 접대비

  4. 차량유지비

  5. 지급수수료

  6. 세금공과금

  7. 운반비

  8. 소모품비사무용품비

  9. 지급임차료

  10. 수도광열비

  11. 잡비… 이하 등

영업 외 비용

  1. 지급이자와 할인료

  2. 지급보증료

  3. 매출할인

  4. 기부금

  5. 법인세추납액

  6. 연구개발비상각

  7. 잡손실

8. 클레임 처리비용

9. AS 비용

10. 고객의 응대 지연비용 등등이 있다.

특히 영업관리자는 이러한 비용의 파악 및 영업매출에서 차지하는 비율, 이 비용을 줄이기 위한 다양한 방법, 기술 등을 개발하여 영업전문가들에게 지원할 수 있어야 한다. 영업전문가 또한 자신의 활동 하나하나가 모두 비용과 관련된다는 것을 인식하여야 한다. 만날 수 없는 고객을 만나기 위해 외출하는 것보다 사무실에서 고객 발굴 전화를 하거나, 고객을 설득할 영업의 무기를 개발하는 것이 더 생산적일 수 있다. 발로 뛰는 영업은 그만큼 생산성이 낮고 고비용의 영업활동이다.

접대가 없는 영업은 생각할 수도 없다고 생각하는가? 그것은 과거 영업수준이 떨어지고 고객 또한 구매를 전략적으로 인식하지 않으며 구매비용을 전략적으로 관리하지 않을 때의 고정관념이다. 고객입장에서 접대를 받는다고 높은 비용으로 구매를 하는 경우가 있는가? 몇몇의 경우를 제외하고는 고객은 자사의 비즈니스 성공을 위해 구매를 한다. 이를 위해 구매비용을 줄이는 것은 그들의 중요한 과업이다. 구매부 담당자가 영업전문가를 힘들게 히는 이유 또한 여기에 있다. 접대라는 고비용의 영업활동이라는 패러다임을 바꿔야 한다. 이는 영업조직도 구매조직도 모두 이익을 볼 수 있는 결과를 가져올 것이다.

이상의 일반적인 영업비용 외 영업전문가가 활동을 기획하

고 활동하는 과정에도 비용이 들어간다. 이 비용들에는 통제
와 관리가 가능한 비용과 관리/통제가 힘든 비용이 있다. 핵
심은 어떤 종류의 비용이든 영업비용은 조직의 큰 부담이며
이 부담을 줄이는 노력과 성과는 비즈니스의 중요한 경쟁력이
다. 과다한 영업비용은 결국 상품과 서비스 가격의 상승으로
이어진다. 그 결과 고객기업의 구매업무에 부담을 주게 된다.

포천 500대 기업 257개 기업의 영업전문가들의 활동을 분
석해 본 결과 다음과 같은 영업활동의 비효율로 영업비용이
발생함을 알 수 있다.

- 17%: 세일즈 전화에 시간을 정해 놓지 않는다.
- 23%: 시간과 지역관리를 위해 컴퓨터를 활용하지 않는다.
- 28%: 이윤 목표를 설정하지 않는다.
- 37%: 지역을 총괄하면서 규정된 방식을 사용하지 않는다.
- 46%: 시간을 체계적으로 활용하지 않는다.
- 49%: 단골 고객에게 전화하는 횟수, 시간을 정해 놓지
  않는다.
- 49%: 사전에 준비한 세일즈 프리젠테이션을 활용하지
  않는다.
- 70%: 효과적인 전화계획을 세우지 않는다.
- 75%: 고객의 세일즈 잠재력에 따른 분류 시스템을 가지
  고 있지 않는다.
- 66%: 단골고객에게 각각의 세일즈 목표를 설정하지 않는다.

- 81%: 전화보고 시스템을 활용하지 않는다.

- Relationship Selling -
Tim Cathcart

　영업전문가와 기업은 불가피한 영업비용을 제외한 다른 비용을 줄임으로써 상호 이익이 되는 비즈니스가 가능하다는 것을 인식하여야 한다. 영업비용이 경쟁사에 비해 적게 소요된다는 것은 고객에게 혜택을 줄 수 있는 중요한 요소이며, 조직의 영업력을 강화할 수 있는 자원이 된다. 특히 영업전문가가 고객과 비즈니스를 하는 데 협상의 중요한 무기가 된다. 그러면 어떤 비용을 줄이고 관리하여야 하는지에 대해 알아보도록 하자. 우선 영업비용에는 어떠한 항목들이 있는지부터 알아보도록 하자. 영업비용에는 관리/통제할 수 없는 직접비용기본적인 영업활동에 소요되는 비용과 관리/통제가 가능한 비용이 있다. 이 관리/통제 가능한 비용에는 직접비용에 사용되는 영업활동의 비효율로 인하여 발생하는 비용과 간접비용이 있다. 따라서 영업전문가와 조직은 이 비효율적인 활동으로 인한 비용과 간접비용을 줄이는 데 관심을 가져야 할 것이다. 여기서는 직접비용보다는 비효율적인 활동이 초래하는 비용과 간접비용에 대해 알아보도록 한다. 이 비용들은 영업활동의 효율화와 영업의 스킬을 강화한다면 충분히 절감할 수 있는 비용들이다.

:: 우선 영업활동의 비효율에 의해 발생하는 비용으로는

ⅰ. 잘못 작성된 제안서의 수정비용과 계약을 하지 못하는 기회비용이 비용은 사실 엄청난 타격을 영업전문가와 조직에 준다.

ⅱ. 영업활동 지역의 비효율적인 스케줄링으로 인해 추가 되는 비용

ⅲ. 영업전문가가 임의로 제공하는 샘플과 서비스 상품 - 판촉과 서비스의 무료 제공은 영업의 성과에 도움이 되지 않는다.

ⅳ. 프리젠테이션 실패 비용 또는 비효과적이 실행비용 - 준비 비용 포함

ⅴ. 잘못된 고객 선정으로 인한 활동비용

ⅵ. 고객기업의 구매관계자들의 공략 실패비용 - 잘못된 집중

ⅶ. 고객과의 커뮤니케이션 실패 또는 오류로 인한 비용

ⅷ. 과거 패러다임영업은 발로 뛰어야 한다. 무조건 밖으로 나가라. 고객의 말 은 무시하고 영업전문가 일방 통행식 설득 등에 의해 발생하는 비용

ⅸ. 고객의 약속실행상담 약속 불이행이 이루어지지 않은 비용

ⅹ. 동기부여가 되지 않은 상태에서 영업활동을 하는 데서 오는 사기저하 비용

ⅺ. 협상비용 - 이 협상비용은 협상의 결과 계약서의 내용 이 수정됨으로써 발생하는 모든 비용으로 협상능력의 향상을 통해 개선할 수 있을 것이다. 이 비용에는 ⅰ) 물류비용 - 물류의 책임과 공급방식에 따른 비용, ⅱ)

반품에 대한 조건 비용, iii) 과도한 할인율 비용, iv) 채권관리 비용, ⅴ) 결제조건 비용 등 표준 계약서 내용의 변경에 따른 비용들이다.

xii. 고객관리 비용 - 접대비, 선물비 등

xiii. 과도한 고객의 요구에 대응하는 비용

xiv. 고객의 불평, 불만 처리비용 - 상품과 서비스의 품질이 아닌 직원들의 태도

ⅹⅴ. 내부협상 실패로 인한 조건 악화 비용

xvi. 영업 대상의 대안 부족으로 인한 불리한 입장에서 협상을 진행해야 하는 비용

xvii. 신속한 고객 대응이 이루어지지 않아 발생하는 비용

xviii. 팀 영업이 이루어지지 않아 발생하는 비용

xix. 내부 정보 활용 미흡으로 놓친 기회비용 - 정보 활용을 통한 경쟁우위의 기회 상실 - 고객에게 새로운 솔루션 제시 기회 상실 비용

ⅹⅹ. 조건 영업으로 발생하는 비용 등의 영업비용이 발생한다.

위의 비용들을 잘 살펴보면 영업전문가가 영업활동을 제대로만 수행한다면 대부분 관리하고 통제할 수 있는 비용들이다. 이러한 비용이 전체 영업비용에 차지하는 비율이 높을수록 영업의 경쟁력은 떨어진다. 물론 반대의 경우에는 영업경

쟁력이 올라갈 것이다. 영업 경쟁력이 있다는 것은 경쟁사의 공격을 이길 수 있다는 것과 고객이 구매결정을 하는 데 망설임이나 불안감을 주지 않아 고객의 구매결정을 지원할 수 있다는 것을 의미한다. 영업전문가 개인의 영업능력을 탁월하게 하는 데도 도움이 된다.

조직은 자사의 영업비용 구조를 살펴보아야 한다. 당신이 현장에서 뛰는 영업전문가라면 자신의 영업비용을 분석할 수 있어야 한다. 자신의 활동 하나하나가 조직의 영업비용에 영향을 미친다는 것을 인식한다면 좀 더 효과적이고 효율적인 업무수행을 하여야 한다는 것을 알게 될 것이다. 특히 위에서 언급된 원인들에 의해 발생하는 영업비용은 조직이나 개인 차원에서 빠른 시간 내 대안을 마련하여야 한다.

위의 비용들이 전혀 발생하지 않는다고 상상을 해 보라. 그 혜택으로 고객에게 무엇을 줄 수 있겠는가? 그래서 계약의 내용이 얼마나 수준 높은 것이 되겠는가? 반드시 고객에게 무엇인가를 제공하지 않는다고 하면 과연 영업의 이익률은 어느 정도 향상될 것인가? 이 영업 이익률을 향상시킨다는 것은 조직으로나 영업전문가 개인에게 큰 경쟁우위의 힘을 줄 것이다.

지금부터는 위의 비용을 줄일 수 있는 방법에 대해서 알아보도록 하자.

ⅰ. 잘못 작성된 제안서의 수정비용과 계약을 하지 못하는 기회비용이 비용은 사실 엄청난 타격을 영업전문가와 조직에 준다. ⇒ 제안

서 작성은 두 가지 상황에서 발생한다. 하나는 영업전
문가가 추측한 고객의 니즈를 중심으로 영업전문가 중
심의 제안서와 고객과 상담을 한 후 고객의 니즈를 파
악-니즈에 맞는 제안서를 작성하는 것 두 가지가 있
다. 어느 제안서든 제안서는 고객의 업무문제와 해결의
필요성 그리고 해결을 위한 자사의 역량과 증거와 근
거 또는 사례, 마지막으로 고객이 얻는 이익이 충분하
고 설득력 있는 자료와 함께 작성되어야 한다.

ii. 영업활동 지역의 비효율적인 스케줄링으로 인한 추가
되는 비용 ⇒ 영업전문가의 활동은 그 자체가 비용이
다. 한 고객을 만나면 다른 고객을 만날 수 없는 기회
비용, 이동시간의 비효율적인 계획에 따라 추가되는 비
용이 발생한다. 고객을 등급에 맞춰 중요하고 급한 그
리고 우선순위가 높은 고객비즈니스 가능성 등을 기준으로 구분을
먼저 방문하라. 또한 이동 지역을 잘 구성해 이동시간
을 최소화시키는 노력을 하라. 같은 지역으로 묶는 방
법, 같은 업종을 집중하는 것도 상담의 효율을 올릴
수 있을 것이다.

iii. 영업전문가가 임의로 제공하는 샘플과 서비스 상품-
판촉과 서비스의 무료 제공은 영업의 성과에 도움이 되
지 않는다. ⇒ 고객의 비즈니스에 대한 정보와 지식이
준비된 영업전문가, 고객에게 제공할 솔루션이 제대로

된 영업전문가는 굳이 샘플이나 사은품을 미끼로 고객을 만나지 않는다. 고객에게 제공하는 사은품, 샘플은 영업의 도구중 하나이다. 이를 무턱대고 뿌린다고 고객을 설득하지는 못한다. 또한 영업전문가 개인과 조직에 제공하는 서비스 또한 가치 있는 영업의 도구로 활용하라. 서비스는 공짜가 아니라는 것을 명심하여야 한다. 샘플과 사은품 그리고 서비스 제공을 통해 자신의 솔루션 가치를 올릴 수 있도록 하라. 서비스의 가치고객이 얻는 이익 또는 해결하는 문제 등를 명확하게 인식시켜야 한다.

iv. 프리젠테이션 실패 비용 또는 비효과적이 실행비용 – 준비 비용 포함 ⇒ 프리젠테이션은 너무나 중요한 영업의 도구이자 고객기업의 구매관계자들을 한 번에 설득할 수 있는 핵심 영업활동이다. 이러한 프리젠테이션의 수행능력이 경쟁우위가 없다면 모든 준비와 마무리까지의 활동조직의 지원, 준비시간에 대한 기회비용, 이미지, 다른 직원의 도움으로 인한 기회비용 등은 의미 없는 비용이 된다. 프리젠테이션의 수행능력을 강화하는 데 시간과 노력을 투자하여야 한다.

v. 잘못된 고객 선정으로 인한 활동비용 ⇒ 영업전문가가 제공하는 솔루션의 필요성이 전혀 없는 고객을 만난다는 것은 영업전문가에게나 고객에게 모두 피해를 주는 활동이다. '시장에 나가 고객을 무조건 만나는 것이 영

업의 길이다.'라고 잘못 알고 있는 영업전문가와 영업 조직이 낭비하기 쉬운 비용이다. 이러한 영업활동을 하면 고객으로부터 인정을 받을 수 없고 이것이 영업전문가의 사기를 저하시키는 부정적인 영향을 미친다. 영업활동을 준비할 때 고객을 선정하기 전에 자신의 상품과 서비스가 제공하는 가치를 먼저 파악을 한 후 그 가치를 요구하는 또는 요구할 고객을 신중하게 선정해 영업활동을 전개하라.

vi. 고객기업의 구매관계자들의 공략 실패비용 – 잘못된 집중 ⇒ 기업고객의 의사결정은 영업전문가가 생각하는 것보다 복잡하고 다양한 이해관계자가 개입됨을 알 것이다. 이것의 중요성은 이 책의 앞부분에서 강조를 하였다. 구매의사결정에 개입하는 구매관계자들을 그들의 니즈와 욕구에 맞춰 올바로 공략하도록 하라. 다양한 루트와 방법팀 영업 등을 통해 이들을 이해하고 설득하는 데 집중하도록 하라.

vii. 고객과의 커뮤니케이션 실패 또는 오류로 인한 비용 ⇒ 가장 빈번히 그리고 가장 쉽게 발생하는 비용이다. 고객의 잘못일 수도 있고명확한 설명과 요구조건의 제안 요구 잘못, 영업전문가의 실수자신의 편견, 선입견, 자신의 생각대로 고객의 요구사항 해석 등 때문일 수도 있다. 이러한 실수로 인해 새롭게 제안서를 작성해야 하는 일, 프리젠테이션의 실패, 구매관계자들의 설득 실패는 큰 비용을 초래한다. 고객의 말을 경청하도 록 하라. 메모를 하고, 의심이 생기거나 여러 가지로 해석을 할 수 있는 메시지는 확인을 하라.

viii. 과거 패러다임영업은 발로 뛰어야 한다. 무조건 밖으로 나가라. 고객의 말 은 무시하고 영업전문가 일방 통행식 설득 등에 의해 발생하는 비용 ⇒ 오늘날 상품과 서비스의 상황은 대부분 성숙시장이 다. 그리고 인터넷 때문이 고객들은 쉽게 상품과 서비 스에 대한 정보와 지식을 얻고 비교할 수 있다. 이러한 시대에 몸으로 때우는 영업, 무조건 방문을 하는 영업을 해서는 고객을 움직일 수 없다. 또한 이러한 활동은 영 업전문가의 정체감과 자존감에 상처를 준다. 이제는 전 략적이고 스마트하며 시간관리를 잘하고 고객의 문제 를 해결해 주는 비즈니스 컨설턴트로서의 영업전문가 가 되어야 하고 고객의 비즈니스 파트너가 되어야 한 다. 이를 위해서는 자사와 고객사의 산업에 대한 지식, 시장의 흐름에 대한 지식과 선견력 등을 갖추어야 한다.

ix. 고객의 약속실행상담 약속 불이행이 이루어지지 않은 비용 ⇒ 영업전문가는 며칠 후 만날 고객을 기억한다. 무엇 을 준비하고 어떻게 상담을 할 것인가를 상상한다. 당 일 영업전문가는 나름대로의 기대감을 갖고 고객을 방 문한다. 그런데 고객이 부재중이다. 어제 지방에 출장 을 갔다. 영업전문가는 이러한 상황도 영업활동을 하였다고 생각을 한다. 아니다. 이것은 어떠한 이유를 가지고 설명을 하여도 영업활동을 한 것이 아니다. 어제 한 번쯤 확인을 하였다면 이러한 일은 발생하지 않았을 것이다. 미리 상담 아젠더를 보내고 고객이 상담의 가치를 알도록 하고 고객이 영업전문가를 기다리게 하였다면 고객은 자신의 부재를 알리지 않았을까? 고객에게 상담의 가치를 각인시켜야 한다. 매력적이고 설득력 있는 세일즈 멘트를 만들어야 한다. 고객을 잘 선정하고 그에게 자신의 솔루션 가치를 갖고 싶어 하도록 전문적인 접근을 하여야 한다.

x. 동기부여가 되지 않은 상태에서 영업활동을 하는 데서 오는 사기저하 비용 ⇒ 영업전문가의 사기저하는 영업활동의 수준을 결정하고 고객에게 보이는 이미지에도 중요한 역할을 한다. 낮은 수준의 영업활동과 긍정적이지 않은 이미지는 영업의 성과에도 영향을 미친다. 영업전문가 스스로 자기 동기부여를 하는 방법을 개발하여야 한다. 이미지 트레이닝이나 상상력 개발을 통해 항상 긍정적이고 매력적인 자신을 만드는 셀프 동기부여를 하라. 영업조직을 이끄는 리더나 관리자는 좀 더 수준 높은 리더십커뮤니케이션 스킬, 영업회의 진행스킬, 문제해결 지원, 조직 내 협상 지원, 성과관리와 코칭 등을 개발하고 발휘해 직원들의 동기부여 수준을 높이도록 하라.

xi. 협상비용 – 이 협상비용은 협상의 결과 계약서의 내용이 수정됨으로써 발생하는 모든 비용으로 협상능력의 향상을 통해 개선할 수 있을 것이다. 이 비용에는 ⅰ) 물류비용 – 물류의 책임과 공급방식에 따른 비용, ⅱ) 반품에 대한 조건 비용, ⅲ) 과도한 할인율 비용, ⅳ) 채권관리 비용, ⅴ) 결제조건 비용 등 표준 계약서 내용의 변경에 따른 비용들이다. ⇒ 협상관련 내용은 뒤에서 상세하게 다룰 것이다.

xii. 고객관리 비용 – 접대비, 선물비 등 ⇒ 영업은 비즈니스를 하는 것이다. 자사와 자사 상품/서비스로 고객과 고객기업의 문제를 해결해 주어서 고객의 성장과 발전의 기회를 제공하는 것이다. 오히려 이러한 혜택을 입는 고객이 영업전문가에게 고마움의 표현을 하여야 하지 않겠는가? 영업의 가치를 모르고 영업을 성공적으로 수행할 준비가 부족한 영업전문가와 기업이 이런 고객관리비용을 과다하게 지불을 한다. 그럼 그 비용은 어디에서 충당이 되는가? 이러한 영업비의 충당을 위해 무엇을 희생하는가? 그 희생을 고객은 원할까? 고객관리 비용은 좀 더 거국적인 시각으로 지불하도록 하라. 특히 고객이 이러한 비용 지불을 원한다면 모를까 그렇지 않다면 영업전문가가 먼저 이 비용을 지불하겠다고 제안하지 말라.

xiii. 과도한 고객의 요구에 대응하는 비용 ⇒ 고객의 무리한 요구를 수용하고자 하는 데서 발생하는 비용이다. 이것의 대부분은 거래조건들과 관련되어 있다. 고객이 과도한 요구를 할 때에는 먼저 그 이유를 파악하고 거절을 할 수 없을 때에는 그에 상응하는 무엇인가의 양보를 얻어내도록 하라.

xiv. 고객의 불평, 불만 처리비용 - 상품과 서비스의 품질이 아닌 직원들의 태도 ⇒ 고객이 자사와 비즈니스를 하면서 경험하는 것 중 많은 부분은 자사 직원들과의 크고 작은 접촉이다. 특히 거래에 대한 불평이나 불만을 가진 고객은 작은 반응 하나에 큰 영향을 받는다. 이 비용은 굳이 영업전문가들만이 지불하는 비용이 아니다. 오히려 다른 직원들의 이러한 태도가 영업전문가들의 활동을 방해하고 고객을 떠나가게 할 수도 있다. 따라서 이 비용은 조직 전체가 고려해야 하는 비용이다. 조직 전체가 고객지향적 마인드_{외부고객뿐 아니라 내부고객도 포함}를 갖추는 것이 필요하다.

xv. 내부협상 실패로 인한 조건 악화 비용 ⇒ 내부협상은 고객에게 보여 줄 수 있는 영업조직의 팀워크과 조직 경쟁력이다. 내부협상을 잘 준비한 영업전문가는 고객의 요구에 능동적으로 대응할 수 있다. 내부협상의 성공은 영업전문가 혼자만의 몫이 아니다. 많은 내부협상 안건들은 부서 간의 업무협조 또는 상사로부터의 의사결정을 요구하는 것들이다. 이러한 것은 영업관리자의 몫이라도 볼 수 있다. 현장에서 뛰는 영업전문가들을 지원할 수 있는 영업관리자의 중요한 책임이자 역할이다. 내부협상의 실패는 영업전문가의 설득력을 약하게 한다. 내부협상을 위한 기회를 준비하고 필요한 지원을 관리자는 아끼지 말아야 한다.

xvi. 영업 대상의 대안 부족으로 인한 불리한 입장에서 비즈니스를 해야 하는 비용 ⇒ 잠재고객과 가망고객이 많이 확보된 영업전문가는 영업에서 큰 힘을 갖는다. 자신의 영업목표를 달성할 수 있는 기회가 많다는 것은 그만큼 영업계약의 조건을 유리하게 할 수 있다는 것을 의미한다. 이러한 이유로 영업전문가는 늘 새로운 고객개발에 관심을 갖는 것이다. 자사의 영업사이클을 중심으로 가능성이 높은 A급 고객_{영업성과 관리의 기간 내 계약가능성이 90% 이상인 고객}을 많이 확보하는 데 노력하여야 한다.

xvii. 신속한 고객 대응이 이루어지지 않아 발생하는 비용 ⇒ 원활한 내부 정보공유와 업무지원 시스템의 미비로 발생하는 비용이다. 고객이 원하는 자료와 내용을 원하는 시간 내 제안할 수 없거나 시간이 지연됨으로써 비용이 발생한다는 것이다. 고객의 문의사항이 신속하게 영업전문가에게 전달되지 않거나 내부업무내용의 공유미흡으로 고객의 요청에 시간이 지연되어서는 안 된다. IT시스템영업자동화 시스템을 갖추어 이러한 비용의 발생을 막아야 한다.

xviii. 팀 영업이 이루어지지 않아 발생하는 비용 ⇒ 고객 기업의 구매관계자가 다양하듯 이들을 공략하는 데 영업전문가 혼자서는 무리가 따른다. 특히 영업의 경력이 짧은 직원의 경우는 조직과 팀의 지원이 절대적으로 중요하다. 팀 영업을 한다는 것은 그만큼 내부 정보공유가 잘 이루어진다는 것을 의미한다. 고객입장에서도 영업전문가가 자신의 조직역량을 활용할 수 있다는 것은 긍정적인 이미지로 받아들인다. 영업현장에서 지원을 요구할 때 영업부만 아니라 다른 모든 부서가 기꺼이 지원을 하는 고객지향적인 조직 문화를 갖추어야 한다.

xix. 내부 정보 활용 미흡으로 놓친 기회비용 – 정보 활용을 통한 경쟁우위의 기회 상실 – 고객에게 새로운 솔루션 제시 기회 상실 비용 ⇒ 자사 내부에 고객의 문제를 해결할 수 있는 기술력과 서비스가 개발되었는데 이 사실을 영업전문가가 활용하지 못한다면 그 기술과 서비스는 무슨 의미가 있겠는가? 또 이러한 사실을 모르고 고객의 요청에 대응하지 못해 성과를 놓쳤다면 얼

마나 아쉬운 일인가? 영업전문가가 조직 내부에서 일
어나는 일 특히 영업에 도움이 되는 업무개선, 기술
개발 등을 알도록 조직을 운영하라. 필요하다면 정기
적인 회의영업지원회의-모든 관련 부서와 함께를 하여도 좋다.

xx. 조건영업으로 발생하는 비용 ⇒ 영업전문가는 열심히
상품/서비스의 장점을 설명한다. 고객은 무덤덤하게
반응을 보인다. 영업전문가는 고객의 반응을 긍정적으
로 끌어내고 싶다. 그래서 영업전문가는 "이번에 저희
가 가격을 ○○% 할인하기로…" 하면서 고객이 관심
을 보일 만한 메시지를 던진다. 그래도 고객은 별다른
반응이 없다. 그러자 영업전문가는 또 다른 영업의 조
건을 갖고 고객을 설득하려 시도하는 것은 가장 나쁜
계약서를 받는 지름길이다. 이 비용은 만만치 않다. 조
건영업을 하기 전에 솔루션 영업을 하라. 솔루션 영업
으로 고객을 설득시켜야 한다. 조건영업은 힘없는 무
능한 영업전문가가 자신 기업의 돈을 공짜로 고객에게
주는 것과 마찬가지이다. 조건은 교환의 대상이지 공
짜로 주는 대상이 아니라는 것을 명심하여야 한다.

:: 영업비용을 줄이고 성과를 올리는 영업을 위해서는
  - 솔루션 중심의 영업을 하라. 이를 통해 고객의 비즈니스
    파트너가 되거나 비즈니스 컨설턴트가 되어야 한다.
  - 상품 중심의 영업을 자제하라.

제3장_ 영업 성과를 관리하라

137

- 영업활동을 과학적으로 분석을 하고 기획하라.
- 영업의 타깃을 올바르게 선정하라.
- 영업 비즈니스의 프로세스를 혁신해 고객이 얻는 가치를 올려라.
- 영업활동의 수준을 올려라. 모든 영업활동Cold Call, 제안서, 가망고객과 신규고객 개발, 재구매율, 프리젠테이션 등의 수준을 올려라.
- 영업전문가의 동기를 떨어뜨리는 활동회의, 질책, 지나친 경쟁 등을 제거하라.
- 영업 이익률이 높은 계약서를 받아라. 이를 위해서는 뒤에서 알아볼 협상능력이 절대적으로 요구된다.

김 대리는 지금까지의 자신이 소홀하게 다룬 많은 내용들을 읽으면서 영업이 다른 어떤 업무보다 중요하고 복잡하며 전략적인 접근과 다양한 영업활동전술의 준비가 필요하다는 것을 알게 되었다. 어쩌면 지금 이것을 알게 된 것이 다행일지도 모른다. 고정관념이 정착되고 일하는 방법이 몸에 익숙해져 습관화되면 그만큼 고치기가 어려우니까. 지금부터 하나씩 차근차근 준비를 하고 자신의 역량으로 개발한다면 몇 년후 최고의 영업전문가가 될 수 있을 것이라는 생각이 든다. 물론 그 모습을 만들기 위해 많은 노력과 준비 그리고 연습을 하여야 하겠지만…. 비즈니스 코치를 만난 것이 김 대리에게는 행운이 온 것이 아닌가 하는 생각까지 든다.

김 대리는 잠시 생각을 정리한 후 계속 비즈니스 코치가 건네준 자료를 펼쳐 든다.

3) 최고의 영업성적표를 위한 고객의 수준/유형과 영업전략

지금부터는 영업활동을 고객의 수준과 유형에 맞추어 차별적으로 접근하는 방법을 알아보도록 한다. 고객의 수준과 유형에 맞춘다는 것은 그만큼 고객에게 가치_{고객이 원하는 솔루션을 제공하는} 있는 접근을 한다는 것을 의미한다. 이를 통해 좀 더 고객지향적인, 즉 고객의 비즈니스를 제대로 지원하고 도와주는 영업활동을 함으로써 영업의 성과를 올릴 수 있을 것이다.

- 고객의 유형

영업전문가가 비즈니스를 하는 고객기업 또는 고객은 영업의 확대 가능성과 이익률을 기준으로 몇 개의 유형으로 구분이 된다. 고객이 가진 잠재력이 영업전문가의 집중과 몰입을 유도한다. 그리고 영업전문가는 자신의 노력과 에너지를 집중할 고객을 신중하게 선택하여야 한다. 영업전문가의 활동 하나하나가 영업의 비용임을 앞에서 강조한 것을 기억한다면 올바른 고객을 선택해 영업활동에서 성과를 올리는 데 집중하는 것은 당연한 일이 아니겠는가? 영업전문가가 집중할 고객을 선택하는 기준들을 하나씩 알아보기로 하자. 각 고객의 유형에 적합한 영업전략과 영업활동을 한다면 활동의 성과가 더 향상될 것이다.

:: 광고탑고객

영업전문가가 영업활동을 하는 데 도움이 되는 시장의 선도기업 또는 우수기업들을 말한다. 어느 고객을 만나더라고 이 고객과의 비즈니스를 한다는 사실이 고객에게 신뢰를 주고 영업전문가의 솔루션에 가치를 부과하는 고객을 의미한다. 어느 영업전문가나 이러한 광고탑 고객이 자신의 고객으로 존재하기를 바랄 것이다. 자신이 활동하는 산업의 선도기업을 찾아서 자신의 고객으로 만들어라. 지금 선도기업과 비즈니스를 하고 있다면 적극적인 관계 중심의 영업활동으로 홍보고객으로 활용하라. 증거 자료와 사례를 요청하고 가능하다면 그 기업이 자신의 상품 또는 서비스를 사용하는 모습을 사진으로 남기거나 동영상으로 촬영을 하여 활용하라. 관리자의 추천장 또는 사용 후 성과에 대한 내용을 서류로 요청하라. 또 영업프로세스의 개선 등 고객의 비즈니스 경험을 개선하여 추천을 받는 데 게으름을 피우지 말라.

광고탑고객과의 비즈니스를 지속하는 데 노력을 기울여야 한다. 이들이 당신을 떠난다면 다른 가망고객들도 이 고객을 따라 당신의 경쟁사로 이동할 가능성이 매우 높다. 이들의 단순한 이동은 한 곳의 거래처가 사라지는 것이 아님을 알아야 한다. 필요하다면 조직의 지원을 받아서 관리를 하도록 하라. 이 고객에게서는 영업수익률이 낮을 수 있다. 하지만 이 고객을 유지함으로써 다른 가망고객을 유치할 수 있음을 잊지 말라.

:: 맞춤고객

이 유형은 자신들이 원하는 상품과 서비스를 개발해 주기를 요청하거나, 자신들의 비즈니스에만 당신의 상품과 서비스를 요구하는 고객이다. 즉 고객의 수는 한정될 수 있지만 거래 금액이나 영업의 이익이 많이 남는 고객이다. 또 이 유형의 고객은 틈새시장을 공략하거나 시장의 트렌드를 주도하는 고객일 가능성이 높다. 이들 고객은 가격보다는 자신들이 원하는 솔루션의 수준에 더 관심이 많다. 따라서 더 많은 영업이익을 달성할 수 있는 고객들이다.

이 고객들과 비즈니스를 하는 경우는 대부분 오더 중심 영업이거나 프로젝트성 영업이 강하다. 따라서 높은 가격으로 비즈니스가 가능하다. 자사의 기술력과 역량으로 이러한 고객을 발굴하는 데도 영업활동을 집중할 가치가 있다.

이 유형의 고객을 통해 새로운 시장을 발견할 수도 있다. 이 고객들이 성장함으로써 시장이 확대된다. 그러면 새로운 경쟁사들이 나타나거나 대체품이 나타난다. 이러한 변화가 새로운 고객 또는 시장의 개발을 가능하게 한다.

:: 대량고객

맞춤고객과 함께 개발한 상품과 서비스의 시장이 확대되어 다수의 기업들이 나타나 대규모의 수요가 발생한다. 이 유형의 고객들은 영업전문가 회사의 상품과 서비스를 대량으로 구매한다. 이러한 대량고객이 있는 시장은 대부분 성숙시장이다. 영업이익이 많이 발생하지는 않지만 무시할 수 없는 고객들임에는 분명하다. 대량고객들의 주요 관심은 원가와 비용이다. 따라서 대량고객을 대상으로 영업활동을 할 때에는 위에서 강조한 많은 영업의 방법들을 동원해야 한다.

:: 이익고객

자사의 영업성과와 영업 이익률에 많은 기여를 해 주는 고객이다. 광고탑고객일 수도 있고, 맞춤고객일 수도 있다. 때로는 대량고객 중에서도 이러한 유형의 고객이 있을 수 있다.

이익을 주는 고객을 주요 고객관리의 대상으로 특별 관리하는 것은 당연한 일이다. 이러한 고객은 경쟁사 또한 호시탐탐 노리고 있음을 알고 관계유지와 관계강화에 만전을 기해야 할 것이다. 영업전문가 개인의 노력으로 한계가 있다면 조직적인 자원을 동원해야 할 것이다.

영업활동 계획에 반드시 추가시키도록 하라. 고객기업과 파트너구매부, 협업부서 등 구매에 영향력을 가지고 있는 내부 관계자들를 만족시킬 수 있는 다양한 서비스와 부가가치를 창출하도록 하라. – 물론 여기에 소요되는 비용이 과다해서는 안 된다. 지속적으로 이익을 창출할 수 있는 다양한 아이디어를 창조하고 제안하여야 한다.

:: 유지고객

자사의 경영에 큰 이익을 제공하지는 않지만 자사의 시장
에서의 경쟁력과 지속적인 비즈니스를 위해 계속 거래를 할
수밖에 없는 고객이다. 자사의 생산라인을 새롭게 교체하거나
신기술 중심의 비즈니스에 집중을 하지 않는 한, 이 고객들과
의 비즈니스를 끊을 수 없다. 게다가 이 고객들 중 일부는 자
사의 이익에 도움을 주기도 하고 기술의 개선과 발전에 도움
을 주기도 한다. 이 유형의 고객과 비즈니스를 지속한다는 것
은 자사의 경영이 지속된다는 것을 의미하며 영업전문가들은
이들 고객을 통해 신규고객의 발굴에도 도움을 받을 수 있다.

이 유지고객의 경영전략과 경영환경에 따라 이익고객이 될
수도 있으며, 맞춤고객으로 성장할 수도 있다. 왜냐하면 이
고객들 또한 지속적인 성장을 하는 데 경영전략을 집중하고
그 기회를 영업의 기회로 만들 수 있기 때문이다.

:: 퇴출고객

영업이익과 영업활동에 도움이 되지 않거나 오히려 손해를
주는 고객들이다. 이들 고객은 반드시 사라지는 고객들은 아니
다. 건전한 고객이라 할지라도 지나친 경쟁이나 까다로운 구매
조건지나친 가격인하, 높은 품질과 기술수준(자사의 역량을 벗어난)요구 등으로 자
사의 경영에 도움이 되지 않는 고객들이다.

이러한 고객들은 영업전문가 혼자서 관리하기도 힘들다. 따
라서 이러한 고객은 회사 차원에서 전략적인 거래 단절 또는

거래 축소를 실행하도록 충분한 정보를 회사에 제공하여야
한다. 그렇다고 이들 고객과 관계를 완전히 청산할 필요는 없
다. 자사의 기술력이 향상이 되어 이들의 요구를 수용할 수
있을 때는 비즈니스를 재개해야 하므로 항상 우호적인 관계
를 유지하는 데 신경을 써야 한다.

- 고객의 수준

고객을 관리하는 데도 몇 가지의 기준이 있다. 영업전문가
의 활동 하나하나는 모두 영업비용이다. 이 영업비용을 줄이
거나 효과적으로 사용하기 위해서는 보다 전략적인 활동이
요구된다. 특히 기존 고객을 통한 비즈니스의 확대를 영업전
략으로 결정을 하고 수행을 하거나, 새로운 고객을 발굴하여
더 많은 기회를 확보하는 고객개척전략을 수립한 영업전문가
는 다음의 기준을 중심으로 고객의 가치계약 수주 기회를 판단해
집중적인 영업활동을 전개할 필요가 있을 것이다.

-거래지속가능성

한 번의 거래로 끝나는 고객과 지속적인 거래가 가능한 고
객을 구분하라. 고객의 산업과 사업, 시장, 고객의 고객 수요
변화, 트렌드 변화 등을 예의 주시하여 지속가능성이 높은 고
객에 집중하도록 하라.

-수익성

고객의 협상력이 너무 강하거나 자사의 경쟁자들이 많거나

하는 요소들은 영업전문가의 협상력을 떨어뜨린다. 이 말은 수익성이 낮은 계약을 수주한다는 것을 의미한다. 수익성이 높은 고객과 산업에 집중하도록 하라. 고객의 산업이 성장기에 있거나 차별화된 시장과 고객을 공략하는 기업이라면 높은 수익을 올리는 고객이 될 수 있을 것이다.

-성장가능성

이는 고객기업의 경영비전과 전략을 이해하고, 산업과 시장, 고객의 트렌드를 잘 분석을 하여야 알 수 있다. 성장가능성이 높은 고객에게는 보다 전략적인 접근이 요구될 것이다. 고객의 경영전략의 차별화 능력, 마케팅 전략의 우수성, 리더의 리더십 등을 그 판단의 기준으로 활용하여도 좋을 것이다.

-고객 기업의 비즈니스 사이클과 주요상품의 라이프 사이클

산업과 상품이 도입기 또는 성장기에 있다면 앞으로 많은 비즈니스 기회가 발행한다. 이런 고객을 소홀하게 관리해서는 안 된다. 성숙기 말기나 쇠퇴기에 들어섰다면 새로운 대안신규고객을 준비하여야 한다.

-고객의 벨류체인

제품의 개발에서 출발하여 고객에게 전달하는 과정이 가치체인이다. 고객의 이 가치체인 중 영업전문가가 제공하는 상품과 서비스가 어느 단계에서 필요로 하는지 파악을 하고 그 단계의 효율성을 올리는 영업활동을 하여야 한다. 가급적 가치체인의 앞 단계부터 개입을 할 수 있으면구매프로세스의 초기단계 더 많은 기회를 가질 수 있다.

-고객 경쟁사의 역량

고객의 경쟁사가 가진 경쟁력은 고객의 경영전략과 마케팅 전략에 영향을 미치고 이는 고객기업의 생산전략, 원가전략 등의 모든 업무에 영향을 미친다. 영업전문가는 이러한 고객 산업의 흐름과 환경변화 등을 예의 주시해 더 많은 영업의 기회를 확보할 수 있다. 기존고객인 경우 이 정보를 통해 거래의 확대를 추구할 수도 있다.

-고객기업 시장 고객의 변화

고객이 변화를 한다는 것은 새로운 상품과 서비스 그리고 기능이 요구된다는 것이다. 이는 새로운 제품의 개발이나 기존 제품의 개선을 요구한다. 이러한 변화가 새로운 영업의 기회를 제공한다. 특히 오더 영업을 하거나 프로젝트 영업을 하는 영업전문가는 이러한 고객과 시장의 변화를 놓쳐서는 안된다. 필요하다면 먼저 이러한 변화를 기준으로 새로운 제품 개발과 개선의 기회를 고객의 실무부서마케팅 팀, 고객만족팀 등에 제안해 영업의 기회를 만들어야 한다.

-고객사의 경영전략과 마케팅 전략

고객사가 수립한 경영전략과 마케팅 전략은 다음과 같으며 각각에 대한 영업전략을 체계적으로 수립을 해 고객관리와 고객개발에 활용하여야 한다. 결국 고객이 영업전문가가 제공하는 상품과 서비스를 구매한다는 것은_{지속적인 구매든 새로운 구매든 추가 구매든} 이 전략의 실행과 그 결과를 얻기 위한 것임을 영업전문가는 알아야 한다.

1) 고객의 경영전략은
   - 확대전략: 시장 점유율 향상 ⇒ 확대 영업전략_{확대판매, 패키지판매, 상승판매}
   - 유지전략: 시장 점유율 유지, 현금 흐름 창출 ⇒ 부가가치 제공 영업전략으로 고객이 경쟁사로 이동하는 것을 방지
   - 수확전략: 현금흐름 증가 ⇒ 투자하지 않고 이익 회수만 ⇒ 협상력 강화를 통한 영업전략
   - 철수전략: 경쟁력 없는 시장과 상품 퇴출 및 철수 ⇒ 대안개발, 새로운 기업 또는 산업으로 영업활동 변경

2) 고객은 시장에서 지속적으로 성장을 하고 이윤을 확보하기 위해 경쟁사에 대한 다양한 경쟁전략을 수립, 실행한다. 이 전략에 따라 구매전략도 바뀌고 현업부서의 업무 목표와 전략이 수립된다. 영업전문가는 기존고객이든 신규로 개척을 하려는 가망고객이든 고객의 경쟁전략을 영업에 활용할 수 있어야 한다.
   - 원가우위 전략
     - 거래비용의 차별화, 부가가치제공

- 경험곡선의 강화 - 비용 절감
- 자사 역량 강화
- 협상능력 강화
- 차별화 전략
  - 마케팅, 개발 과정에의 참여⇒Order/프로젝트 영업전략
  - 자사 역량 강조
- 집중화 전략
  - 마케팅, 개발 과정에의 참여⇒Order/프로젝트 영업전략
  - 자사역량 중심
  - 맞춤고객화

3) 고객의 시장 위치와 영업전략
- 시장 선도자 기업
  - 광고탑고객 - 자사의 시장 개발을 위한 첨병
  - 관계유지전략
  - 더 많은 영업의 기회가 주어짐: 자사 고객으로 만들기
- 시장 추종자
  - 표준화 고객: 거래비용 절감, 이탈비용 강화전략
- 시장 도전자
  - 맞춤고객: 고수익이 가능
  - Order/공동 프로젝트 영업전략
- 틈새시장 추구자
  - 상품, 기술의 차별적 영업전략

- 프로젝트 영업전략

위와 같이 고객의 다양한 경영 전략과 마케팅 전략, 시장에서의 위치 등에 따라 고객은 구매전략, 생산전략, 업무목표 등이 다르다. 영업전문가는 이러한 고객의 상황에 맞는 영업전략의 수립과 실행이 요구된다. 이러한 대응력은 영업전문가 혼자서 준비하기 어렵다. 영업팀이나 조직 차원에서 다양한 영업전략을 수립해 영업전문가의 활동력을 강화시켜 주는 노력이 필요하다.

-영업활동의 집중을 위한 고객 수준별 활동계획을 세워라

이 방법을 활용하기 위해서는 먼저 자신의 영업사이클회사에서 영업성과를 관리하는 기준 - 분기별, 반기별 혹은 월별을 규정하여야 한다. 그다음으로 자신의 영업단계초기 접근에서 계약의 마무리까지 영업활동과 고객이 경험하는 활동들를 규정하여야 한다. 특히 영업의 단계를 세부적으로 수립하는 것이 중요하다. 일반적으로는 다음과 같은 단계를 거쳐 영업이 이루어진다.

```
┌─────────────────────────┐
│      1 - 정보제공         │
└─────────────────────────┘       ┃
┌─────────────────────────┐       ┃
│      2 - 자료제공         │       ┃
└─────────────────────────┘       ┃
┌─────────────────────────┐       ┃
│      3 - 상당전개         │       ┃
└─────────────────────────┘       ┃
┌─────────────────────────┐       ┃
│      4 - 니즈발굴         │       ┃
└─────────────────────────┘       ┃
┌─────────────────────────┐       ┃
│     5 - 제안서 제출       │       ┃
└─────────────────────────┘       ┃
┌─────────────────────────┐       ┃
│      6 - Prt 등          │       ┃
└─────────────────────────┘       ┃
┌─────────────────────────┐       ┃
│   7 - 구매관계자 파악      │       ┃
└─────────────────────────┘       ┃
┌─────────────────────────┐       ┃
│     8 - 의사결정자        │       ┃
└─────────────────────────┘       ┃
┌─────────────────────────┐       ┃
│      9 - 반대극복         │       ┃
└─────────────────────────┘       ┃
┌─────────────────────────┐       ┃
│      10 - 협상           │       ┃
└─────────────────────────┘       ┃
┌─────────────────────────┐       ┃
│      11 - 마무리         │       ┃
└─────────────────────────┘       ┃
┌─────────────────────────┐       ▼
│  12 - 사후관리 지속적      │
│        비즈니스           │
└─────────────────────────┘
```

위의 단계는 영업사이클 내에서 모두 실행이 되어야 영업
의 결과가 나올 것이다. 영업전문가는 자신이 공략을 하는 가
망고객이 이 단계의 어느 곳에 위치하느냐에 따라 영업의 성
과를 예측할 수 있다.

예를 들어 오늘 만나는 OOO 기업이 8단계 또는 9단계에 위치한다면 오늘 또는 며칠 내에 결과가 나올 것이다. 이 수준의 고객이 영업활동의 A급 고객이다. 이런 방법으로 자신이 공략하는 가망고객을 계약가능성에 비추어 등급을 결정하고 거기에 따른 영업활동을 기획하여야 한다.

A급 고객은 영업사이클 내 계약가능성이 80% 이상인 고객

B급 고객인 영업사이클 내 계약가능성이 50%인 고객

C급 고객은 영업사이클 내 계약 가능성이 30%인 고객

D급 고객은 영업사이클 내 계약 가능성이 10%인 고객으로 구분을 할 수 있다. 이 등급에 따라서 영업활동의 내용이 달라진다.

등급	단계	공략방법 – 영업활동내용
A	8단계 이상	반대극복, 협상, 의사결정 촉구
B	6단계 이상	A급으로 만들기 위한 영업활동 전개
C	3,4단계 이상	B급으로 만들기 위한 영업활동 전개
D	1단계	C급으로 만들기 위한 영업활동 전개

간혹 C급 고객이 A급 고객으로 바뀌는 경우가 있다. 이때는 고객 내부 상황의 변화에 의해 고객이 긴급하게 구매를 해야 하는 경우이다. 반대의 경우A급 고객이 B, C 고객으로 전환 – 담당자 교체, 경영방침의 변경 등으로도 있다. 이러한 고객이 급반전을 제외하고는 영업전문가의 영업활동이 고객의 등급을 결정을 한다.

A급 고객이 계약이 되면 이 고객은 영업대상이 아니라 관리
대상의 고객이_{기존고객} 된다. 그러면 B급 고객을 A급 고객으로
올려야 다음의 영업사이클 내에서 성과를 달성할 수 있을 것
이다. 이런 방법으로 가망고객을 관리하는 영업활동을 전개하
여야 한다.

제4장

영업 성적을 올리는
영업협상 75가지
상황과 대응

제4장 영업 성적을 올리는 영업협상 75가지 상황과 대응

김 대리는 비즈니스 코치가 준 서류를 읽으면서 영업의 또 다른 매력을 발견한다. 그리고 자신이 영업을 잘하기 위한 준비가 얼마나 부족한지를 느낀다. 단순하게 고객을 만나 자사의 상품과 서비스를 소개해 고객이 구매결정을 하면 판매를 하는 것이고 그렇지 않으면 다른 고객을 찾아나섰던 이제까지의 영업활동이 다소 무모하고 무계획, 무전략적이었다는 것을 깨닫게 된 것이다.

김 대리가 서류를 읽는 동안 비즈니스 코치는 가방에서 책을 꺼내어 읽고 있다. 김 대리가 서류를 다 읽고 테이블에 내려놓자 비즈니스 코치도 책을 내려놓고 김 대리를 바라본다.

김 대리: 굉장하군요.

비즈니스 코치: 무엇이 말입니까?

김 대리: 이렇게 영업활동이 전략적이고 다양한 전술이 요구되

는지 몰랐습니다.

비즈니스 코치: 그렇지요. 하지만 그것은 영업의 일부일 뿐입니다. 영업전략, 목표수립, 전술개발, 영업 프로세스 구축, 영업회의 진행, 제안서 및 프리젠테이션, 지난번에 알아본 영업상담_{필자의 첫 번째 책인}「김 대리 영업의 달인이 되다」, 활동분석과 영업활동기획, 가망고객 발굴과 신규고객 개척, 기존고객 비즈니스 강화방법, 영업협상 — 잠시 후 알아보겠지만, 고객의 스타일과 대응 등에 대해선 아직 시작도 하지 못했으니까요?

김 대리: _{놀라는 표정을 지으며} 그렇군요. 언제 그 많은 것을 제 것으로 할 수 있을까요?

비즈니스 코치: 시간이 걸리겠지요. 김 대리의 노력 여하에 따라서 달라지겠지만…. 저는 개인적으로 영업전문가들이 아주 지혜롭고 굉장한 능력의 소유자라고 생각합니다. 위의 것에 더해서 고객의 비즈니스_{시장, 경쟁사, 고객의 트렌드} 등에 대해서도 알아야 하니까요!

김 대리는 다소 걱정이 된다. 언제 이 많은 것을 자신의 능력으로 만들 수 있을지… 영업에서 최고가 되어 영업전문가로서 자신의 경력을 쌓고 싶은데….

비즈니스 코치: 김 대리도 언제 이 많은 능력을 갖출까 걱정을 하고 있군요. 내가 만나는 모든 비즈니스맨들은 그것을 숙제로 안고 생활합니다. 늘 공부하고, 새로운 아이디어를 발견하면서… 그러한 노력이 전문가를 만드는 것이니까요!

김 대리: 그런데 앞에서 읽은 내용 중에 영업 이익률을 올리기 위해 협상능력이 중요하다고 쓰였는데 정말 그렇습니까?

비즈니스 코치: 그렇습니다. 협상능력은 영업전문가가 되기 위해서는 필수적인 능력이지요. 김 대리는 지난번 만남에서 영업과 협상의 차이를 알았지요?

김 대리: 예! 그 이후로 협상을 잘 하려고 노력을 많이 하였습니다만 그렇게 성공적이지는 않았습니다. 일단 영업과 협상이 다르다는 것을 알게 된 것만 하더라도 제 업무에 큰 도움이 되었습니다. 만족스럽지는 않지만 그런 대로 잘 적용하고 있으니까요.

비즈니스 코치: 다행이군요. 자 오늘은 영업성적표의 수준을 결정하는 협상에 대해 간단히 알아보도록 합시다. 이 또한 적지 않은 내용이 될 것입니다. 따라서 오늘 한 번에 다 말씀드릴 수는 없고. 이번에는 지난번같이 시간을 두고 알아볼 수도 없군요. 오늘은 우선 영업과 협상의 차이를 한 번 더 생각해 보도록 합시다. 영업과 협상은 어떤 차이가 있을까요?

김 대리: 생각에 잠긴다. 잠시 후 우선 영업은 자사의 역량자사, 상품의 차별화 기능, 성능, 역량을 중심으로 솔루션사실/특징 ⇒ 문제해결 ⇒ 이익 ⇒ 증거/근거 ⇒ 최종이익을 개발해 고객의 니즈에 적합한 솔루션으로 고객의 문제를 해결해 주거나 욕구를 충족시켜 자발적으로 구매하도록 고객을 설득하는 비즈니스 활동이다. 따라서 이 영업활동에서 고객을 충분히 설득을 하면 곧 계약서를 작성하거나 계약서의 내용을 수정하는 상담에 들어가는데 이 계

약서 내용의 수정을 위한 커뮤니케이션 활동제안 - 설득 - 역 제안 - 설득 등의 활동이 협상이라고 생각합니다.

비즈니스 코치: 흐뭇한 미소를 지으며 맞습니다. 아주 정확하게 이해를 하고 있군요. 따라서 협상을 하지 않고 영업의 계약서를 받는다면 어떤 결과가 나올까요?

김 대리: 그럼 우리 회사로서는 가장 이익이 많은 조건이 될 것입니다. 하지만 그렇게 구매를 하는 고객이 있나요?

비즈니스 코치: 그러한 결과를 위해 영업활동을 하는 것이지요. 영업활동을 하면서 절대로 조건영업~깎아 주겠다, ~~게 해 주겠다 등 미리 조건을 제안하면서 영업을 하는 것을 해서는 안 됩니다. 그렇다면 협상은 영업의 어느 단계에서 시작될까요?

김 대리: 협상은 영업의 마무리 시점에서 대두되는 것이 아닌가요?

비즈니스 코치: 맞습니다. 하지만 실제 영업에서는 구매담당자가 영업전문가의 설명이 끝나기 전에솔루션으로 설득을 마무리하기 전에 먼저 조건양보를 위해 '비쌀 것 같다.' '가격을 할인해 주어야 한다.' '납기가 ○○○ 까지 가능하겠는가?' 등의 의문을 제기하기도 하지요. 이럴 때 김 대리는 어떻게 대응하는가요?

김 대리: 그때는… 고객에게 제가 가진 조건을 이야기하지요.

비즈니스 코치: 그 조건은 계약서의 조건회사의 가장 바람직한 조건인가요? 아니면 변경된 조건인가요?

김 대리: 그때는 변경된 조건입니다만….

비즈니스 코치: 김 대리가 그 답을 하면 고객은 어떤 반응을 보이고 그다음은 어떤 이야기를 하나요?

김 대리: 글쎄요.

비즈니스 코치: 김 대리의 답을 듣고 고객은 "아 그렇습니까!" 그리고 "○○○한 것이 부담이 되는데…."라고 하거나 무덤덤한 반응을 보일 것입니다. 그러면 김 대리는 고객의 긍정적인 반응을 끌어내기 위해 다른 변경된 조건을 이야기하고… 이런 단계가 몇 번 거치면 나중에 김 대리는 협상을 할 여지가 없게 될 것입니다. 그렇지 않나요?

김 대리: 생각에 잠기며 그런 것 같습니다.

비즈니스 코치: 여기서 김 대리가 알아야 할 것은 아직 고객은 김 대리의 솔루션에 설득을 당하지 않았을 가능성이 높다는 것을 알아야 합니다. 위의 내용으로 상담을 하는 고객은 고객의 구매관계자 중 누구인가요?

김 대리: 대부분 구매담당자들입니다.

비즈니스 코치: 그렇지요? 그럴 것입니다. 여기서 또 하나 기억해야 할 것은 김 대리가 변경된 조건을 다 이야기하였다고 구매담당자가 구매를 할까요? 그럴 경우도 있겠지요. 그럴 경우는 고객이 이미 내부구매과정이 다 완료되고 김 대리 회사의 상품 또는 서비스를 구매하기로 결정이 된 상황이라면 구매결정으로 연결될 것입니다. 이때에도 김 대리가 말한 변경된 조건 그대로 구매를 하지 않을 것입니다. 다시 협상

을 위해 자신들의 조건을 이야기하겠지요.

김 대리: 그렇습니다. 그것 때문에 저도 무척 힘이 들지요.

비즈니스 코치: 또 김 대리는 고객이 말한 구매조건에 대해 어떻게 생각하나요? 고객은 김 대리가 처음 말한 판매조건을 어떻게 받아들일까요?

김 대리: 무슨 말씀이신지…?

비즈니스 코치: 그럼 쉽게 설명을 하지요. 김 대리는 고객이 말한 구매조건을 변경할 수 있는 조건이라고 판단하고 그 조건을 조정하기 위한 시도를 하나요?

김 대리: 글쎄요. 그렇게 하기는… 대부분 제 조건을 다시 수정해서 제안을….

비즈니스 코치: 김 대리가 처음에 말한 조건을 수정해서 제안할 때 무엇을 요구하나요? 또 하나 알아야 할 중요한 사실은 고객은 김 대리의 처음 조건을 그대로 수용하지 않을 것입니다. 왜냐하면 한 번 더 요구하면 고객이 무덤덤하거나, 반응을 보이지 않거나, 관심이 없는 척하면 김 대리가 더 양보할 것이라고 고객은 알고 있으니까요? 게다가 김 대리가 만나는 구매담당자에게 아직 현업부서에서의 구매요청이 없습니다. 그런데 김 대리는 조건을 양보하는 이야기를 합니다. 왜 그렇게 하나요?

김 대리: 생각에 잠기며 ….

비즈니스 코치: 이러한 상황이 협상의 상황입니다. 그리고 구매담당자의 주 관심은 구매조건이라는 것을 잊지 마시기 바랍니다.

따라서 구매담당자를 대상으로는 영업과 협상을 동시에 하면서 구매담당자의 반응을 잘 파악해야 합니다. 협상을 유리하게 전개하기 위해서는 현업부서를 먼저 움직일 필요_{현업부서를 대상으로는 영업을 하는 것이지요.}가 있다는 것을 기억하시기 바랍니다.

오늘은 김 대리가 영업을 하면서 부딪힐 만한 상황과 그 상황이 발생한 원인과 대응책에 대해 정리한 자료를 드릴 것입니다. 모든 상황이 김 대리의 영업활동에서 발생하지는 않을 것이지만 앞으로 겪을 수도 있으니까 주의 깊게 읽고 업무에 적용하시기 바랍니다. 이것으로 김 대리와의 두 번째 만남도 정리를 해야 할 시점이군요.

김 대리: 무슨 말씀이신지요? 또다시 헤어지는 것인가요?

비즈니스 코치: 잠시 동안입니다. 지금까지 우리가 나눈 대화를 잘 정리해 이익 중심의 영업활동을 하시기 바랍니다. 혹 궁금한 사항이 생긴다 하더라도 대부분 김 대리가 처리할 수 있을 것입니다. 우리가 만나지 못하는 시간은 김 대리가 영업스킬을 향상시킬 수 있는 기회입니다. 또 제가 항상 김 대리와 함께할 수도 없으니까요! 다음에는 다른 주제에 대해 김 대리가 도움이 필요할 때쯤이면 우리는 다시 만날 것입니다. 헤어짐에 서운해하지 마시고 김 대리의 성장과 발전의 기회라 생각하세요. 우린 반드시 다시 만날 것이니까요!

김 대리: _{서운한 표정을 보이면서} 알겠습니다. 지금까지의 내용을 잘 정리하고 적용을 해 기대를 저버리지 않도록 하겠습니다.

비즈니스 코치는 김 대리와 악수를 하고 자신의 길을 간다. 뒷모습을 바라보던 김 대리는 다시 자리에 앉아 비즈니스 코치로부터 받은 자료를 펼친다. 거기에는

:: 영업의 다양한 협상 상황에 대한 대응 - 75가지 상황

다음의 내용들은 영업전문가가 부딪히는 다양한 협상의 상황들과 그 상황에서 효과적으로 대응할 수 있는 방법들을 정리한 것이다. 고객과의 관계에서 발생하는 상황도 있고, 영업활동을 준비하면서 부딪히는 상황도 있다. 물론 모든 상황을 파악해 정리할 수 없는 것이 한계이지만….

당신이 영업전문가로서 보다 수준 높은 영업활동과 영업의 성과를 원한다면 고객의 반응과 행동에 흔들리거나 고객에게 비즈니스의 주도권을 넘겨주어서는 안 된다. 당신의 비즈니스 파트너가 누구이고, 그들의 관심사는 무엇이며, 그들을 설득하기 위해 무엇을 어떻게 준비하여야 하는지에 대해선 앞에서 충분히 알아보았다.

이제는 영업의 단계를 극복하고 구체적인 비즈니스를 위한 거래조건을 조율하는 협상의 문제가 남았다. 협상이 무엇이고 협상에서 유리한 성과를 올리기 위해 무엇을 어떻게 준비해야 하는지에 대해선 다음에 하나씩 체계적으로 알아볼 것이다. 여기에서는 우선 영업전문가들이 겪는 다양한 협상 상황과 그 상황에 어떻게 대응해야 자신이 원하는 성과를 올릴 수 있는지 그 방법과 책략들에 대해 알아볼 것이다.

왜 영업전문가들은 자신이 상사에게 질책을 받을 것을 알면서도 고객에게 양보를 하는가? 그렇다고 고객이 더 많은 기회를 주는 것도 아닌데. 상사가 질책을 하지 않는다고? 무조건 계약서만 받아 오는 것이 최고라고? 아니다. 만일 이러한 생각을 가진 영업전문가가 있다면 그 기업의 영업 이익률은 형편없을 것이다. 이제는 영업전문가에게 영업의 스킬상담과 설득 못지않게 협상스킬 또한 중요하다.

이후의 내용은 당신이 오늘 만나는 고객이 어떻게 나오든지 당신에게 효과적인 대응방법을 알도록 하는 것이 주목적이다. 보다 근본적인 대응방법은 다음에 알아보기로 하고, 영업의 현장에서 곧바로 활용할 수 있기를 바란다. 늘 이 책을 휴대하면서 이 책의 노하우와 당신의 노하우를 적절히 섞어 활용하기 바란다. 책을 당신의 아이디어 노트로 활용하라. 다른 사람에게 빌려 주는 책이 아니라 당신의 영업경력을 강화하는 중요한 도구로 만들어라. 필요하면 책 공간에 메모도 하고 표시를 해 당신이 언제든 찾아서 영업상의 문제에 대한 해결방법을 찾을 수 있도록 활용하기 바란다. 김 대리가 겪는 다양한 협상의 상황을 잘 이해하고 각각의 상황에 효과적이고 능동적으로 대처하는 협상의 능력을 개발하기 바란다.

❶ 고객이 자기주장만 한다

■ ■ ■

김 대리는 고객사의 구매담당 과장인 이기세 과장과 상담을 하고 있다.
김 대리가 상품에 대한 설명을 마치자….

이기세 과장: 음… 그런 대로 괜찮은 것 같군요. 그런데 가격이 부담이
되는군요. 가격을 10% 정도 낮출 수 있었으면 좋겠는데….

김 대리: 예, 가격이 부담이 되신다는 말씀이시지요. 하지만 이 상품의
기능과 특성으로 과장님께서 고민하시는 문제를 해결할 수 있으시고
그 결과 ○○한 성과를 얻으실 수 있습니다. 따라서 투자에 대한 가
치가 충분하다고 생각합니다.

이기세 과장: 그렇지만 가격이 부담이 되어서는….

김 대리: 그럼 어느 정도….

이기세 과장: 10% 정도는 낮추어야 할 것 같은데….

김 대리: 그럼 가격 말고 다른 문제는….

이기세 과장: 다른 것은 나중에 다시 이야기하기로 하고 …가격부터….

김 대리: 가격을 조정해 드린다면 과장님께서는 어떤 것을 저희에게 주
실 수 있으신지….

이기세 과장: 일단 가격문제를 해결하지 않고서는….

김 대리는 이기세 과장에게 영업협상을 할 생각이 있는지 의문이 든다.
이기세 과장은 가격할인을 주장하면서 김 대리의 말과 요구를 무시한다.

■ ■ ■

:: 원인

영업의 솔루션인 이번 거래를 통해 고객이 얻을 수 있는
이익을 이야기하자 고객은 김 대리의 수긍하면서도 자신의

입장을 고수한다. 즉 고객이 거래의 조건 중 하나를 이야기하고자신이 원하는 구체적인 조건은 이야기하지 않으면서 영업전문가상대방의 말을 듣지 않고 자기가 원하는 것만을 주장한다. 이는 고객이

1) 다른 대안을 갖고 있을 때
2) 김 대리의 제안보다 나은 제안을 받을 가능성이 높을 때
3) 이번 거래가 자신에 매우 중요한 업무일 때
4) 구매의 여러 조건들을 하나씩 해결하고자 할 때
5) 양보를 할 여지가 거의 없을 때
6) 일방적인 양보를 얻고자 할 때 사용하는 책략이다.

구매협상은 협상의제거래조건 — 가격, 납기, 결제방법 등들을 하나씩 해결하는 것이 원칙이다. 즉 거래조건 하나하나를 갖고 영업전문가를 공격영업전문가의 양보를 얻어 내려는 시도을 해 모든 조건 양보를 얻어내고자 하는 구매협상 전술이다.

:: 비용

가격을 양보하면 아마도 이기세 과장은 다른 조건을 또 이야기할 것이다. 이는 구매를 하는 상대방이 갖고 있는 구매협상의 전술에 말려들어 가는 것이다. 하나하나의 양보가 나중에는 모든 조건을 양보해 줄 수 있는 위험을 초래할 수 있다.

:: 대응

1) 일단 한 발 물러서 다음에 협상을 하자고 한다. - 인내하고 시간적인 한계를 활용하라. '그럼 그 조건을 회사와

상의를 해 보겠다.'고 대응하라.

2) 고객이 하나의 조건에 대해서만 고집을 피우는 것은 협상의 결과를 자신에게 유리하게 만들려는 전술이다. 고객의 요구사항을 구체적으로 묻도록 하라. 다른 요구사항은 없는지 확인하라. "가격만 조정이 되면 계약을 하겠습니까?"라고 물어라.

3) 영업전문가는 고객에게 조건을 이야기할 때 패키지_{조건들}의 조합으로 협상안을 제시하라.

4) 고객이 원하는 것이 왜 중요한지 알아내라. 질문을 하라. "왜 가격 이야기만 하는가? 그렇다면 다른 조건들은 우리가 원하는 대로 해 줄 수 있는가?"라고 물어라.

5) 고객의 양보요구에 겁을 먹지 말고 회사 또는 상사 핑계를 대거나 고객의 구체적인 요구조건을 알아야 원하는 답을 줄 수 있다고 하라.

협상은 회사와 회사 간의 비즈니스에서 상호이익을 위한 이견 조율이다. 영업과 다른 점은 협상은 언제든 시간을 두고 이견을 좁혀 갈 수 있다는 것이다. 즉 고객도 자기주장을 하지만 바로 그 자리에서 결정을 하지는 않을 것이다. 영업전문가가 시간을 갖고 이견을 조정하자고 하면 대부분의 고객도 그것에 응한다. 또 고객이 자신의 요구조건만 이야기하고, 다른 정보를 주지 않을 때는 영업전문가도 정보제공에 한계를 그어야 한다.

② 고객이 짜고 전술을 펼친다 1

1 - 한 사람은 호인/다른 사람은 악인

■ ■ ■

김 대리는 ○○기업의 박수용 대리와 상담을 진행을 해 왔다. 박수용 대리는 김 대리의 제안을 긍정적으로 생각을 해 자신의 상사인 이기세 과장을 소개시켜 준다. 김 대리는 이기세 과장과 인사를 나누고 자리에 앉아 상담을 지속한다.

김 대리: 그럼 박수용 대리님! 제가 소개를 해 드린 대로 저희 상품의 특성과 기능을 이해를 하셨다고 생각합니다. 그럼 계약서…. (그때)

이기세 과장: 박 대리, 충분히 검토를 해 보았는가? 내 생각에는 좀 더 심사숙고를 해야 할 것 같은데… 그리고 가격도 부담이 되고….

박수용 대리: 예, 과장님. 충분히 검토를 하고….

이기세 과장: 하지만 가격은 부담이 되잖아! 또 결제조건도 그렇고… 납기도 우리에게 맞출 수 있을지….

김 대리: 이기세 과장님 그 부분에 대해선 박 대리와 충분히 합의를 하였습니다. 따라서 저희 상품으로 귀사의 ○○○한 문제를 해결하고 ○○○한 이익을 얻으실 수 있다고….

이기세 과장: 그렇지만 거래조건이 이래서는….

박수용 대리: 과장님께서 고민하시는 부분에 대해선 충분하게 검토를 하였습니다. 회사의 다른 부서와도 협의가 끝났고….

이기세 과장: 그렇다고 박 대리 마음대로 결정할 수는 없는 것 아닌가? 그리고 어떻게 내가 이러한 내용을 이사님께 보고를 하나…. (하면서 자리에서 일어나 바쁘다는 말을 하면서 나간다.)

김 대리는 당황하여 말을 하지 못하고 있다.

그때

박수용 대리: 어떻게 하죠? 과장님이 저렇게 완고하게 나오시니…. 거래 조건 중 ○○○와 ○○○을 조정하면 제가 어떻게 해 볼 수 있겠는 데….(라고 말을 한다. 김 대리는 어떻게 해야 할까?)

■ ■ ■

:: 원인

고객이 자신에게 유리한 조건대로 계약을 하기 위해 미리 작전을 짜고 영업전문가인 김 대리를 기다린다. 영업전문가가 가진 약점 중 하나담당자와의 그동안 노력과 투자한 시간를 활용해 자신들에게 유리한 거래를 하려 한다.

1) 이번 거래가 고객에게 꽤 중요한 거래이다.
2) 구매업무의 성과를 원한다.
3) 영업전문가를 자신들이 원하는 스타일로 길들이려 한다.
4) 위의 사항이 짜고 치는 고스톱이 아니라면 뭔가 다른 이유가 있다.
5) 다른 대안이 없고, 김 대리와 비즈니스를 해야 하기 때문에 이 상황을 숨기고 유리한 조건으로 구매하려는 의도가 있다.

:: 비용

당신이 김 대리라면 어떻게 대응할 것인가? 김 대리는 무엇을 알아야 할까? 만일 김 대리가 박수용 대리를 자신을 도와주는 사람이라고 생각하면 엄청난 비용을 지불하게 된다. 아무리 관계가 좋아도 박수용 대리는 자신의 업무성과와 자기 회사를 위해 일한다.

만일 김 대리가 양보를 하면 다음에는 이기세 과장이 직접 나와 또 다른 양보를 요구할 수도 있다.

:: 대응

1) 절대로 박수용 대리의 마지막 제안을 따르지 말라. 의연하게 대처하라. 이러한 고객의 반응에 흔들리지 않는다는 것을 보여 주라.

2) 이기세 과장이 왜 그렇게 나오는지를 알아내라. 직접 알아보든지 박수용 대리에게 물어라. "이기세 과장님은 이번 구매에 대해 어디에 중점을 두고 계신지요?"라고 물어라.

3) 이미 그러한 작전을 알고 있음을 보여 주라. "하하. 박수용 대리님 너무 신경 쓰지 마세요. 저도 이런 경우 한두 번 경험하는 것이 아닙니다. 저는 ○○○을 제안합니다." 하면서 자신의 제시하면서 혹은 이기세 과장의 말에 영향을 받고 있지 않다는 것을 보여 주라.

4) 상사회사 핑계를 대라. "저도 상사회사와 상의를 …. 왜 그러신지 알려 주시면 저도 저희 부장님과 상의를 해서…."라면서 박수용 대리로부터 다른 조건을 알아내도록 하라.

③ 고객이 짜고 전술을 펼친다 2 – 협상 중 상사직속상사 또는
다른 부서 — 이해관계부서 — 관리자가 들어와 이야기를 듣
다가 한두 가지 조건을 듣고 화를 내며 나간다

■ ■ ■

김 대리는 AA기업의 구매담당자와 상담을 하고 있다. 그때 AA기업의
생산부장님이 상담실 문을 열고 '박 대리 바쁜가?' 하고 물으면서 들어
온다. 김 대리와 영업협상을 하고 있던 박 대리는 자리에서 일어나 인사
를 한다. 김 대리도 소개를 받으면 인사를 건넨다.

박 대리: 예, 부장님. 지금 생산 현장에 사용할 부품구입에 대해 구매협
상을 하고 있습니다.

생산부장: 그래? 내 일과 관련이 있구먼. 내가 방해가 안 된다면 옆에
앉아서 들어도 되겠지?

박 대리: 예, 김 대리님도 괜찮으시죠? (라고 묻는다.)

김 대리: 예, 괜찮습니다. (김 대리는 차라리 잘되었다고 생각한다. 어차피 나
중에 생산부에 가서 다시 설명을 해야 하기 때문에 이 기회에 생산부장과 인사
도 나누고 또 생산부장을 설득을 하면 도움이 될 것이라는 생각으로….)

박 대리: 그럼 조금 전에 하던 이야기로 돌아가죠. 아까도 말씀드린 것과
같이 가격이 부담이 되는군요. 개당 1만 원으로는 부담이 되는데….
그리고 결제도 어음은 안 된다고 하시니….

김 대리: 충분히 이해를 합니다. 그럼 가격을 박 대리님 제안에 따라 5%
낮추면서 현금결제는 어떻겠습니까?

박 대리: 그것도 좀…. (그때)

생산부장: 박 대리, 뭐가 그렇게 비싼가? 우린 이제까지 그렇게 비싼 부
품은 사용한 적이 없는데…. 그리고 결제도 현금이라니…. 박 대리 다
시 생각해 봐야겠어. (하면서 자리에서 일어나 상담실을 나간다.)

●
169

김 대리는 순간 당황한다. 생산부장님이 저렇게 나오면…. 이 자리에서 생산부장님의 동의 또는 이해를 기대했었는데….

박 대리: 김 대리님 너무 신경 쓰지 마십시오. 우리 부장님 성격이 워낙 다혈질이라 저희도 종종 애를 먹습니다. 그래서 말인데 부장님이 반대를 하면 제가 최종 결정을 내리기 어려운 것도 사실입니다. 그래서 거래조건을 좀 양보하여 주시면 제게 어떻게 부장님을 설득해 볼 수 있을 것 같은데….

김 대리는 난처하다. 어떻게 대응을 하여야 할까?

■ ■ ■

:: 원인

일단 예상하지 않은 관계자의 출현으로 김 대리는 당황한다. 게다가 그 사람은 이번 비즈니스에서 매우 중요한 구매관계자로 김 대리가 판매하는 제품을 사용하는 현장의 관리자라면…. 이러한 상황의 연출이 우연인지 아니면 고객들이 미리 준비한 작전인지는 모르지만 김 대리로서는 만약 생산부장이라는 분이 반대를 한다면 그동안의 노력이 수포로 돌아갈 가능성이 높다는 불안감을 가질 수밖에 없다. 고객들은

1) 고객이 협상에서 유리한 조건을 얻어내기 위해….

2) 박 대리가 자신의 업무이번 거래를 생산부와 상의를 하지 않았다. 따라서 생산부를 완전하게 설득을 시키지 못하였다. 이것이 사실이라면 생산부를 먼저 설득을 하여야 한다. 그 방법에 대해선 앞에서 충분히 알아보았다.

3) 생산부장에게 뭔가 다른 복안이 있을 수 있다.

4) 아직 본격적으로 박 대리 회사의 구매프로세스가 가동되지 않은 상태이다. 즉 생산부의 요청이 없는 상태이거나 구매부 차원에서 검토단계에 있다.

:: 비용

여기서 김 대리가 생산부장의 역할에 비중을 너무 크게 두고 그분의 반응에 민감하게 대응하면 당연히 양보를 할 수밖에 없다. 그러면 박 대리는 또다시 생산부를 언급하면서 더 많은 요구를 할 우려가 있다.

:: 대응

1) 김 대리는 먼저 박 대리에게 이야기를 한다. '영업을 하다 보면 다양한 분들과 상황들에 직면하지요. 너무 신경쓰지 마십시오. 저는 괜찮습니다.' 하면서 박 대리와의 처음 협상 내용으로 들어간다.

2) 생산부장의 반응에 흔들리지 않는다.

3) 고객이 '짜고 치는 고스톱'이라는 전술을 사용하는 것을 알고 있음을 은연중에 알린다.

4) 감정이 정리가 되지 않으면 협상을 다음으로 미룬다. 혹은 잠시의 쉬는 시간화장실 가기, 담배 피우기 등을 갖는다.

5) 박 대리에게도 그동안 그가 투자한 노력시간 투자의 중요성을 강조한다.

6) 생산부와 박 대리가 합의를 이루지 못한 상황이라면 다

른 영업의 단계시연, 프리젠테이션 등를 제안해 협상프로세스를 영업프로세스로 전환하라. 이를 통해 내부 구매프로세스를 가동하게 만들어라.

7) 필요하면 생산부장님을 직접 만나 설득을 하겠다고 하면서 상담을 요청하라.

④ 고객이 상사 핑계를 댄다

■■■

김 대리: 자! 어떻습니까? 제품에 대한 설명을 마쳤습니다.

박 대리: 예! 좋은 것 같군요. 제품이 저희 회사에 도움이 될 것 같기는 한데…. (망설인다.)

김 대리: 뭔가 문제가 있습니까?

박 대리: 사실 부장님께 보고를 해 허락을 받아야 합니다.

김 대리: 그럼 부장님께 보고를 하시고 내일 뵙고 상담을 마무리하지요. 내일 오후에 다시 찾아뵙도록 하겠습니다.

다음날

김 대리: 박 대리님! 부장님께 보고는 하셨는지요? 부장님의 반응은…?

박 대리: 예, 보고는 드렸는데…. 결제 조건이 부장님께서도 부담이 되시는 듯합니다. 현금 결제는 좀 어렵다고….

김 대리: 그럼 어떻게 하면 좋을까요?

박 대리: 현금결제를 하면 결제 기간을 늦추거나, 아니면 어음으로 결제를 하면 좋을 듯한데…

김 대리: 박 대리님! 어제 말씀을 드린 것과 같이 현금결제가 되어야 원하시는 날짜에 납품이 가능합니다. 결제를 늦추거나 어음결제가 되면

저희가 납품 일정을 조정을 하거나 일시에 납품을 하지 않고 세 번에
걸쳐 분할 납품을 해야 합니다. 그것은 어떻습니까?

박 대리: 납품 일정을 조정하거나 분할 납품은 제가 결정할 수 있는 것
이 아닌데요… 부장님께 여쭈어 봐야 할 것 같습니다. 부장님의 의중
과 생산부의 일정도 확인을 해 보아야 할 것 같고….

김 대리는 다시 하루를 연기하기로 하였다. 다음 날 박 대리는 또 다른
조건을 이야기하면서 김 대리의 대응 제안에 대해 다시 부장님의 결제가
필요하다고 한다. 김 대리는 이러한 박 대리가 답답하다.

:: 원인

1) 박 대리에게 실질적인 권한이 없다.
2) 민감한 사안이라서 신중하게 결정을 할 필요가 있다.
3) 보다 나은 조건을 얻기 위한 전술이다.
4) 결정을 위한 새로운 조건이 필요할 때
5) 김 대리의 협상 파워를 떨어뜨리거나 협상의 권한을 확
   인하기 위해서

:: 비용

박 대리가 상사의 입장과 요구라고 하는 것에 김 대리는
긴장을 하거나 큰 장애물이 생겼다고 판단을 하는 순간부터
협상의 주도권은 박 대리에게로 넘어간다. 협상의 주도권이
상대에게 넘어간다면 그 이후의 협상에서 늘 밀리게 된다. 고
객이 이렇게 나오는 데 겁을 먹거나 주눅이 들거나 하지 말
라. 고객의 반응은 당연하다고 생각을 하라. 어떤 조건이든
고객은 늘 영업전문가가 제안하는 조건을 그대도 받아들이지

않는다는 것을 기억하라.

:: 대응

박 대리의 반응에 대한 원인을 찾아야 한다. 진짜로 박 대리에게 결정권이 없을 수도 있다. 이때에는 실질적인 힘이 있는 사람을 만나야 한다. 쉽게 박 대리의 말에 위축되지 말라.

1) 상사인 부장을 소개시켜 달라고 한다. 진짜 원인이라면 소개를 시켜 줄 것이다. 그때는 고객을 설득을 하려고 먼저 조건을 양보하지 마라, 박 대리에게는 양보를 하지 않고 부장에게 양보를 하는 모습을 보여 주면 박 대리는 어떤 기분을 가질 것인가를 생각하라. 고객_{부장}의 요구에 어쩔 수 없이 양보한다는 것으로 보여지도록 하라. 그리고 고객이 원하는 모든 조건을 끌어내는 데 집중하라. 그다음 진지하게 협상에 임하라.

2) 필요하면 부장님과 이번 거래에 관계된 사람들 앞에서 프리젠테이션/시연을 할 기회를 달라고 한다. 이를 통해 거래의 가치_{고객의 문제해결과} 이익를 강조함으로써 설득을 할 수도 있다. 왜냐하면 박 대리의 내부 보고 또는 전달능력에 한계 또는 부족한 부분이 있을 수도 있으니까.

3) 김 대리도 상사 또는 회사 핑계를 댄다. 박 대리의 상사를 만나 고객이 요구하는 조건을 다 들은 후 김 대리도 상사 또는 회사와 협의를 하여야 한다고 하면서 대응하라.

4) 핑계가 핑계일 뿐이라면 상대방의 개인적인 니즈를 자극

한다. 즉 박 대리가 걱정하는 부분들구매의 결과, 자신의 입장 등
을 잘 파악한 후 해결할 수 있는 방법을 제시하여야 한다.
5) 김 대리는 협상을 위한 시간적인 여유를 갖고 있다는 것
을 보여 주어라. 따라서 박 대리에게 그럼 부장님과 상
의 후 내일 또는 다른 날 만나서 협의하자고 하라. 그사
이 김 대리도 회사로 돌아와 대비를 할 수 있을 것이다.

⑤ 고객이 무리한 요구를 계속한다

■ ■ ■

거래처의 이기세 과장이 김 대리에게 말한다.

이기세 과장: 가격을 15%만 조정합시다. 납품도 일시에 하도록 하고요.

김 대리: 과장님 가격 15% 할인은 저희 입장에서는 힘듭니다. 일시 납
품도 그렇고요. 그럼 가격을 조정할 수 있겠습니까? 그럼 제가 납품은
어떻게 해 보도록 하겠는데….

이기세 과장: 납품도 중요하지만 가격이 부담이 너무 됩니다. 저희 입장
에서는 15%는 낮추어야 합니다.

김 대리는 답답하다. 가격일 15% 낮추어 납품을 하고 또 일시에 이기세
과장이 원하는 3만 개의 제품을 일시에 납품을 하자면 회사 생산부의 업
무부담이 많이 되고 그러면 추기 비용이 발생한다. 따라서 이 조건을 다
들어주면 20%의 가격을 할인해 주는 것과 같다.

김 대리: 과장님, 가격을 15% 할인을 하는 것은 저의 쪽에서 너무 부담
이 됩니다. 납품도 일시에 요청을 하시고….

이기세 과장: 납기를 위한 생산은 김 대리 회사에서 해결해야 하는 문제
아닙니까? 그리고 저희 회사도 이제까지 이러한 금액으로 구매를 한

적이 없습니다. 가격을 15% 이하로 낮출 수 없다면 어렵겠군요. 물론 납품도 일시에 되어야 하고요.

김 대리: 가격을 7 - 8%로 조정을 해 주시면 납품은 일시에 가능할 것 같은데….

이기세 과장: 그럼 김 대리가 회사로 가서 내부적으로 협의해 보세요. 저의 입장은 확고합니다.

김 대리는 답답하다.

:: 원인

1) 고객의 스타일이 강경하고 경쟁적^{이기적}이다. 내부적인 상황으로 이렇게 강경하게 나올 수 있다.

2) 회사의 지시를 받았을 수도 있다.

3) 이번 거래가 매우 중요하거나 아니면 중요하지 않을 수도 있다.

4) 다른 대안을 갖고 있다.

5) 이기세 과장은 늘 이런 식으로 구매협상을 진행해 왔다.

6) 김 대리의 권한과 협상능력을 파악하기 위해서일 수도 있다.

:: 비용

고객의 강경한 태도에 김 대리가 양보를 하거나 조건을 수용한다면 다음의 거래에서도 결코 김 대리는 힘을 가질 수 없게 된다. 김 대리가 양보를 시작하면 끝없는 양보를 고객은 요구한다. 물론 고객의 강경함에 김 대리도 강경하게 대응을 한다면 위험부담이 너무 크다. 또한 고객이 이번 거래를 신중하게 고려하고 있지 않다면 김 대리의 양보는 아무런 가치가 없다,

:: 대응

1) 왜 이렇게 강경하게 나오는지 이유를 알아내라. 김 대리는 다른 조건에 대한 이야기를 미루고 왜 요구하는 조건이 중요한지 질문을 하라. 이 질문에 대한 답을 잘 듣고 고객의 입장을 판단하라.

2) 상대방이 회사의 지시를 받았다면 그 책임자를 파악하고 공략하라. 즉 이기세 과장이 의사결정권을 갖고 있지 않을 수 있다. 그리고 내부적으로 구매프로세스가 제대로 가동이 되지 않았기 때문에 이기세 과장이 강경하게 나올 수 있다. 그렇다면 고객사의 실 사용자 또는 의사결정권자를 공략하는 전략이 필요하다.

3) 쉽게 양보하지 말라. 상대가 아무리 강경하게 나오더라도 김 대리는 양보하는 것을 대응방법으로 사용해서는 안 된다. 양보대신 교환을 하라.

4) 거래를 하지 못함의 불이익을 강조하라. 고객의 궁극적인 경영이익을 강조하라.

5) 혹 다른 대안을 가지고 있는지 파악하라. 대안이 있다면 그 대안의 수준을 파악하라. 대안이 없다면 시간적 여유를 갖고 협상에 임하라.

6) 김 대리는 엄살을 부리면서 이기세 과장의 요구를 약하게 할 수 있어야 한다. 김 대리는 회사의 어려움저희 회사 사정이 어렵다, 도와주십시오, 제가 가진 힘이 한계가 있다, 부장님을 설득하자면… 하면서 또는 이기세 과장과의 관계저는 과장님을 무척 좋아 했는데…, 이기세 과장님이 이렇게 강경한 태도를 보일 줄은 상상을 하지 못해서… 를 활용해 이기세 과장의 의도를 누그러뜨려야 한다.

7) 김 대리는 다양한 의제들을 갖고 협상의 파워를 키우는 전술을 구사할 수 있어야 한다. 가격과 납기 외 다른 조건포장방법, 배송책임, 불량처리 등의 양보를 요구하라. 'If~'라는 표현을 사용하라. '가격을 ~해드리면 ○○을 해줄 수 있습니까?'

8) 때로는 시간적인 여유를 갖는 것도 좋은 협상 전술이다. 고객이 계속 자기주장을 밀어붙이면 뒤로 물러서서 기다려라. 이때 새로운 제안을 하지 말고 감정적인 반응도 보이지 말고 차분하게 고객과의 비즈니스를 진행하라.

9) 고객의 요구가 자사 역량을 벗어난 것이라면내부 협의를 거친 후 다음에 자사의 역량이 강화되었을 때 다시 제안을 하기로 하고 우호적인 관계유지에 집중하라.

⑥ 고객이 영업전문가의 말을 듣지 않는다

■■■

김 대리는 지금 상담을 하고 있는 고객의 마음을 알 수가 없다. 김 대리가 하는 이야기를 고객은 거의 듣지 않고 자기 입장만 이야기한다. 김 대리로서는 어떻게 상담을 이끌어 가야 할지 아이디어가 없다.

오늘도

고객: 지난번 이야기대로 우리의 조건을 수용해 주시기 바랍니다. 다른 조건에 대해서는 관심이 없고 수용할 수 없습니다.

김 대리: 지난번의 조건을 저희가 검토한 결과 ○○○와 ○○○ 부분만 조정해 주신다면 ○○○께서 원하시는 대로 계약을 할 수 있을 것 같습니다만….

고객: 그것은 우리가 원하는 것과는 다르잖아요. 우리 조건을 모르시나요?

김 대리: 알고 있습니다. 하지만….

고객: 알고 계시면 그쪽에서 가부만 결정을 해 주면 되잖아요? 어떻게 하시겠습니까?

김 대리는 어떤 말을 해야 할지를 모르고 고객을 바라보고 있다.

■■■

:: 원인

1) 고객은 자신의 조건을 매우 중요하게 생각한다.

2) 영업전문가의 협상력을 떨어뜨리려는 시도이다.

3) 회사 또는 상사의 지시를 받았다. - 원가절감 등 구매 전략, 목표의 변화

4) 고객은 자신이 쉽게 설득당하는 것을 두려워한다.

5) 다른 대안이 있거나 이번 거래에 시간적이 여유가 있다.
6) 김 대리와 김 대리 회사에게 다른 대안이 없다는 것을 알고 있다.

:: 비용

고객이 김 대리의 말을 무시하고 들어주지 않는다고 같은 대응방식을 취하는 것은 올바른 방법이 아니다. 고객이 왜 자신의 말을 듣지 않는지 원인을 파악하라. 개인적으로는 굉장히 좋은 사람이 업무에 대해선 의외로 강경하게 또는 상대방을 무시하는 듯하는 태도를 보이기도 한다.

만일 고객사의 구매전략과 목표변화가 원인이라면 김 대리와 회사는 재빨리 대응을 위한 회사 차원의 노력이 필요하다. 그렇지 않으면 경쟁사에 고객을 빼앗기거나 비즈니스가 어려워질 수 있다.

고객의 무관심과 무시에 흥분해서는 협상에서 100% 진다는 사실을 기억하라.

:: 대응

1) 감정을 드러내지 말라. 고객이 영업전문가의 말을 무시하고 경청하지 않는 것이 그들의 구매전술일 수 있다. 절대로 감정이 흔들려서는 안 된다.
2) 고객의 입장을 이해하고 왜 그러는지를 알아내도록 하라. 고객의 구매전술과 목표에 변화가 생긴 이유라면 그

변화의 내용을 파악하라. 구매계획이 바뀌었을 수도 있으므로 이 또한 확인을 하여야 한다.

3) 고객의 요구를 다 들어줄 수 없다면 시간을 끌어서 고객의 반응을 살펴라. 내부협의 과정을 핑계로 사용하라.

4) 도저히 협의가 안 되면 다음의 거래를 위해 좋은 관계를 유지하는 데 집중하라. 고객의 요구조건을 구체적으로 듣고 다음에 자사의 역량으로 그 조건을 수용할 수 있을 때 다시 제안을 하겠다고 하라.

5) 김 대리는 다른 가망고객을 많이 발굴하여 이번 거래가 연기되거나 계약수주에 실패하였을 때를 대비하여야 한다. 이는 영업전문가의 가장 강력한 대안이 될 것이고 협상의 파워를 유리하게 만드는 경쟁력이다.

6) 고객의 흥미를 끌 만한 다양한 조건을 제안해 보도록 하라. 몇몇 조건을 제안하면서 고객의 반응을 살핀다. 그 중에서 고객의 흥미를 끄는 조건이 있다면 고객은 반응을 할 것이다.

7) 다른 회사와의 협상 결과를 참고하여 고객들이 거래에서 표현은 하지 않았지만 가치 있는 것이 무엇인지를 찾아내어 활용하도록 하라.

7 고객이 영업전문가의 처음 제안을 덥석 수용을 한다

■ ■ ■

김 대리는 새로운 거래처를 개척하기 위해 지난 2달간 오늘 만나는 기업의 구매담당자와 영업상담을 진행해 왔다. 고객도 김 대리가 설명한 제품에 대해 이해를 하였고 여러 가지 궁금한 점에 대한 질문을 하였으며 김 대리도 성실하게 답변을 하였다. 오늘은 4번째 상담으로 김 대리는 오늘 거래를 마무리하고 싶다.

고객: 그럼 거래조건은 어떻게 됩니까? 이제까지 저희는 이 제품을 개당 190원에 구매를 해 왔습니다.

김 대리: 예! 하지만 최근에 원자재 가격도 오르고 해서 그 가격에는 드릴 수가 없군요. 저희는 개당 210원에 드릴 수 있습니다.

고객: 그래요. 그렇다면 어쩔 수 없지요. 그 개당 210원에 계약을 합시다.

■ ■ ■

:: 원인

1) 김 대리의 제안이 고객이 수용가능한 범위 중 좋은 조건이거나 부담이 없는 조건이다.

2) 고객에게 선택의 대안이 없다. 아니면 절박한 사정이 있다.

3) 고객이 시간적인 여유가 없다.

4) 고객이 구매협상을 잘 모르거나 능력이 없다. 반대로 뛰어난 구매협상가로 김 대리의 제안 가격을 움직이지 못하게 못 박았다.

5) 가격보다 더 중요한 조건이 있고 그 조건이 충족되었다.

:: 비용

계약을 마치고 나오는 김 대리는 뭔가 아쉬움을 느낄 것이다. 고객이 너무나 쉽게 자신의 조건을 수용해 줌으로써 김 대리로 하여금 허탈감을 느끼게 한다. 좀 더 가격을 올려서 제안할 걸…, 다른 조건도 이야기할 걸… 등등의 생각이 든다면 협상 테이블 위에 돈을 남겨 두고 테이블을 떠난 것이다. 이것이 협상에서 발생하는 '승자의 저주'이다.

:: 대응

1) 고객이 자신의 첫 제안을 쉽게 수용을 할 때를 대비해 고객의 수용가능 범위 및 고객의 상황을 파악하는 데 노력하라. 파악이 가능하다면 가급적 유리한 조건을 제안하라.

2) 첫 제안목표을 과감하게 하라. 협상은 항상 주고받고 서로간의 차이를 좁혀 가는 것이다. 따라서 과감한 제안을 하면 위와 같은 상황에서 덜 당황해할 것이고 유리한 조건으로 마무리를 할 수도 있을 것이다. 만일 고객이 제안한 조건에 부담을 느낌다면 조정이 가능하다는 메시지를 보내면 된다.

3) 상대에게 가격보다 더 중요한 조건이 무엇인지를 파악하라. 즉 고객이 가진 협상의 한계를 파악하여 보다 유리한 협상을 할 수 있어야 한다.

4) 고객의 190원이라는 말을 김 대리는 어떻게 이해를 하고 받아들였을까? 고객이 가진 한계가격은 어느 정도였을까? 김 대리가 애초에 제안을 하려고 준비한 가격

은 얼마였을까? 210원 이상이었을까? 아님 이하였을까? 고객이 김 대리의 제안을 아무런 반대나 저항 없이 수용을 함으로써 우리를 혼란스럽게 하고 특히 김 대리에게는 많은 과제를 안겨 준 것이 되었다.

8 고객이 제안은 하지 않으면서 자꾸 영업전문가에게 먼저 제안을 하라고 한다

■■■

고객: 다 좋은데…. 가격과 납기조건이 맞지 않는군요.

김 대리: (진지하게 생각을 한 후) 그럼 어떻게 하면 좋을까요?

고객: 글쎄요. 그건 판매를 하는 측에서 먼저 이야기를 하여야 하는 것 아닌가요?

김 대리: 물론 저도 저희 조건을 말씀드릴 것입니다. 그러기 전에 먼저 고객께서 원하시는 조건이 있을 것 같은데….

고객: 먼저 이야기를 해 보시기 바랍니다. 그럼 그때 우리의 입장을 이야기하지요.

김 대리: 예 그러면 먼저 말씀을 드리지요. 가격은 개당 250원이고 납기는 2주 후에 일시에 가능할 것 같습니다.

고객: 그래요? 그런 조건은 곤란한데…. (하면서 또다시 입을 다문다.)

김 대리: 그럼 어떤 조건을 원하십니까?

고객: 그러한 조건으로는 결정을 내릴 수가 없는데….

김 대리: 원하시는 조건을 말씀을 해 주시죠? 어떻게 하면 좋겠습니까?

고객: 글쎄요…. 가격도 부담이 되고…. 가격을 어느 정도 할인을 해 주

시면 좋겠는데…. 납기도 2주까지 소요되면 곤란하고….

김 대리: 제 제안에서 마음에 들지 않으시는 부분이 있으시면 어떤 조건
을 원하시는지 말씀을 해 주시면 저희가 검토를….

고객은 계속 머뭇거리며 대답을 하지 않는다. 김 대리는 답답하다. 그렇
다고 계속 거래조건을 양보할 수는 없고….

∷ 원인

1) 보다 유리한 조건을 끌어내기 위해

2) 자신의 약점을 감추기 위해

3) 제안에 역제안을 강하게 하기위해

4) 영업전문가의 힘을 빼기 위해

5) 아직 영업의 무기로 해결하지 못한 고객의 니즈가 있다.
즉 완벽하게 영업에서 설득을 시키지 못하였다.

∷ 비용

고객이 자신이 원하는 조건을 말하지 않음은 영업전문가의
마음을 흔들어 유리한 조건을 끌어내려는 전술이다. 따라서
영업전문가가 이러한 전술에 말려들어 자신의 조건을 이야기
하면 고객은 또 반응을 보이지 않거나 반대를 한다. 그러면
영업전문가를 또 양보를 하게 되고….

∷ 대응

1) 같은 방식으로 나가라. 고객이 자신의 조건을 제안하지
않은 상태이고 영업전문가는 자신의 조건을 이야기했다.

고객이 침묵을 지키거나 힘들다고 하면서 자신의 제안을 이야기하지 않는다면 영업전문가도 침묵을 지켜라. 이런 상황에서 영업전문가가 고객이 말을 하도록 애를 쓸수록 양보를 해 주는 길밖에 없음을 알아야 한다. 아니면 먼저 제안을 하고 고객이 반응을 보일 때까지 기다려라.

2) 고객이 협상의 제안 내용을 준비하도록 시간을 주라. 고객이 자신의 제안 내용을 만들어 협상을 하자고 하라. '저희 입장은 말씀을 드렸습니다. 아직 내부적으로 준비가 부족하신 것 같습니다. 그럼 내일 다시 만나서 이야기를 하지요. 그때까지 거래조건을 준비해 주시기 바랍니다.'라고 이야기를 하라.

3) 김 대리는 자신이 파워를 갖고 있다고 판단이 되면 과감하게 먼저 제안하라. 고객이 김 대리와 거래를 하는 것 외 다른 대안이 없다. 고객이 시간에 쫓긴다. 김 대리는 다른 대안과 시간 여유가 있다. 이때는 제안을 하고 고객이 반응을 보일 때까지 침묵을 지킨다.

4) 협상의 제안을 패키지로 하라. 고객이 수용하기 어려워하는 조건 외 다른 조건을 활용하라. 다양한 조건들을 조합한 페키지로 제안를 하면서 조심스럽게 고객의 반응을 살펴라. 고객이 반응이 없거나 민감한 반응을 보이지 않는 조건을 유리하게 하면서 제안을 하라. 이때 너무 많은 보따리를 풀지 말라. 많은 보따리를 풀면 고객의

기대 수준이 올라가 협상을 어렵게 만들 가능성이 있다.

5) 혹 영업의 솔루션_{무기}을 다시 사용해야 하는지를 판단하라. 만일 영업전문가가 현업부서와 상담 또는 다른 영업의 단계를 수행하지 않고 구매담당만을 만나고 위의 상담이 진행된다면 고객은 아직 구매를 위한 준비가 되어 있지 않을 가능성이 있다. 그렇다면 조건을 이야기하지 말고 영업의 단계를 제시하라. '망설이는 이유가 따로 있습니까? 필요하다면 저희가 ○○○한 조치_{시연, 샘플제공 등}를 해 드릴 수 있습니다.'라고 고객의 의중을 떠 보라.

6) 고객이 자신의 제안을 말하지 않는 이유를 찾아라. 그는 협상의 권한이 없을 수도 있고, 회사의 지시를 받았을 수도 있다.

9 거래에 꼭 필요한 정보는 주지 않으면서 무조건 양보를 요구한다

■ ■ ■

지난 3년간 우호적인 거래관계를 유지해 온 고객사의 담당자가 바뀌었다. 사전에 인사를 하였지만 거래를 위한 미팅은 오늘이 처음이다. 김 대리는 이제까지의 관계로 미루어 보아 별 어려움이 없이 이번 거래도 성사가 될 것이라고 생각을 하고 담당자를 방문한다. 고객이 새로운 제품을 구매하려 한다는 것을 알았다.

김 대리: 안녕하십니까? 지난번에 인사를 드리고 업무와 관련해 다시 뵙

게 되었군요.

고객: 예! 어서 오십시오.

김 대리: 지금까지 저희 회사와 지속적으로 거래를 해 주신 데 감사를 드립니다. 이번에는 새로운 제품을 구매하려 하신다고 들었습니다만···.

고객: 그런데 이제까지의 거래 내용을 보니까 저희 쪽에 불리한 부분이 있는 것 같은데···.

김 대리: 예! 그것이 무엇입니까?

고객: 글쎄요. 가격도 그렇고. 납기나 납품방법도 좀···.

김 대리: 좀 더 구체적으로 말씀을 해 주시기 바랍니다. 이제까지는 상호 충분한 대화를 통해 많은 부분을 조정을 해 왔습니다만···.

고객: 이제까지는 내용은 그렇다 치고 이번부터는 새로운 조건으로 거래를 해야 할 것 같은데.

김 대리: 그럼 이번에는 어떤 제품을 구매하려 하시는지 먼저 말씀을 해 주시면···.

고객: 그전에 이번부터 납품은 그쪽에서 해 주시는 것이 좋겠는데.

김 대리: 예! 납품을 저희가 하기를 원하신다고요? 우선 어떤 제품을 구매하시려는지 알아야 할 것 같습니다. 그래야 거래조건을 협의할 수···.

고객: 그것은 나중에 말씀드리고···. 그리고 가격도 다른 회사와 비교해 다소 부담이 되는 것 같고···.

김 대리: 고객님이 원하시는 것은 기존의 거래조건에 대해서입니까? 그것이 아니면 새로운 거래 제품에 대한 것입니까? 그것을 먼저 이야기해 주시면···.

고객: (김 대리의 질문에 대답을 하지 않고) 제 이야기는 이번부터는 가격과 납품 방법을 조정할 수 있는 거지요?

김 대리: ···.

:: 원인

1) 새로운 업무를 보는 단계에서 고객이 자신의 입장을 확고히 하려 한다.
2) 자신의 협상 스타일을 알려 주고 영업전문가가 적응하도록 하기 위해
3) 고객 기업의 내부 상황의 변화 때문에
4) 다른 대안을 생각하고 있기 때문에
5) 영업전문가의 양보를 먼저 끌어내기 위해
6) 아직 구체적인 구매계획이 없기 때문에

:: 비용

고객이 자신의 정보를 제공해 주지 않는 것은 협상에서 유리한 위치를 확보하고 활용하기 위한 기본적인 전술이다. 고객의 정보 없이 영업전문가는 절대로 협상에서 이길 수 없다. 다양한 방법으로 고객의 정보를 파악하는 데 노력을 하여야 한다. 정보는 협상의 파워레버리지를 결정하는 중요한 요소이다. 고객의 정보를 끌어내기 위해 영업전문가가 먼저 정보를 제공하는 것은 위험하다.

:: 대응

1) 고객에게 필요한 정보를 요청하라. 그리고 그 정보가 왜 필요한지를 논리적으로 설득을 하라.
2) 고객이 정보를 주지 않는 상태에서 영업전문가가 파워고객의 대안 부실, 긴급구매를 해야 하는 상황 등를 갖고 있다면 과감한 제

안을 하라. 이때의 파워는 고객에게 영향을 줄 수 있는
것이어야 한다. 즉 협상의 파워는 상대적인 것이다. 고객
의 정보를 모르는 상태에서 파워를 쓸 때는 조심하라.

3) 보다 생산적인 결과를 위해 정보_{기본적인 협상내용}의 공유가
가치 있음을 인식시켜라. 정보공유가 협상의 파이를 키우고
상호 유리한 조건을 다루는 데 반드시 필요하다고 설득을
하라.

4) 새로운 담당자가 기대하는 개인적인 요구_{업무 능력 인정 등}를
이해하라. 새로운 고객이 자신의 업무스타일을 고집할
경우 그 업무 스타일을 익힐 때까지 느긋하게 대하라.

5) 무엇을 바꾸어야 하는지를 먼저 물어라. 새로운 담당자
가 고려하고 있는 중요한 비즈니스의 조건이 무엇인지
를 파악하는 데 집중하라. 뒤에 고객의 답이 나오기 전
에 먼저 양보하지 마라.

6) 만일 고객사가 내부적으로 구매계획이 없다면 ─ 이를 판단
하기 위한 다양한 질문을 던져라 ─ 섣불리 영업전문가는
자신의 조건을 중심으로 한 조건영업을 해서는 안 된다.

⑩ 고객이 다른 대안이 있다는 것을 은연중에 알린다

■ ■ ■

김 대리는 오랫동안 거래를 위해 상담을 해 온 고객과 진지하게 상담을 진행한다. 고객의 욕구와 문제를 찾아내고, 김 대리 회사가 가진 해결안에 대해서도 논리적이고 설득력 있게 전달을 하였다. 고객도 중간에 궁금한 부분에 대해 적극적인 질문을 해서 상담이 상당히 부드럽게 진행이 되었다.

영업의 마지막 단계로 판매종결을 시도하자 고객은 몇 가지 조건을 이야기하면서 김 대리의 반응을 기다린다. 그때 고객을 찾는 전화가 온다.

고객: (김 대리에게 양해를 구하면서 수화기를 든다.) 아! 안녕하십니까? OOO 기업은 잘되고 있지요? 예! 내일 방문을 하신다고요? 몇 시에…. (하면서 통화를 한다.)

김 대리는 속으로 깜짝 놀랐다. '지금 고객과 통화를 하는 기업은 김 대리 회사의 경쟁사가 아닌가? 그쪽과도 상담을 진행하고 있었는가?' 하는 의문이 생긴다. 그렇다고 그것을 확인할 수도 없지 않은가? 그때 전화를 끊은 고객은

고객: 아! 미안합니다. 어디까지 이야기를 했지요? 그렇군. 가격이 부담이 되는데….

김 대리: (속으로 조금 전의 상황을 생각하면서 태연하게) 그렇습니다. 저희는 이번 제품 가격을…. (하면서 대답을 한다.)

고객: 김 대리의 말을 들으면서 자신의 다이어리에 내일 방문하기로 한 기업과 담당자의 이름을 적는다.

김 대리는 이 상황을 어떻게 해석을 해야 할지 고민스럽다.

고객: 그 가격에는 부담이 되는데… 다른 방법을 검토하든가 해야지….
(라고 하면서 김 대리의 마음을 아는지 모르는지 다른 이야기를 한다.)

■ ■ ■

:: 원인

 1) 고객이 자신의 구매협상 파워를 키우기 위해서

 2) 영업전문가로 부터 더 많은 양보를 얻어내기 위해서

 3) 김 대리의 조건 중 마음에 들지 않은 것이 있다.

:: 비용

 위의 상황에서 김 대리가 전화통화 내용을 자신이 상상하
 는 대로 해석을 하고 믿는다면 고객이 요구하는 양보를 할
 수밖에 없다. 이러한 고객의 태도에 의연하게 대처하지 못한
 다면 협상에서 항상 불리한 위치에 설 수밖에 없을 것이다.

:: 대응

 1) 고객의 전술일 수 있다. 때로는 고객의 메시지를 무시하
   라. 김 대리가 무덤덤하게 이 상황에 대응을 해도 아무
   런 문제는 없다. 전화내용이 진실이라도 김 대리는 자신
   의 상담에 집중하면 된다. 고객이 계속 이 이야기를 하
   면서 김 대리에게 압박을 가하면 김 대리는 '왜 그 이야
   기를 계속하시는 것입니까? 조금 전 통화가 진짜라면 제
   게 원하시는 조건을 이야기해 주세요. 결정은 고객님이
   하시는 것이니까! '저희가 제안한 조건 중 무엇이 부담
   이 되는지요?'등의 질문을 하라.

 2) 가능하다면 진실 여부를 확인하라. 어려운 일이 된다. 하지
   만 이 진실 여부최소한의 진실이라도를 확인하지 않고 먼저 겁을

먹고 양보하지 말라. '저희와 어떤 내용이 다른가요?' 라는 질문을 통해 고객의 진실여부를 파악하라.

3) 영업전문가가 다른 비즈니스의 기회대안를 많이 갖고 있다면 고객의 이러한 전술에 당황하지 않을 수 있다. 이를 위해 영업활동을 계획적이고 과학적으로 관리하고 준비하여야 한다. 영업전문가가 가질 강력한 경쟁력 중 하나이다. 가망고객을 많이 확보하는 것이 그 대안이다.

4) 김 대리는 자신의 기업과의 비즈니스가 얼마나 이익이 되는지 다시 한 번 고객에게 강조를 한다. 때로는 고객의 진지하고 성실한 업무 능력을 칭찬하면서 비교우위의 이익을 강조하라.

5) 절대로 전화상에 나온 기업에 대한 험담을 하지 말라. 그렇다고 겁도 먹지 말라.

6) 고객에게는 김 대리의 경쟁사와 만나는 것은 너무나 당연한 일이다. 그 이유도 많을 것이다. 이번 거래와 관련이 있을 수도 없을 수도 있다. 미리 지레짐작을 하지 말라.

7) 비록 김 대리의 경쟁사와의 통화라 하더라도 이번 거래와는 다른 건으로 만날 수도 있다. 신경 쓰지 말고 현안에 집중하라.

⑪ 고객의 대안이 확실하지 않은 것 같다

■ ■ ■

김 대리와 상담을 하는 고객은 김 대리 회사의 경쟁사 또는 다른 기업을 언급을 하면서 김 대리를 압박을 한다. 김 대리로서는 고객의 말이 사실인지를 확인할 방법이 없다.

고객: 그렇게 거래조건이 불리해서야 어떻게 계약을 할 수 있겠습니까? 다른 회사는 더 나은 조건을…. (하면서 김 대리를 또다시 압박을 한다. 그렇다고 고객이 원하는 조건을 수용할 수는 없다. 과연 고객의 대안을 어떻게 확인할 수 있을까 고민을 하던 김 대리는)

김 대리: 좋습니다. 그럼 다른 회사의 제안과 비교를 했을 때 어떤 부분이 부담이 되는지요? (라고 묻자 고객은)

고객: 그럼 다른 기업의 제안 정보를 알려 달라는 것입니까? (라고 반문을 한다.)

김 대리: 그것은 아닙니다. 충분히 비밀을 지켜 주셔야겠지요. 하지만 자꾸 다른 기업의 이야기를 하시니까….

고객: ….

김 대리: 하나만 질문을 하겠습니다. 도대체 몇 개 회사와 상담을 진행 중이신지요? 그리고 이번 거래에서 가장 중요하게 고려하고 계시는 조건은 어떠한 것인지요?

고객: 그것은 좋은 게 좋은 것 아닙니까? 다른 이야기는 접어 두고 김 대리께서….

■ ■ ■

:: 원인

1) 고객이 사용하는 상투적인 전술이다.

2) 구매의 조건을 유리하게 하려는 시도이다.

3) 빨리 구매협상을 마무리고하고자 영업전문가를 압박하는 것일 수도 있다.

4) 자신의 약점을 숨기기 위한 강경전술일 수 있다.

:: 비용

고객의 이런 책략과 전술에 속아서는 안 된다. 이런 전술에 영업전문가가 자꾸 말려들면 더 많은 이와 유사한 전술을 사용할 수도 있다.

:: 대응

1) 고객의 말에 흔들리지 말고 고객이 원하는 조건을 알아내라. 계속해서 물어라. '다른 기업들이 어떤 조건을 제안하였는지 모르지만, 고객께서 조건을 말씀하시면 거기에 대해 저희 조건을 제안… 결국 선택은 고객이 하는 것이니까요!'

2) 먼저 조건을 이야기하지 말라. 조건을 이야기하면 고객은 또 다른 이야기를 하면서 추가적인 조정을 요구할 것이다. '다른 기업으로부터 제안을 받으셨다면 그 내용을 이야기하지는 못하더라도 그 조건을 기준으로 정한 구매 조건을 이야기해 주시면….' 협상에서 김 대리가 힘이 있다면 과감하게 먼저 제안해도 좋다. 김 대리의 제안이 기준이 될 수도 있다.

3) 경쟁하고 있음에 대해 부담감을 느끼고 있음을 보여 주

지 말라. 영업에서 고객을 두고 경쟁이 일어나는 것은 너무나 당연한 일이다. 이 경쟁에 흔들려서는 안 된다.

4) 때로는 과감하게 비즈니스를 포기하겠다는 결심을 하라. 이것으로 오히려 고객의 진심 여부를 알 수 있다. 김 대리는 '다른 기업과 구매협상을 하고 계시다면 좋습니다. 좋은 조건으로 구매를 하시려는 노력은 당연합니다. 저의 조건을 다른 기업에 말씀하셔도 좋습니다. 어쨌든 협상은 거래조건의 조정을 하는 것이니까요. 결정_{협상을 계속 하실 건지, 아니면 계약을 하실 건지}이 되시면 알려 주시기 바랍니다.'

5) 좋은 인간관계를 맺어야 한다. 이를 위해 접대나 무리한 수를 두라는 것이 아니다. 전문가로서 인정을 받는 인격적인 관계를 맺어 두어야 한다.

⑫ 시간을 무조건 끈다

■■■

김 대리는 현재 중견기업의 구매담당자와 영업상담을 마무리하고 있다. 고객이 가진 문제를 찾아내고 해결책에 대한 설명도 마쳤다. 고객도 김 대리가 제안한 해결책이 필요하다는 반응을 보인다.

문제는… 고객이 빨리 결정을 내리지 않는다는 것이다. 영업상담을 마친 지 벌써 2주일이 지났다. 물론 그 과정에서 몇 번 더 만나 고객이 요구하는 거래조건과 김 대리와 회사가 수용할 수 있는 대안들을 이야기했다. 어느 정도 합의에 이르렀다고 생각을 하는데….

고객: 좋습니다. 그럼 저희 내부 관련 부서와 협의를 한 후에 결정을 내

리겠습니다. (하면서 차일피일 결정을 미룬다.)

김 대리는 답답하기도 하고 혹 다른 경쟁사에 고객을 빼앗기면 어떻게 하나 걱정도 된다. 몇 번 김 대리가 전화를 하고 방문을 해도 아직 결정이 내려지지 않았다고만 한다.

드디어 오늘 김 대리는 최종적인 마무리를 하려고 고객을 방문한다. 그때

고객: 예. 저희가 충분히 검토한 결과 ○○○과 ○○○에 대해 다시 조정을 해야 한다는 결론이 나왔습니다. 김 대리께서 제안한 조건으로 는 거래를 하기가 어려울 것 같은데…. (라고 말을 한다.)

김 대리는 뒤통수를 한 대 맞은 기분이다. 그렇다면 진작 이야기를 해주든가… 아니면 결정을 빨리 내려주든가 하지… 하는 생각이 든다. 김 대리는 어떻게 대응을 해야 할까 고민이다.

■ ■ ■

:: 원인

1) 진짜로 내부 결정이 내려지지 않았을 수도 있다.

2) 고객 입장에서 결정을 내리는 데 확신이 부족할 수도 있다.

3) 영업전문가의 시간제한의 약점을 활용하려 한다.

4) 상담을 하는 고객이 결정권한이 없을 수도 있다.

5) 고객의 구매협상 스타일이다.

6) 결정권한이 없는 상태에서 연결고리 역할만 하는 고객에게만 김 대리가 집중을 하고 있다.

:: 비용

고객에게 무리한 결정을 하라고 밀어붙이지 말라. 영업전문 가의 한계만 드러낼 뿐이다. 자신이 충분히 설명을 하고 고객 또한 설득이 되었다고 확신이 들면 때로는 고객이 결정을 할

때까지 여유를 갖고 기다리는 것도 하나의 협상 전술이다. 조급한 마음으로 빠른 결정을 요청하면 고객은 반드시 그에 대한 대가를 요구할 것이다.

:: 대응

1) 시간의 압박에 흔들리지 말라.

영업의 단계에서 충분히 고객을 설득을 하였고 자사의 거래조건을 제안하였으면 고객이 반응할 때까지 기다리는 여유를 가져야 한다. 기다리지 못할 정도로 영업의 성과에 급급해서는 좋은 조건으로 계약을 하기 힘들다.

2) 고객이 요구하는 조건이 왜 중요한지를 질문하라.

꽤 시간이 흐른 후 고객이 이제야 자신들의 조건을 이야기한다. 내부협의 과정에서 어떤 일이 발생하였는지 모르지만 항상 고객의 제안에 대해 우선순위와 중요도를 파악하려는 노력을 하라.

3) 고객이 시간을 끈 만큼 김 대리도 그러한 전술을 활용하라.

그렇다고 김 대리 또한 대답을 연기하라는 것이 아니다. 협상은 조직과 조직이 역량을 두고 거래조건을 조율하는 것인 만큼 고객이 움직이면 본격적인 영업전문가 자사 내부의 협상프로세스를 가동하라는 것이다. 고객이 움직이지 않는 상태에서 자사의 협상프로세스만 가동을 하면 그 결과는 조건영업이 될 것이다. 고객이 내부적인 구매 협상 프로세스를 가동하지 않으면 영업전문가는 느긋하게 기다려야 한다.

4) 절대로 계약에 조급해 있다는 것을 보여 주지 말라.

다른 거래처를 방문하거나 다른 거래처의 계약결과와 해
결한 문제 그 결과 얻은 이익들을 자료로 만들어 제공하
면서 여유를 가져라. 영업의 대안들을_{다양한 가망고객} 확보하
는 것이 중요하다.

5) 의사결정권자를 파악하고 공략하라.

만일 김 대리와 상담을 하는 창구의 담당자가 실제 권한
이 없다면 빨리 구매에 영향을 미치는 다른 관계자를 찾
아야 한다. 자신의 영업활동을 잘 분석을 해 혹 설득을 시
키지 못한 관계자가 있으면 그 문제를 해결하고, 의사결정
권자의 결정이 미루어지는 상황이라면 의사결정권자를 공
략하는 전략을 실행하여야 한다.

6) 고객이 구매협상 프로세스를 본격 가동할 때 적극적으
로 대응하라.

결정을 미루던 고객이 자신들의 거래조건을 제안한다는
것은 이제 본격적인 구매프로세스가 가동된다는 신호이
다. 이 신호가 나올 때까지는 여유를 갖고 기다려라. 이
신호가 나오면 그때 영업전문가의 자사 협상프로세스를
가동해도 늦지 않다. 조급하게 자사의 거래조건을 고객
을 방문할 때마다 수정_{고객에게 유리하게}을 제안한다면 고객
은 계속 침묵을 지킬 것이다.

13 지난번의 양보를 빌미로 또 다른 양보를 요구한다

■ ■ ■

김 대리: 그럼 충분히 이 해결책에 대해 이해를 하셨고 그 이익에 대해
서도 동의를 해 주셨습니다. 그럼 계약을 하시겠습니까?

고객: 네, 좋은데⋯. 이번 거래에서는 가격을 10% 정도 할인을 해 주셨
으면 합니다. 그리고 배송도 김 대리 측에서 해 주시고요.

김 대리: 가격을 10%나 깎으시면서 배송도 저희가 해달라고요! 그건 저
희가 수용하기 어려운 조건입니다. 가격 할인을 원하시면 배송은 직접
해 주셔야 합니다.

고객: 지난번 거래에서도 그렇게 하지 않았습니까?

김 대리: 그때는 처음 거래라 저희 쪽에서 편의를 봐 드린 것입니다. 그
사이 원자재 가격도 5%나 상승했습니다. 그리고 물류비용도 올랐고요.

고객: 그렇지만 지난번의 조건과 같지 않으면 거래를 하기가 어렵습니다.
지난번에 저희 조건에 맞추어 주신 것과 같이 이번에도 그렇게 해 주
시기 바랍니다. 윗분에게 이미 보고를⋯

김 대리: 저희 사정도 고려를 해 주셔야지요. 너무 무리한 요구입니다.

고객: 그럼, 거래가 어렵다는 말씀이신가요? 지난번과 같은 조건이 아니
라면 저희도 다시 생각을 해 보아야겠네요.

김 대리는 답답하다. 지난번에는 처음 거래를 시작하는 것이라 고객의
요구조건을 수용해 주었는데⋯ 그래도 새로운 거래처를 만들었기 때문
에 회사의 양해도 얻었는데⋯. 이번에도 이 조건을 가자고 보고를 하면
상사로부터 질책을 받을 것이 명확한데⋯. 고객은 자신의 주장을 번복할
생각이 없는 것 같다.

■ ■ ■

:: 원인

1) 지난번의 양보를 양보의 가능성이 늘 있다는 것으로 고객은 해석을 했다. 지난번의 양보를 거래의 기본 조건으로 고객을 판단을 하고 있다.

2) 고객은 항상 양보를 요구하면 수용될 것이라고 믿는다.

3) 영업전문가는 항상 힘이 약하기 때문에 밀어붙이면 이길 수 있다고 믿는다.

4) 김 대리는 한 번의 양보가 다음의 양보를 부른다는 것을 몰랐다.

5) 지난번 양보에 대해 고객이 계속 요구할 것을 전제로 한 협상의제를 준비하지 못하였다. 전례를 적절하게 사용하지 못하고 있다.

:: 비용

고객과 처음 거래를 하려면 고객의 요구를 수용해 주어야 한다는 영업전문가의 생각이 스스로의 발등을 찍는 결과를 가져왔다. 이러한 상황을 지혜롭게 극복하지 못하면 앞으로의 거래에서 김 대리는 힘들어질 것이다.

:: 대응

1) 양보는 양보를 부른다는 협상의 책략을 기억하라.

양보의 혜택을 보는 사람은 양보를 해 주는 사람이 항상 여유가 있을 것이라 생각을 하고 계속 양보를 요구한다. 양보는 더 나은 전략 또는 의제가 없다면 좋은 협상의 전략이 아니다. 양보를 해 줄 때는 이러한 비용을 계산하여야 한다. 쉽게 양보하지 말라.

2) 지난번 비즈니스는 김 대리도 첫 거래였지만 고객 또한 첫 거래였다. 첫 이미지와 비즈니스 스타일이 그다음의 비즈니스에도 영향을 미친다. 너무 좋은 사람이 되려고 노력하지 말라.

3) 양보를 할 때는 항상 그에 상응하는 무엇인가를 얻어 내라. 협상은 항상 조건_{어떤 내용이든지}을 주고받는 것임을 명심하라. 고객이 양보를 요구할 때는 다른 것을 요청하라. 고객이 말하지 않으면 김 대리가 준비한 것을 요청하여야 한다. 지난번의 양보를 좋은 무기로 사용할 수도 있다. 김 대리가 먼저 지난번의 양보에 대한 대가를 요구하면 고객은 강하게 나오지 않을 것이다.

4) '○○○이라면 ○○○을 해 주시겠습니까?'라는 협상의 표현을 늘 사용하라.
협상을 할 때는 항상 상대가 자신이 원하는 것을 위해 무엇인가를 줄 준비가 되어 있다고 생각을 하라. 협상을 아는 고객이라면 이 사실을 잘 이해하고 있다. 관건은 영업전문가가 정중하게 그것을 요청하지 않는다는 것이다. 항상 'If~'라는 단어를 습관적으로 사용하라.

5) 고객은 항상 양보를 요구한다는 것을 인식하여야 한다.

이는 영업전문가가 기억을 해야 하는 것이다. 하지만 기억하는 것으로는 부족하다. 고객이 이러한 생각을 갖고 영업전문가를 만난다면 영업전문가도 이에 대응할 준비를 하여야 한다. 왜 영업전문가가 항상 양보를 하여야 하는가? 고객에게 양보를 하고 받아 간 계약서에 대해서 자신의 상사로부터 듣는 질책은 아무것도 아닌가? 그렇지 않을 것이다. 영업전문가는 누구를 위해 일하는가?

6) 전례를 남기지 말아야 한다.

전례는 협상의 발목이 될 수도 있다. 전례는 고객을 습관화 시킬 수 있다. 자신에게 불리한 전례를 가급적 남기지 말라. 고객에게 항상 요구하면 수용된다는 생각을 갖게 해서는 안 된다. 고객도 자신이 원하는 것을 얻기 위해서는 무엇인가를 주어야 한다는 생각을 갖도록 하여야 한다. 영업전문가들은 자신의 영업능력을 향상시키는 만큼 협상능력도 배워야 한다.

14 고객이 영업전문가와 회사를 불신한다

■■■

김 대리: 어떻습니까? 이 정도면 부장님이 원하시는 기능이 다 있고 또 부장님께서 말씀하신 ○○○한 문제를 해결하는 데 최선의 방법이라고 생각을 합니다만….

고객: 그럼 거래조건은 어떻게 되나요?

김 대리: 예 가격은 ○○○원, 결제방법은 ○○○과 ○○○있습니다. 그리고 제품은 계약을 하시고 일주일 내로 받아보실 수 있을 것입니다.

고객: 그래요? (고객은 거래조건에 대해서는 아무런 반응을 보이지 않고.) 진짜 이 제품이 가진 기능을 믿을 수 있을까요? 다들 그렇게 말은 하는데 실제로 제품을 받아 보면 그렇지 않은 경우가 많아서….

김 대리: (갑자기 할 말을 잃는다. 이제까지 설명을 충분히 하였고 고객도 이해를 한 것으로 생각을 했는데….) 그럼 부장님께서는 제 설명이 부족하시다는 말씀이십니까?

고객: 그건 아니고… 내 입장에서는 제품에 확신이 있어야 하기 때문에… 그리고 지난번 다른 회사의 제품에 대한 실망도 있고 해서….

김 대리: 예 충분히 이해합니다. 부장님 입장에서는 올바른 제품을 구매하는 것이 중요한 일입니다. 그래서 아까 설명을 드린 대로…(김 대리는 다시 제품의 기능과 이익을 이야기한다.)

고객: 그래도 …. 뭔가가 부족한 것 같아서…. 거래조건도 그렇고….

김 대리는 왜 고객이 이렇게 나오는지 파악할 수가 없다. 거래조건이 맘에 들지 않는 것인지 아니면 상품을 통해 얻을 수 있는 이익에 의심이 있는지… 하여간 이유를 명확하게 이야기를 해 주면 좋겠는데….

■■■

:: 원인

1) 전형적인 고객의 반응이다. 고객의 불만이 사실일 수도 있다.

2) 상품의 가치보다는 거래조건에 더 신경을 쓰고 있음을 보여 주는 반응이다. 고객의 말과 반응을 잘 살펴야만 이것을 알 수 있다.

3) 영업전문가가 기울인 노력의 가치를 떨어뜨려 유리한 협상을 하려는 전술이다.

4) 고객이 원하는 이익에 대한 확신이 부족하다. 상품을 통한 이익 외 구매 후의 비용을 중요하게 생각한다.

5) 고객의 무관심 또는 상품에 대한 평가절하가 영업전문가의 양보를 부른다는 것을 고객은 알고 있다.

:: 비용

고객이 영업전문가의 조직과 상품과 서비스에 대한 가치를 평가절하하는 것에 영업전문가는 상처를 받지 말라. 고객은 늘 이런 표현을 한다. 비록 자신들에게 필요한 상품일지라도 적극적인 반응을 잘 보이지 않는다. 특히 구매부는 더 그렇다. 왜 그런지는 영업전문가는 잘 알 것이다. 이러한 반응에 의연하게 대처하지 못하고 고객의 불신을 누그러뜨리려 애를 쓴다면 영업전문가의 협상력이 떨어진다. 이는 그 불신의 원인을 찾아 해결하기 보다는 다른 조건을 제안을 하여 그 불신을 없애려 하기 때문이다. 즉, 고객의 불신을 없애려고 다른 조건을 양보하려는 유혹에 빠지면 거래조건이 불리해진다.

:: 대응

1) 일단 고객이 요구하는 것이 무엇인지를 파악하는 데 집
중하라.

고객의 반응에 겁을 먹거나 부정적인 생각을 하지 말고
질문을 하라. '무엇이 마음에 들지 않습니까? 어떤 부분
에 의문이 있습니까? 더 알고 싶은 것은 무엇입니까?' 등
등의 질문을 하라. 덜컥 조건영업으로 들어가지 말라. 고
객의 이러한 반응에 잘 적응을 한다는 것을 보여 주어라.

2) 고객의 니즈와 문제를 재확인하고 솔루션의 가치를 강
조하라.

고객의 이런 반응에 대해 곧 조건을 제안하는 협상 또
는 조건영업을 하지 말고 진짜 자신들의 문제해결과 그
결과로서의 이익에 의문이 있는지 다시 확인을 하라. 일
방적으로 설명을 하지 말라. 고객이 태클을 걸 것이다.
가치와 이익을 강조하고 좋은 기회를 잡으라고 설득을
하라. 그다음에 협상을 하여도 늦지 않다. 때로는 고객
이 먼저 협상으로 들어가도록 하는 것도 좋다.

3) 쉽게 조건을 양보하지 말고 조건부 제안을 하라.

고객에게 거래조건을 제안하여 고객의 반응을 살피려면
조건부에~로 제안을 하여 고객을 탐색하라. 고객이 자신
의 조건을 이야기하지 않은 상태에서 계속 조건을 제안

하지 말라. 그리고 위와 같은 반응이 영업전문가에게는 아무런 문제가 아니라는 것을 은연중에 알도록 하라. '자! 그럼 부장님의 말씀을 정리하면….' 하면서 고객의 말을 확인하면서 고객의 반응을 살펴라.

4) 고객이 결정권한이 없을 수 있다. 결정권자를 찾아라.

고객에게 결정권이 없다고 판단이 되면 그 사람이 누구이고, 어떤 조건을 원하는지를 물어라. 고객의 자존심을 자극하라. '충분히 부장님 선에서 결정이 가능하다고 생각을 하는데. 망설이는 이유가 무엇입니까?'라고 질문하라. '다른 누군가의 결정 또는 의견이 중요합니까?'라고 묻도록 하라.

5) 뭔가 다른 대안을 찾고 있을 수도 있다.

고객은 자신들의 경영이익과 목표달성을 위해 항상 해결해야 하는 문제가 있다는 것을 알고 있다. 영업전문가 또한 자신의 상품과 서비스가 고객에게 그들의 문제를 해결하고 이익을 달성하는 데 최적의 솔루션임을 알고 제안을 한다. 엄밀하게 보면 고객의 대안은 구매를 해야 하는 입장에서는 별로 많지는 않을 것이다. 김 대리 회사가 아니면 다른 1~2개 기업일 것이다.

영업전문가는 이것을 잘 파악을 하고 이용할 수 있어야 한다. 다른 대안보다 나은 솔루션을 제시하고 자사의 내부역량을 잘 파악을 해 경쟁력 있는 제안을 하도록 하라. 고객은 상

품의 가치를 진심으로 평가절하하지 않는다. 그것도 영업전문
가 앞에서는… 그런데 그러한 반응을 보이는 것은 보다 유리
한 거래를 위함이 아니겠는가?

15 고객이 위협을 한다(자신의 요구를 들어주지 않으면 거래를 않겠
다고 한다)

■ ■ ■

고객: 이번 거래는 가격을 8% 깎고, 배송도 김 대리 측에서 해 주었으
면 좋겠네요. 그리고 결제는 어음으로 해야 할 것 같습니다.

김 대리: (깜짝 놀라며.) 그건 너무 무리한 요구인 것 같습니다. 저희 쪽에
서 수용할 수 있는 범위는….

고객: (김 대리의 말을 가로막으며) 저희 요구사항을 지켜 주지 않으면 저희
도 거래가 어렵습니다. 김 대리가 소개한 제품이 그 기업에만 있는 것
도 아니고….

김 대리: 하지만 부장님의 요구대로 계약을 하기는 저희가 부담이 너무
큽니다. 제가 회사의 결제를 얻을 수 있을지도 의문이구요… 가격만이
라도….

고객: 그건 김 대리가 해결해야 할 문제인 것 같은데요… 제가 제시한
조건에서 저희가 양보할 수 있는 여지는 없습니다.

김 대리는 왜 고객이 이렇게 강경하게 나오는지 모르겠다. 또 고객의 요
구대로 계약을 한다면 회사로부터 부정적인 피드백을 받을 수 있다. 게
다가 자신이 약속을 하고 회사의 결제를 받지 못한다면 고객에 대한 김
대리의 입장과 체면은 말이 아니게 될 것이 뻔하다.

■ ■ ■

:: 원인

1) 뭔가 다른 대안이 있다.

2) 조직 내부적으로 해결할 문제가 있다.

3) 이번 거래가 고객 개인에게 매우 중요하다.

4) 지금까지 이렇게 하여 모두 통했다.

5) 고객이 갑이라는 입장을 강하게 협상의 파워로 활용하려 한다.

:: 비용

이러한 고객의 위협과 까다로운 태도에 쉽게 흔들리지 말라. 앞에서도 끊임없이 강조를 하였듯이 협상은 김 대리와 고객 1:1로 하는 것이 아니다. 고객의 이런 반응을 김 대리 혼자 해결하려 한다면 김 대리는 자신의 한계권한, 능력 등를 느끼게 된다.

:: 대응

1) 당황하지 말고 원인을 파악하라.

고객이 아무리 까다롭게 나오더라도 김 대리는 감정을 노출해서는 안 된다. 감정을 자제하고 차근차근 고객의 문제 또는 상황을 파악하라. 김 대리 자신의 입장도 감정을 자제하면서 논리적으로 주장하라. 고객의 태도에 흔들리지 않는 모습은 고객에게도 영향을 준다.

2) 무리한 조건을 강요하면 다음의 기회를 노려라.

고객이 지속적으로 무리한 요구를 한다면 다음에 자신의

회사가 그 조건을 수용할 수 있을 때 제안을 하겠다고 하면서 물러나라. 물론 이때는 김 대리는 자사의 내부 관계자들과 합의된 협상의 목표가 있어야 한다. 그러한 것이 준비되어 있지 않으면 준비를 위한 시간을 요청하라.

3) 엄살을 피워라.

고객이 까다롭게 김 대리를 괴롭히면 김 대리는 엄살을 피워라. 엄살의 내용은 많다. 김 대리는 엄살을 피우는 것이 자신의 힘을 떨어뜨린다고 생각하지 말라. 고객이 김 대리를 무능하게 볼 것이라는 우려도 하지 말라. 엄살은 회사를 위해 보다 나은 성과를 위해 김 대리가 사용하는 전술이다. '부장님. 제 입장도 생각해 주셔야지요. 그동안의 관계를 봐서라도….' '그 조건을 가져가면 제가 부장님을 설득할 수가 없습니다. 따라서…'

4) 조건 없는 양보는 김 대리에게도 조직에게도 결코 이익이 되지 않는다.

고객의 위협에 일방적인 양보를 하는 어리석음을 보이지 말라. 고객의 위협을 이길 수 있는 다양한 대안들을 마련하라. 고객이 위협을 해도 덤덤한 태도를 견지하라.

5) 김 대리도 뭔가 얻을 수 있는 분야를 파악해야 한다. 작고 쉬운 것부터 시작하라.

이를 위해 다양한 의제들을 개발하도록 하라, 고객이 생각하지 않는 의제를 제안해 유리하게 마무리 지어라. 협상의 의제는 계약서의 모든 항목들이고 필요하면 더 많이 개발할 수 있어야 한다. 고객이 부담이 되지 않는 것을 찾아서 양보를 얻도록 하라. 고객이 생각하지 못한 중요한 의제를 발굴해 제안하라.

6) 김 대리는 일단 '안 된다', '불가능하다'라는 식의 부정적인 대응과 표현을 자제하여야 한다.

김 대리의 부정적인 반응과 표현은 고객에게 부정적인 영향을 미친다. 고객의 요청과 요구가 무리한 것일지라도 즉각 반대하지 말라. 이를 위해 인정과 동의를 구분하라. 고객의 요청을 인정하고 동의하지는 말라. 인정과 동의는 다르다. 인정을 통해 고객의 마음을 열고 동의를 위한 논리적인 타당성을 요구하라.

7) 회사 또는 상사 핑계를 대라.

김 대리는 이런 고객을 대할 때 그 자리에서 고객을 설득하거나 고객의 마음을 돌리겠다는 생각을 하기보다는 한발 물러서는 것이 좋다. 이를 위해서 회사와 상사를 이용하라. 고객이 김 대리에게 '그러한 권한도 없는 것이냐'고 하면 자신의 권한을 벗어난 제안이기 때문이라고 대답을 하면 된다.

회사와 상사를 핑계 삼는 것은 협상에서 많이 사용되는 전술이다.·영업이든, 구매든

8) 고객이 까다롭게 나온다고 하더라도 고객의 문제를 영업

전문가가 해결하겠다고 해서는 안 된다. 고객의 문제는 고객이 해결하도록 하라. 고객이 도움을 요청 할 때만 응하라. 그리고 그때에도 고객에게 먼저 묻도록 하라. '어떤 해결책을 원하는지?' 그 다음에 해결책을 제안 할 때는 항상 조건으로 제안을 하라.

🔘 16 고객이 비윤리적인 전술을 사용하려 한다-뒷돈, 경제적인 보상 등

■ ■ ■

고객: 제품에 대한 설명은 충분히 들었고… 거래조건은 어떻습니까?

김 대리: 예, 과장님이 이해를 하신 것과 같이 이번 제품은 충분히 투자 할 가치가 있는 것입니다. 따라서 가격은 ○○○원입니다. 그리고 결제는 현금으로 하셔야 합니다. 배송은 저희가 해 드리도록 하겠습니다.

고객: (약간 망설이면서…) 그럼 이번 거래를 약속하면 제게 어떤 것이 주어지나요?

김 대리: (당황하며…) 무슨 말씀이신지….

고객: 이번 거래를 통해 김 대리도, 김 대리 회사도 꽤 큰 계약을 하는 것인데… 내게도 뭔가가 오는 것이 있어야….

김 대리는 고객이 무엇을 원하는지를 알았다. 고객은 거래 성사의 대가로 자신에게 보상을 바라고 있다. 이제까지 많은 고객을 만나면서 이렇게 노골적으로 요구를 하는 경우는 처음이다.

김 대리는 거래 규모로 봐서는 뭔가를 약속을 하고 싶다. 하지만 거래에 보상을 요구하는 것이 이번 한 번으로 끝날 수 있을까? 또 회사에서는

이것을 보고하면 어떻게 나올까? 하는 생각이 든다. 그렇다고 김 대리가
왜 그것을 요구하는가라고 고객에게 물어볼 수도 없다. 또 얼마를 요구
하는가라고 물어볼 수가 없다. 김 대리 생각은 복잡하다….

■ ■ ■

:: 원인
1) 고객의 요구가 습관적일 수 있다. 개인적인 이유든, 조
   직적인 이유든.
2) 다른 기업들이 이 고객의 요구를 모두 수용해 주었다.
3) 순전히 개인적인 차원의 이익 요구일 수도 있다.
4) 김 대리의 비즈니스 스타일을 파악하기 위해서일 수도 있다.

:: 비용
고객의 이러한 비윤리적인 보상의 요구에 응하는 영업전문
가는 이를 또 하나의 영업도구로 활용을 하기도 한다. 그 결
과는…? 그 보상은 어디에서 나오는가? 보상을 도구로 영업을
하는 경우 다른 고객과의 비즈니스에 매우 위험한 결과를 초
래할 수도 있다. 이 고객이 회사를 떠났을 때 다른 담당자와
의 관계가 어색할 수 있다. 만일 고객이 떠난 이유가 위의 사
항이 원인이라면 김 대리는 더 큰 불이익을 당할 수도 있다.

:: 대응
1) 절대로 고객의 비윤리적인 요구에는 응하지 말라.
   한 번의 행동은 또다시 그 행동을 요구한다. 더 나아가
   고객이 먼저 이러한 행동을 제안하기도 한다. 이러한 고

객과는 비즈니스를 하지 않는 것이 나을 수 있다. 눈앞의 이익 때문에 장기적이고 지속적인 기회를 놓치지 말라. 개인의 경력개발에도 절대 도움이 되지 않다는 것을 알아야 한다. 도저히 거부할 수 없고 거래를 놓치고 싶지 않다면 회사와 상의하라. 이 부분은 회사가 책임을 질 부분으로 전환하는 것도 지혜이다.

2) 다른 조건들을 제시하라.

거래조건의 변경 또는 조정으로 이 요구를 거절요구의 철회 또는 요구를 거래조건으로 전환하라. 즉 고객에게 이익이 되는 다른 의제들을 제안하라. 가격뿐 아니라 다른 거래조건의 조정을 제안하라. 그러한 요구가 상호 이익이 되지 않는다는 사실을 알려라.

3) 한 번의 수용이 지속적인 요구를 유발하게 되고 어쩌면 비즈니스에 큰 타격을 줄 수도 있다. 영업전문가의 영업 스킬 향상에 방해가 된다. 자사의 경쟁력 강화에 방해가 된다. 경쟁사가 더 나은 프리미엄을 제시하면 금방 고객은 떠나간다.

4) 김 대리가 속한 조직이 그것을 허용한다면 아예 공식화시켜라.

회사에서 영업의 중요한 도구로 이러한 정책을 실행하였다면 공식적인 것으로 만들어라. 그 범위를 벗어나지 않도록 하라. 앞에서 여러 번 강조하였듯이 협상은 조직

간의 역량 조율이다. 바람직한 것은 이러한 관행이 없어
야 하지만…. 공식화를 시킴으로써 고객 개인과의 비밀
스러운 합의가 아님을 알게 할 필요가 있다. 그에 대한
대응은 고객기업의 몫이다.

5) 보다 장기적인 이익을 강조하라.

개인적인 욕심에 의한 요구가 아니라면 비즈니스의 지
속을 위한 거래조건의 변경을 제안하도록 하라. 이러한
문제를 영업전문가 혼자 해결하려 애쓰지 말라. 설령 애
를 쓴다고 바람직한 해결안이 나오는 것도 아니다. 조직
의 문제로 공유하고 조직적인 해결안을 찾도록 하라.

6) 만일 고객이 영업전문가의 도덕성과 비즈니스 스타일을
판단하기 위한 요구라면 이 요청을 수용하는 것은 더더
욱 위험한 일이다. 또 영업전문가가 수용을 하려 한다면
고객은 그것을 갖고 거래조건의 양보로 바꾸어 요청을
한다면 영업전문가 입장은 더욱 곤란해질 수 있다. 이러
한 스타일의 비즈니스는 아예 머릿속에서 지우도록 하라.

17 고객이 영업전문가의 지인을 동원한다

■ ■ ■

김 대리는 고객사의 박 과장과의 영업상담 중 마무리인 영업협상을 진행하고 있다. 지금까지 여러 번 영업협상 상담을 하였다. 서로가 팽배하게 거래조건을 밀고 당기고 있는 상황이다.

오늘도 박 과장과의 영업협상을 위해 박 과장을 방문을 한다. 박 과장도 김 대리를 반갑게 맞이한다.

김 대리는 상담실에서 박 과장을 기다린다. 잠시 후 박 과장은 누군가와 함께 상담실에 들어온다. 박 과장과 동행한 사람을 보는 순간 김 대리는 깜짝 놀란다. 대학시절 아주 친하게 지낸 친구가 아닌가? 그동안 연락이 되지 않아 몹시 궁금해 하였던 친군데….

김 대리는 일어서서 박 과장에게 인사를 하고 친구와도 반갑게 인사를 하고 자리에 앉는다. 김 대리는 오랜만에 만난 친구가 반갑기도 하고 그동안의 근황이 궁금하다. 하지만 오늘은 박 과장과의 영업협상이 우선이다.

김 대리 친구는 박 과장 옆에 앉아 김 대리를 부드러운 표정으로 바라본다. 박 과장도 영업협상의 내용을 본격적으로 이야기한다.

김 대리는 박 과장의 이야기를 들으면서 친구가 자꾸 신경이 쓰인다.

'왜 박 과장은 자신의 친구를 데리고 왔을까? 또 나와의 친구 사이라는 것을 어떻게 알아냈을까?' 등등 의문이 생긴다.

■ ■ ■

:: 원인

1) 김 대리를 흔들려는 고객의 전술이다.

2) 친구 또는 지인을 통해 영업전문가의 심리적인 부담감을 키우기 위한 전술이다.

3) 뭔가 더 이상 양보할 것이 없다는 신호일 수 있다.

4) 비즈니스를 반드시 하고 싶은 욕구의 표현일 수도 있다.

:: 비용

비즈니스를 전제로 한 자리이지만 협상은 사람과 사람이 하는 것이다. 따라서 협상에서 심리적인 부분은 굉장히 큰 영향을 미친다. 심리적인 안정을 가져야 협상의 전체적인 흐름과 방향에 집중할 수 있다. 고객의 의도를 순수하게 받아들인다면 너무 순진한 영업전문가가 될 것이다.

:: 대응

1) 정중하게 요구하라. 고객과 둘이서만 협상을 하자고….
   일단 반갑게 친구를 맞이하라. 친구를 소개해 준 것에 감사를 표하라. 그다음 정중히 고객에게 요청을 한다. 비즈니스에서 친구가 차지하는 역할과 비중을 물어라. 실제적인 역할 없다면 고객에게 조심스럽게 이야기하라. 본격적인 비즈니스를 위해 장소를 옮기거나 둘이서 이야기하자고 요구하라.

2) 친구와 이야기를 나눈 후 친구에게 양해를 구하라.
   친구와의 개인적인 대화는 나중에 할 수도 있다. 고객이 친구와 동행을 한 이유를 잘 파악하여야 한다. 물론 반가운 일이다. 그리고 어느 정도 시간을 들여 그간의 근황을 묻고 대화를 할 수 있다. 기회를 봐서 친구와는 고객과 상담을 마친 후 만나서 이야기하자고 제안하라.

3) 고객의 전술을 역이용할 수 있는 방법을 찾아라.

친구와 반갑게 이야기한다. 결코 비즈니스와 관련된 이야기는 하지 않는다. 비록 고객이 함께 앉아 있더라도 조금은 고객을 무시하고 개인적인 이야기를 계속한다. 이렇게 함으로써 고객에게는 그의 전술을 알고 있으며 결코 그것에 흔들리지 않는다는 것을 보여 줄 수 있고, 친구에게도 비즈니스 이야기를 할 기회를 주지 않는다. 그러면 고객이 알아서 대응을 할 것이다.

때로는 선수를 쳐라. '오늘은 비즈니스 이야기를 하기 어려울 것 같습니다. 너무 반가운 친구를 만나서….' 고객이 다른 의도가 없다면 영업전문가의 이 말에 반박을 하지 않을 것이다. 그런데 고객이 비즈니스 이야기를 하려고 하면 1), 2)의 방법을 사용하라.

4) 가벼운 양보를 통해 비즈니스가 성사될 수도 있다.

고객이 영업전문가의 지인을 참석시킨 후 협상을 하자는 것은 긍정적인 신호로 받아들일 수도 있다. 영업전문가는 자신의 추가적인 양보 또는 제안을 친구/지인의 입장을 봐서 해 주는 것이라고 말하라. 고객이 쉽게 반박을 하지 못할 것이다.

5) 상대고객, 친구 모두도 부담을 느낀다.

고객이 지인을 동행하고 올 때는 뭔가 목적이 있을 것

이다. 영업전문가가 지인의 출현에 흔들리지 않는 모습을 보여 준다면 오히려 고객이 당황할 수도 있을 것이다. 조금은 냉정하게 보일지라도 고객의 의도에 쉽게 넘어가서는 안 된다. 영업전문가가 친구를 지혜롭게 역 이용할 수도 있다는 것을 고객이 알도록 하라.

6) 업무와 개인적인 관계를 분리하라.

친구에게 냉정하다는 소리를 듣더라도 비즈니스는 비즈니스로 끝내야 한다. 영업전문가 또한 친구를 이용하려는 생각을 버려야 한다. 다소 힘들더라도 정에 이끌려서는 올바른 협상을 할 수 없을 것이다.

⑱ 고객이 협상을 다른 사람들이 듣는 장소에서 하려고 한다

■ ■ ■

김 대리는 고객과의 협상을 위해 고객을 방문한다. 그동안 영업상담은 별 무리 없이 진행이 되었으나, 거래조건 중 가격과 납기 그리고 서비스 부분에서 상호 이견의 차이를 보이고 있다. 오늘은 세 번째 협상이다.

김 대리: 안녕하십니까! 이기세 과장님

이기세 과장: 어서 오세요. 여기에 앉으시죠. (하면서 고객은 자신의 책상 옆에 있는 의자를 가리킨다.)

김 대리는 이곳에 앉아 가볍게 인사를 하고 상담실로 이동을 할 것이라는 추측을 하고 그 자리에 앉는다. 인사를 끝낸 후 김 대리가 상담실로 옮기자고 하니까

이기세 과장: 오늘은 이 자리에서 이야기를 합시다. 급한 업무도 있고 기
다리는 전화도 있어서….

그 자리는 이기세 과장과 함께 일하는 직원들에게 오픈된 자리이다. 즉
두 사람의 이야기가 그들 모두에서 들리는 자리인 것이다. 협상을 마무리해
야 하는 오늘 상담은 조금은 진지하고 때로는 강력한 설득이 필요한데….

김 대리: 그러지 말고 상담실로 가는 것이….

이기세 과장: 모두를 김 대리를 잘 알고 있는데 뭐 어떻겠습니까? 자,
우리가 합의를 하지 못한 부분이 어떤 것이었죠? 맞아! 가격을 먼저
협의를 해야 할 것 같은데….

김 대리는 이기세 과장의 이야기를 듣고 있지만 다른 직원들의 반응이
신경이 쓰인다.

■ ■ ■

:: 원인

1) 고객은 분위기를 자신에게 유리하게 만들고자 한다.

2) 다른 직원들과의 전술적인 작전일 수 있다.

3) 중요한 제안을 하려는 시도일 수 있다. 김 대리가 수용
하기 어려운, 그래서 강하게 반대하지 못하도록.

4) 협상의 마무리를 하고자 하는 의욕이 적을 수도 있다.

5) 고객의 준비가 미흡할 수도 있다. 따라서 오늘은 협상은
진행을 하되 영업전문가의 제안을 듣는 것에만 중점을
두고 있다.

6) 고객은 다른 대안구매처 변경 등을 준비하고 있을 수도 있다.

:: 비용

사람들이 대화를 하는데 대화내용과 분위기가 다른 사람들

에게 오픈된다는 것은 적지 않은 부담을 준다. 영업전문가에게는 고객 한 명과 이야기를 하는 것도 부담이 되는데 다른 여러 사람들이 듣고 보는 자리에서 상담을 하는 것 또한 쉬운 일이 아니다. 비록 알고 있는 사이일지라도… 특히 영업전문가는 오늘 협상을 마무리하고자 하는 목적이 있는데 이런 분위기라면 적극적인 제안과 설득이 힘들 수도 있다.

:: 대응

1) 가급적 상담실로 가자고 이야기를 한다.

협상의 중요성을 이야기하면서 분위기를 만들어라. 영업전문가가 긴히 제안할 것이 있다고 하면서 상담실로 옮기자고 제안하라. 영업전문가가 준비해 간 모든 제안내용이 중요한 것 아니겠는가?

2) 고객의 의도를 역이용한다.

고객의 체면을 자극해 다른 직원들의 시선을 의식하게 만든다. 영업전문가도 부담이 되는 분위기이지만 고객도 부담을 느낄 수 있다. 다른 직원들의 시선 또한 무시할 수 없을 것이니까! 만일 고객이 영업전문가를 설득하는데 실패를 한다면 그것 또한 고객의 부담이 될 수도 있다. 따라서 고객이 굳이 그 자리에서 협상을 진행하자고 하면 이러한 고객의 심리를 효과적으로 활용할 수 있어야 한다. 즉 알고도 모르는 척하면서 과감한 제안을 하라. 그리고 고객의 반응을 기다려라.

3) 때로는 덤덤하게 대응을 한다.

이야기를 하는데 전화가 걸려오고, 중간에 이 메일을 확인하느라 이야기가 중단이 된다. 이러한 것에 신경을 쓰지 말라. 다른 직원들의 방해도 신경을 쓰지 말라. 그냥 준비해 온 대로 제안을 하고 설득을 하며 고객의 제안에 반응하라. 조금은 과장되게 반응하는 것도 괜찮다. 엄살을 부린다고 영업전문가의 체면이나 능력이 깎이는 것은 아니다.

4) 협상을 마무리하고자 하는 의욕이 있는지 확인한다.

질문을 통해 고객의 의도를 확인하라. 그 내용의 수준에 따라 고객이 협상에 어느 정도의 의욕을 갖고 있는지를 알 수 있을 것이다. 또는 영업전문가는 자신이 준비한 제안 중 고객에게 다소 부담이 되는 조건을 제안하고 고객의 반응을 살펴라.

5) 기다리겠다고 하면서 다른 업무를 먼저 보라고 하라.

고객에게 '업무에 지장을 주기를 원하지 않는다.'고 하면서 다른 업무를 먼저 처리하라고 하라. 충분한 시간과 준비를 하고 왔다는 것을 은연중에 표현하라. 조급하게 그 자리에서 고객을 설득하려 하지 말라. 변죽을 울리면서 느긋함을 유지하라.

19 고객이 감정적이다

■ ■ ■

김 대리: 부장님, 저희 입장도 고려를 해 주셔야죠. 서비스를 1년에서 2년으로 연장을 하고, 게다가 가격도 10%를 깎으면 저희는….

고객: (갑자기 얼굴 표정이 바뀌며) 그럼 우리의 조건을 수용할 수 없다는 것인가요? 그럼 곤란한데….

김 대리: 수용을 못 하는 것이 아니고 좀 조정을 해야 할 것 같다는 말씀입니다. 요즘의 원자재 가격 상승과 기타 비용의 증가로… 가격을 5% 이상 깎아 드리는 것은 곤란합니다.

고객: (목소리를 높이며) 그럼 다른 거래처를 알아봐야 할 것 같군요. (하면서 시선을 외면한다.)

김 대리: ….

고객: 이것 보세요.(하면서 고객은 자기의 주장을 조금도 굽힐 기세가 아니다.)

김 대리는 이 고객과 영업상담을 할 때는 이 고객이 굉장히 신중하고 차분하다고 판단을 했는데… 오늘은 너무 감정을 앞세운다. 김 대리는 자신의 준비해 온 영업협상의 의제들을 꺼낼 엄두를 내지 못하고 한숨을 쉰다.

■ ■ ■

:: 원인

1) 고객 내부의 상황구매목표, 경영환경 등이 바뀌었다.

2) 고객이 사업 분야를 확대 또는 축소/변경할 계획이다.

3) 다른 대안을 갖고 있다.

4) 뭔가 중요한 양보를 얻어내기 위해서….

5) 다른 대안이 없이 김 대리로부터 구매를 해야 하는데 좋

은 조건으로 협상을 마무리하고자 자신들의 입장을 강경하게 보이도록 한다.

:: 비용

고객이 예상을 벗어나 강경하게 나올 때 영업전문가는 대부분 주눅이 들고 자신의 제안을 확실하게 하지 못한다. 그리고 이러한 강경함을 누그러뜨리기 위해 이 상황을 자사의 상사에게 보고를 해 자사가 양보를 해 주어야 한다고 하면서 고객의 문제를 떠안는 경우가 있다. 고객을 위해 자사의 판매조건을 양보하려고 자신의 상사를 설득하려는 영업전문가의 모습을 떠올려 보라. 무엇인가 잘못되었다고 생각하지 않는가?

:: 대응

1) 좀 더 논리적인 근거 자료를 준비한다.

영업전문가는 자사 내부협상의 결과를 고객에게 제안을 할 때 논리적은 근거를 갖고 설득하여야 한다. 구체적은 숫자와 전문가의 견해, 조사결과 등의 자료를 준비해 제안의 논리성과 설득력을 강화하여야 한다. 또 고객의 주장에 대해서도 논리적인 근거를 요구하라. 합리적인 고객이라면 무턱대고 양보를 요구하지는 않을 것이다.

2) 고객이 왜 이렇게 강경하게 나오는지 이유를 확인한다.

고객의 정보를 파악하라. 영업의 과정에서 부드러웠던 고객이 협상의 자리에게 강경하게 나오는 경우는 대부분 구매협상을 유리하게 하려는 고객의 전술이다. 영업의 과정에서 고객은 거의 부담이 없다. 하지만 협상의 결과는 고객에게 직접적인 부담이 된다. 따라서 늘 이러한 고객의 변덕협상 전술의 활용에 대비하여야 한다. 조직의 내부적인 변화, 내부 재정상태의 변화, 갑작스런 큰 투자 또는 비용의 발생 등의 원인이 고객을 강경하게 만들기도 한다.

3) 김 대리의 협상 범위를 벗어난 제안이라면 때로는 포기를 한다.

여기서 중요한 것은 김 대리의 협상 범위는 회사와의 내부협상의 결과이어야 한다. 회사와 내부협상을 하지 않고 김 대리가 자신의 권한만 생각을 해 거래를 포기한다면 이는 영업전문가의 책임이다. 하지만 내부협상을 통해 합의된 범위를 벗어난 조건으로 계약을 놓치는 것은 영업전문가의 책임이 아니다.

4) 그래도 거래를 해야 하는 상황이라면 가급적 적은 것이라도 얻어내는 데 집중한다.

조금씩 고객의 양보를 얻도록 하라. 고객이 중요하게 생각하지 않는 다른 조건들을 하나씩 제안을 하면서 고객의 의지를 확인함과 동시에 이것들에 대한 양보를 얻는 것이 중요하다. 이를 위해 영업전문가는 자사의 계약서 내용을 숙지하여야 하고 다른 추가적인 조건을 개발하는 데 노력을 하여야 한다.

5) 논쟁하지 말고 설득하라.

같이 감정적이 되어서는 안 된다. 고객이 강경하게 나오고 자신의 제안을 고집하더라도 결코 고객과 논쟁을 해서는 안 된다. 고객을 설득하는 데 공을 들여야 한다. 필요하다면 상사의 핑계를 대는 것도 좋은 방법이다. 고객은 협상이 오늘 그 자리에서 마무리되어야 한다고 생각하지 않는다. 즉 서로의 거래조건을 합의 보기 위해 시간이 필요하다는 것과 영업전문가가 회사와 협의를 하여야 한다는 것을 알고 있고 그러한 대응을 하는 영업전문가를 당연하게 받아들인다.

6) 다른 대안을 많이 만들어 이러한 고객의 문제를 영업전문가가 떠안지 않아야 한다.

이러한 상황에서의 대안은 다른 거래처의 확보가 될 것이다. 계약이 가능한 다른 거래처가 있다면 이러한 고객에게 시간을 여유 있게 갖고 협상을 할 수 있을 것이다. 영업전문가들이 늘 신규고객의 개발과 확보에 노력을 하여야 하는 이유가 여기에 있다.

⑳ 영업전문가가 충분한 보따리를 준비하지 못했다

■ ■ ■

고객: 그럼 물량은 4일 후인 다음 주 월요일까지 납품이 가능한가요?

김 대리: 그것은 저희 회사 생산부와 협의를 해 보아야 합니다. 잠시만 기다려 주십시오. (하면서 김 대리는 급히 회사 생산부로 전화를 한다. 생산부에서는 다음 주 월요일까지는 무리라고 한다. 맞은편에 앉아 있는 고객을 신경 쓰면서 생산부에게 부탁을 한다. 정히 급하면 추가 야근을 하면 가능할지도 모른다고 말한다. 일단 불가능하다는 것은 아니다.)

김 대리: 예, 어떻게든 맞추도록 하겠습니다.

고객: 좋아요. 김 대리를 믿어 보죠. 그리고 서비스 기간을 1년 정도 더 연장을 해 주고, 결제도 어음으로 해야 할 것 같은데…. 괜찮겠죠?

김 대리: 서비스 기간을 1년 더 연장을 해달라고요? 그리고 결제도 어음으로….

김 대리는 어떻게 답변을 해야 할지 망설인다. 고객을 만나러 오기 전에 이러한 조건이 나올 것이라고는 예상을 하였지만 이 정도는 아닐 것이라는 생각으로 왔는데…. 따라서 관련부서와의 협의를 하지 않은 것은 당연하다. 생산부의 설득은 그런 대로 했는데… 또다시 회사에 전화를 걸어 확인을 해야 하나? 그러면 고객은 나를 어떻게 생각할까? 그렇다고 고객의 요구를 다 들어주면 거래조건이 최악이 될 것 같은데….

■ ■ ■

:: 원인

1) 김 대리는 영업과 협상의 무기가 다르다는 것을 모른다. 따라서 고객과의 상담 내용 또한 영업인지 협상인지 판단을 하지 못한다. 따라서 필요한 준비를 하지 못하는 것이다.

2) 협상의 조건을 모아서 패키지를 만들지 않았다.

227

3) 중요한 비즈니스를 위해 사전에 내부협상을 하지 못했다.

4) 고객 앞에서 자사의 담당부서와 협의를 하는 것이 유능한 영업전문가이라는 오해를 하고 있다.

5) 고객의 행동에 대한 예측과 대비가 부족했다.

:: 비용

영업과정에서 고객의 다양한 요구에 신속히 대응하는 것과 협상과정에서의 신속한 대응은 다르다. 협상상황에서 고객의 요구를 곧바로 들어주어야 한다는 생각을 갖는다면 늘 그 자리에서 본사와의 연결을 하여야 하고 그것이 영업전문가의 입장을 곤란하게 만든다. 준비가 부족한 상태에서 고객을 만나지 말아야 한다. 그 비용은 모두 영업전문가와 자사의 부담이 된다. 또한 협상에 임하면서 고객이 요구할 사항들 모두에 대한 제안을 준비내부협상하여야 한다. 고객이 어디에 관심을 두는지는 영업과정에서 집중을 하였다면 충분히 파악할 수 있을 것이다.

:: 대응

1) 항상 협상의 의제를 생각하라.

고객과 상담을 할 때 만나는 고객의 구매프로세스상의 역할을 알고 준비하여야 한다. 실무자, 현업부서인 사용자와의 상담은 대부분 상품 또는 서비스의 용도, 기능, 성능들에 대한 것이다. 하지만 만나는 고객이 구매담당자이거나 구매부 사람이라면 대부분 거래조건이 상담의 소재가 되는 것이다. 따라서 영업전문가는 상담하는 고객에 맞는 내용을 철저하게 준비하여야 한다.

2) 사전에 내부협상을 통해 다양한 패키지를 만들어라.

영업전문가의 내부업무 중 하나는 자신이 만날 고객들에 대한 대응으로 내부협상을 통해 많은 의제들을 개발하고 논리적인 설득준비를 하는 것이다. 이를 위해 관련부서들과 커뮤니케이션을 하고 좋은 인간관계를 맺으며, 정보공유에 소홀해서는 안 된다. 이러한 업무를 영업전문가 본인이 하기 어려우면 상사에게 요청하라. 관리자의 역할은 이러한 문제를 해결해 주는 것이니까 요청하는 데 두려워하지 말라.

3) 고객과의 상담 중 자사와 협의를 할 때는 고객이 없는 장소에서 하라.

고객 앞에서 본사와 통화를 하지 말라. 협상의 전술로 본사의 강경한 입장을 보여 주기 위해서라면 괜찮을 것이다. 그렇지 않다면 고객이 없는 장소에서 여유 있게 통화를 하도록 하라. 그래야 지금의 상황을 제대로 전달할 수 있고 본사와 전화로 내부협상을 제대로 할 수 있기 때문이다.

4) 영업과 협상을 구분하라.

거듭 강조하지만 영업의 설득무기와 협상의 설득무기를 명확히 구분하고 영업의 상담과 협상의 상담을 구분하여야 한다. 고객은 영업전문가가 이 둘을 구분하여 대응하는 기회를 주지 않으려 한다. 이 둘의 구분과 대응준비는 순전히 영업전문가의 몫이다.

5) 고객은 항상 새로운 조건을 요구한다는 것을 명심하라. 고객이 하나의 조건에 만족하였다고 계약을 하지 않는다. 하나를 마무리하였으면 또 다른 하나를 요구하는 것이 고객의 전술이다. 하나의 조건을 고객과 합의를 할 때는 다른 조건이 나올 것이라고 예상을 하고 그것과 서로 주고받을 수 있는 수준으로 합의를 하라. 즉 고객이 조건의 요구가 있으면 그 조건의 수용 여부를 판단하기 전에 'If ~~ 만일 말씀하신 조건을 수용해 드리면 어떤 것을 양보_{또는} ○○○을 _{양보}해 주실 수 있습니까?'와 같은 대응을 하라. 또 하나의 조건에 더 이상 양보할 수 없는 수준으로 합의를 하지 말고 다른 조건이 제안이 되면 그것과 서로 교환할 수 있는 여지를 두고 합의를 하라는 것이다.

6) 영업전문가는 고객이 원하는 조건들을 항상 패키지로 제안을 하라. 거래 조건을 하나 하나씩 해결해서는 영업전문가가 불리해진다.

이를 위해서 협상에 들어가기 전에 고객이 요구하는 — 조정을 해야 하는 — 조건들을 모두 파악하여야 한다. 이를 통해 협상의 파이를 키울 수 있다. 고객이 다른 조건을 말하지 않고 하나만 먼저 제안을 하면 "다른 조건의 변화는 없다 — 영업전문가가 요구하는 수준으로 수용하는 — 는 것입니까?"라고 물어라.

21 영업전문가가 결정권한이 없다

■ ■ ■

고객: 가격은 지난번에 거래한 것보다 7%를 깎아야겠습니다.

김 대리: 그 부분은 제가 결정을 내릴 수가 없습니다. 회사의 상의를 해 보아야….

고객: 좋습니다. 그럼 납기를 다음 주 초로 맞추는 것과 배송을 직접 해 주실 수는 있는 것이죠?

김 대리는 이 또한 명확한 답을 내릴 수가 없다. 생산부의 생산계획도 잘 모르고, 또 배송 또한 물류부와 상의를 해야 하는데….

김 대리: 그 부분도 제가 회사로 들어가 확인을 한 후 연락을 드리면 안 되겠습니까?

고객: 그래요? 그럼 오늘은 합의된 것이 아무것도 없군요.(하면서 다소 실망의 표정을 짓는다.) 충분한 준비를 해서 오실 줄 알았는데….

김 대리: 그럼 저희 요구조건을 회사에 가 합의를 해 오늘 오후까지는 알려드리면 어떻겠습니까?

고객: (한숨을 쉬면서) 예! 그럼 그렇게 하세요.(하면서 인사를 하고 먼저 자리에서 일어난다.)

김 대리는 어쩔 수 없이 밖으로 나온다. 고객의 실망하는 표정이 눈앞에 떠오른다. 김 대리는 고객의 실망스러워하는 느낌을 바꿔 주고 싶다. 그렇기 위해서는….

■ ■ ■

:: 원인

1) 영업전문가 스스로 자신의 협상에 대한 힘을 강화할 준비의제개발를 하지 못했다.

2) 회사 내 자신의 업무와 관련이 있는 다른 부서의 정보에 약하다.

3) 자사 내부에서 자신의 업무를 도와줄 지원세력_{상사, 관련부서} 등을 모르거나 활용하지 못한다.

4) 영업은 무조건 고객을 만나는 것이라는 생각을 갖고 있다.

5) 영업과 협상을 구분하지 못해 적절한 준비가 부족하다.

:: 비용

고객에게 김 대리는 자신의 무능함을 보이는 것이 된다. 이러한 느낌이 다음의 상담에도 김 대리에게 영향을 미친다. 고객이 이를 역이용할 수 있다. 또 고객은 우수하지 않은 영업 전문가와 일을 하고자 하는 의욕이 떨어질 수 있다.

:: 대응

1) 만일 김 대리의 이러한 대응이 협상의 전술이라면 훌륭하다.

영업전문가가 다소 무능한 척 하거나 또는 상사/조직의 핑계를 대면서 고객의 공격을 피하는 것은 훌륭한 협상 전술이다. 이 전술을 활용하고 있다면 고객의 반응에 민감할 필요가 없다. 하지만 너무 자주 이 전술을 쓴다면 고객이 영업전문가를 진짜 무능하다고 판단할 수 있다. 따라서 다른 전술_{말을 아끼고 상대의 말을 유도하라. 어부지리를 얻어라} 등들과 조화를 이뤄 적절하게 활용하도록 하라.

2) 그렇지 않다면 늘 자신에게 힘을 실어 주는 사내의 업무현
황과 정보를 파악하고 필요하다면 내부협상을 철저히 하라.
상사 핑계를 활용하는 협상 전술을 사용할 줄 모르고 자
신에게 결정권한이 없거나 사내 정보에 어둡다는 것은
영업전문가에게는 치명적인 약점이 될 수도 있다. 늘 사
내 정보파악에 집중을 하고 관련부서의 협의를 하는 데
게을러서는 안 된다.

3) 고객의 실망에 흔들리지 말라.
고객이 영업전문가에게서 원하는 답을 듣지 못해 실망
하는 표정을 짓는다고 그것이 진실이라고 생각하지 말
라. 영업전문가의 대답에 대해서 고객이 실망을 하였다
고 미리 짐작하지 말라. 영업전문가의 역할에 충실하라.
상사와 협의를 해야 하고 조직 내 다른 업무의 상황을
파악하기 위한 시간의 요구에 당당하게 행동하라.

4) 늘 고객들이 원하는 조건들에 대응할 수 있는 제안 내용
을 준비하라.
영업전문가는 자신에게 주어진 협상 권한을 알고 있어야
한다. 언제 고객이 협상조건을 이야기할지 모르기 때문이
다. 조직은 영업전문가에게 1차 협상을 할 수 있는 권한
고객의 구매조건을 확인하거나, 기본적인 거래조건을 제안하는은 준다. 모른
다면 상사 또는 동료에게 물어서 알아야 한다.

5) 때를 살펴 협상으로 들어가라.

고객의 요구가 협상을 하려는 것인지 아니면 영업전문가의 양보를 얻어내기 위한 요구인지를 파악하라. 아직 아무런 영업의 무기를 사용하지 않았는데 고객이 조건을 이야기하는 경우에는 대부분 두 번째 의도일 가능성이 크다. 이때는 '그럼 상품/서비스에 대해서는 설명이 필요 없고 조건만 맞으면 결정을 하시겠습니까?'라고 고객의 의중을 파악하라. 긍정적인 답이 나오면 협상으로 진입하여도 된다. 그렇지 않은 경우에는 고객의 요구사항을 파악하는 데 집중하라.

6) 주도적으로 협상하라 – 고객의 요구사항을 모두 듣는 데 집중하라.

영업전문가 스스로 협상의 준비가 부족하다고 생각한다면 먼저 고객의 요구사항을 모두 파악하는 데 집중하라. 그리고 그것을 회사로 가져가 상사와 협의하도록 하라. 준비부족을 노출시키지 말고 진지하게 물어라. '그 밖에 다른 조건은 어떤 것이 있습니까?' 그다음 '그것은 제 권한을 벗어난 것이라 상사의 협의가 필요합니다!'라고 대답하라.

22 영업전문가가 입장의 약점(판매자의 입장)을 너무 깊게 생각 한다

■ ■ ■

고객: 자! 상품은 충분히 잘 알겠습니다. 성능이나 품질에는 이상이 없는 것 같군요. 그럼 가격은 어떻게 되나요?

김 대리: (일단 고객이 상품에 대해 만족을 한다는 소리에 안심이 된다.) 예! 가 격은 1개당 2,500원입니다.

고객: (놀라는 표정을 지으며) 그래요? 2,500원이라. 부담이 되는군요. 가 격이 이렇게 높아서는….

김 대리: (고객의 반응에 긴장을 한다.) 그럼 2,200원이면 어떻겠습니까? (하면서 얼른 가격을 깎아준다.)

김 대리는 고객의 상품에 대한 만족을 생각하면서 오늘의 영업을 잘 마 무리하여야 겠다는 생각이 앞선다.

고객: 2,200원이라… 조금은 부담이 덜어지지만 그래도…. 그럼 배송은 그쪽에서 해 주시는 것입니까? 그리고 불량이 있을 때도 그쪽에서 수 거를 해 가고 전량 교체해 줄 수 있지요?

김 대리는 고객이 요구하는 조건을 얼른 머릿속으로 계산을 해 본다. 자 신이 준비해 온 조건에서 가장 낮은 수준의 영업협상조건이다. 하지만 김 대리는

김 대리: 예! 그렇게 하도록 하겠습니다. 그럼 가격은 2,200원으로….

고객: 가격도 좀 더….

김 대리는 가격만 잘 마무리되면 거래가 성사될 것 같아 가격을 2,100 으로 깎아 주었다.

고객: 그리고…. (하면서 또 다른 조건을 이야기한다.)

■ ■ ■

:: 원인

1) 고객이 거래의 '갑'이고 자신은 '을'이라는 고정관념에 너무 빠져 있다.

2) 자신이 양보를 하면 고객도 양보를 해 줄 것이라는 기대를 한다. 그리고 자신의 한 번 양보에 고객이 구매결정을 할 것이라고 생각한다.

3) 고객의 약점 — 니즈의 중요성, 거래의 이익 등 - 을 생각하지 못한다.

4) 고객의 반대를 극복하기 어려운 것으로 너무 쉽게 단정을 짓는다.

5) 고객과 갈등이 발생해서는 안 된다고 생각한다.

:: 비용

고객의 위치와 입장이 항상 영업전문가보다 높거나 낫다고 생각한다면 비즈니스를 대등한 입장에서 올바르게 할 수 없다. 많은 영업전문가는 항상 이러한 입장을 하소연한다. 영업의 단계에서부터 이러한 입장을 갖는다면 협상에서는 더더욱 불리해진다. 그렇다고 이 사실을 무시할 수는 없다. 유능한 영업전문가라면 이러한 힘의 불균형을 극복할 수 있는 지혜가 필요하다.

:: 대응

1) 이익과 가치 중심의 활동을 하라. - 고객의 이익을 늘 생각하고 고객과의 커뮤니케이션에서 강조하라.

고객이 자사의 상품과 서비스 구매를 통해 해결하는 문제와 그 이익을 명확히 끌어내 고객의 욕구를 강하게 자극하여야 한다. 이를 통해 고객의 이익을 강조하라. 이익을 위해서는 적절한 투자를 하여야 한다는 사실을 고객이 인식하도록 하라. 그 다음 협상으로 진행해도 괜찮다. 고객의 이익을 강조해 요구사항_{협상의 조건들}의 수준을 낮추도록 하라. 이를 위해 영업전문가 자신도 상품과 서비스를 판매한다는 생각보다는 이 상품과 서비스를 통해 고객의 문제를 해결해 주고 성장과 발전을 도와주는 일을 한다는 것으로 자신의 업무와 활동을 바라보아야 한다.

2) 영업의 무기로 일단 고객을 설득을 해 본다.

고객의 문제가 해결되어 예상되는 이익과 그에 대한 논리적인 근거로 고객을 설득하라. 가능하면 협상을 하지 않고 마무리하는 데 집중하라. 이것은 고객의 조건을 모두 수용하라는 것이 아니다. 최고 수준의 영업성적표의 기준을 다시 생각해 보라.

3) 영업전문가는 고객의 비즈니스 파트너임을 명심하라.

고객이 영업전문가를 상품과 서비스를 판매하는 사람이라는 인식보다는 자신들의 문제를 해결해 주는 문제해결자라는 역할을 인식하게 영업활동을 하라. 영업전문가 스스로 이러한 역할의 이해와 그에 적합한 능력을 갖추고 고객을 만난다면 고객 또한 그렇게 대우할 것이다. 이러한 역할이

영업에서도 협상에서도 파트너로서 대등하게 비즈니스를
할 수 있도록 한다. 고객을 도울 수 있는, 그래서 고객이
찾는 인정받는 영업전문가가 되라.

4) 영업전문가의 솔루션을 고객은 간절히 찾고 있다고 믿
어라.

이러한 믿음이 영업전문가에게 자신감을 주고 고객에게
는 거래조건들에 대한 요구사항의 무게를 떨어뜨린다.
즉 고객이 요구하는 조건상의 반대로 인해 고객이 얻는
이익을 고객이 누리지 못하는 상황을 고객이 알도록 하
라. 고객도 협상의 결과가 중요하지만 더 중요한 것은
자신들의 문제를 해결하는 것임을 알고 있다.

5) 양보가 비즈니스를 성공으로 이끌지 않음을 인식하라.

양보는 없다. 협상은 항상 무엇인가를 주고받는 것이다.
양보는 가장 낮은 협상 전략이다. 영업전문가의 양보가
다음의 비즈니스를 보장하지 않는다. 영업전문가가 양보
를 해 주면 고객은 고마워한다. 그리고 다음에도 양보를
받아낼 수 있을 것이라는 믿음을 심어 준다. 영업전문가
는 자신의 입장이 불리하다는 것을 양보로 만회하려고
하지 말라.

㉓ 영업전문가가 고객의 직위에 눌린다

■ ■ ■

고객을 방문해 상담실로 들어가던 김 대리는 깜짝 놀란다. 상담실에 고객사의 이사님이 앉아 계시는 것이 아닌가! 이제까지는 구매부의 차 대리와 상담을 진행해 왔는데… 그동안 차 대리는 의사결정과정에 이사님이 개입한다는 이야기를 하지 않았는데… 그리고 오늘은 중요한 거래조건을 마무리하는 영업협상인데…. 김 대리는 긴장을 하면서 상담실로 들어선다.

김 대리: 안녕하십니까? 이사님. 그리고 차 대리님!

차 대리: 예! 어서 오십시오. 오늘은 중요한 미팅이라 이사님을 모시고 왔습니다.
이사님! ○○○의 김○○ 대리입니다.

이사: 예! 반갑습니다. 앉으시지요. 차 대리를 통해 그간의 진행사항은 들어서 잘 알고 있습니다. 그래요! 가격을 5% 이상 깎기는 힘들다고 들었습니다만….

김 대리: (어떻게 대답을 해야 할지 생각이 떠오르지 않는다. 상대가 차 대리라면 여유 있게 대답을 하겠는데…) 예…. 이사님. 가격을 5% 이상 깎아 드리면 저희로서는…. (하면서 김 대리는 자신이 준비해 온 의제를 이야기할까 말까 망설인다. 상대는 이사님이 아닌가? 내가 너무 강하게 나가면… 거래가….)

이사: 그럼 가격은 나중에 이야기하기로 하고…. 서비스 기간은 1년 더 연장이 가능하겠죠? 물론 불량품에 대해서는 전량교체와 그쪽에서 책임지는 것이고 ….

김 대리는 차 대리의 눈치를 살핀다. 차 대리는 여유 있게 앉아 있다. 오늘은 별로 말을 할 생각이 없는 것 같다. 이럴 줄 알았다면 미리 알려 주든지… 자신을 곤경에 처하게 한 차 대리가 야속하다….

■ ■ ■

:: 원인

1) 고객차 대리와 이사의 전술이다.

2) 평소 직위가 높은 사람을 상대해 보지 않았다.

3) 고객사 내부의 의사결정 프로세스를 무시하였다.

4) 김 대리는 차 대리를 너무 믿었다.

5) 다양한 협상 상황에 대한 대응능력이 부족하다.

:: 비용

고객의 위치와 직위가 영업전문가보다 높다는 것이 영업전문가에게 상당한 부담을 준다. 개인적인 매력과 능력도 중요하지만 직위가 높다는 것은 결정권이 있다는 것이 여유 있는 대화를 어렵게 한다. 가끔은 실무자 스스로 자신의 권한 한계를 핑계로 상사를 소개하기도 한다. 어떠한 이유든지 위와 같은 상황에 직면하였을 때는 담대하게 영업전문가의 역할을 인식하고 행동하기 바란다. 그렇지 않으면 형편없는 계약서를 들고 가 자신의 상사로부터 직책을 받아야 하니까.

:: 대응

1) 예상하지 않은 고위직이사 등의 출현은 부담이 되기도 하지만 그만큼 비즈니스의 가능성 또한 높다.

따라서 고위직의 사람이 참석을 하였다면 그 사람을 설득을 하려고 시도하기 전에 먼저 그 사람의 요구조건을 확인하라. '차 대리님 이렇게 이사님을 모시고 오셔서 감사합니다. 이사님이 중요하게 생각하시는 부분은 무엇입니까?'라고 차 대리를 대화로 끌어들여 고객의 요구사항과 전술들을 파악할 수 있어야 한다.

2) 그 자리에서 자신이 결정을 해야 한다는 강박관념을 버려라.

이제까지 진행해 온 협상 상대방이 자신의 상사를 모시고 온 것은 무엇인가 강한 요구를 하기 위해서일 가능성이 높다. 즉 어쩌면 이제까지 합의를 한 내용까지도 건드릴지 모른다. 이러한 상황을 인식하였다면 처음부터 다시 협상을 한다고 생각을 하라. 조급하게 마음먹지 말라.

3) 먼저 선수를 친다.

예상하지 않는 고객의 출현으로 영업전문가는 당황스럽다. 이때는 새롭게 출현한 사람이 대화를 주도하게 하지 말라. 김 대리는 '이렇게 귀한 시간을 내주셔서 감사드립니다. 그럼 이제까지의 협의 내용을 정리해 드리도록 하겠습니다.' 하면서 대화를 주도하라. 이를 위해 영업전문가는 매번의 협상 내용과 결과를 잘 정리해야 한다.

4) 고객의 의사결정 프로세스와 관련자들을 미리 파악을 해 대비하도록 하라.

영업의 단계든 협상의 단계든 언제든 지금 만나는 고객 외 다른 누군가가 개입된다는 사실을 기억하라. 그리고 그들이 누구인지 파악을 하라. 그들의 출현을 늘 예상하고

대비하라. 특히 협상의 장소에서는 항상 지금까지 대화를
해 온 파트너의 상사가 출현한다는 것을 기정사실로 받아
들여라. 때로는 영업전문가가 고객의 상사와의 미팅을 주
선해 달라고 요청하지 않는가?

5) 상사의 체면을 이용하라.

차 대리의 상사가 협상 장소에 나타난 것은 차 대리가
도움을 요청하였거나 차 대리의 미숙한 협상능력 때문
일 수 있다. 그렇다면 참석한 상사는 자신의 능력과 권
한을 활용해 협상을 잘 마무리하려는 욕구가 있다. 이
욕구를 김 대리는 잘 활용하여야 한다. 차 대리 상사의
체면을 기술적으로 이용하도록 하라. '그럼 이사님께서
참석을 하셨으니까 협상이 더 잘 진척이 되리라 기대를
합니다.'라는 표현을 사용하라.

6) 필요하면 엄살을 피워라.

차 대리 상사의 요구가 강하면 김 대리는 엄살을 피워
라. 엄살은 자신에게 권한이 없다는 것 또는 제한된 권
한을 갖고 고객을 흔드는 전술이다. 이 전술을 적절하게
만 활용할 수 있다면 좋은 협상의 대응 방법이 된다.

7) 김 대리 또한 상사 또는 회사 핑계를 전술로 활용할 수
있어야 한다.

차 대리 상사의 출현은 반드시 강화된 조건이 나온다.
이때에는 김 대리도 상사 또는 회사 핑계를 대면서 대

응하라. 필요하면 다음에 김 대리 상사와 함께 만나자고
제안을 하라. 고객의 요구사항을 먼저 듣고 '그 조건에
대해서는 저의 권한을 벗어난 것이기 때문에 회사 또는
상사와 협의를 해야 합니다.'라고 하거나 '이사님의 말
씀을 잘 들었습니다. 그것에 대한 답은 저의 권한을 벗
어난 것이라 내일 저의 상사인 000 부장님을 모시고….'
하면서 부드럽게 대응하라. 이런 상황에서 고객이 즉답
을 요구하면 대가를 요구하라.

8) 협상에서 권한을 가진 사람이 쉽게 이 일을 하는 경향이
있다. 김 대리는 차대리 상사의 체면을 세워주고 비즈니
스 이익_{문제해결과 경영상이익} 등을 강조하면서 고객을 설득하
는데 집중할 필요가 있다.

㉔ 영업전문가가 자사의 정보를 잘 모른다

■ ■ ■

김 대리는 고객사 이 과장과의 영업협상을 진행하면서 이 과장의 요구조
건에 대한 답을 할 수가 없어 그 내용(생산일정, 결제조건, 서비스 등)들을
정리해서 회사로 발걸음을 옮기고 있다. 회사에 도착한 김 대리는 관련
부서를 돌아다니며 이 과장의 조건들을 어떻게 맞출 수 있는지 알아본다.
생산부는 생산에 문제가 없다고 한다. 즉 고객사가 원하는 날짜에 맞추
어 생산이 가능하다는 것이다.
경리부에서도 결제조건에 크게 구애를 받지 않는다고 한다. 물론 현금이
면 좋지만 어음도 가능하다고 한다.

서비스 부서에서는 이 과장이 요구한 서비스 기간의 연장에 대해 난색을 표한다. 서비스 기간을 1년 더 연장하는 것이라면 비용을 어느 정도는 감수해야 하므로 가격을 고객이 원하는 8%가 아니라 5% 정도만 깎아 주어야 한다고 한다. 어쨌든 김 대리는 내일 이 과장을 만나 제시할 영업협상의 의제들을 준비하는 데 별 어려움이 없었다.

자료를 정리하면서 김 대리는 문득 '내가 미리 이러한 사실들을 알고 준비를 하였다면 오늘 영업협상이 마무리되었을 것이고 그럼 내일은 다른 고객을 만날 수 있을 텐데….'라는 생각이 든다.

■ ■ ■

:: 원인

1) 김 대리는 영업과 협상을 준비하는 방법을 모른다.

2) 영업이 진행되는 과정에서 협상이 전개되는 단계와 준비내용을 모른다.

3) 영업을 하면서 고객의 요구에 따라 그때그때 관련부서와 협의를 하는 것이 영업을 잘하는 것으로 생각을 한다. – 고객의 문제/요구를 자사가 수용해야 한다고 설득하는 것이 영업업무의 하나라고 생각을 한다.

4) 평소 다른 부서와 정보공유가 부족하거나 혹은 업무현황에 대한 정보에 가치를 두고 있지 않다.

:: 비용

영업전문가가 영업과 협상의 차이, 준비방법과 내용을 모른다. 고객의 반응이 영업의 요구인지 협상의 요구인지를 모른다. 이는 영업전문가가 고객의 전술에 말려드는 첫 번째 요건이다. 앞에서 여러 차례 강조를 하였고 앞으로도 강조하겠지만 이 둘영업과 협상을 명확하게 구분할 수 있어야 한다. 그렇지 않으면 대안이 없거나 부족한 영업전문가는 항상 밀리게 된다.

:: 대응

1) 기업을 대상으로 하는 영업의 경우 영업전문가 또는 영업부에서만 영업의 무기와 협상의 무기가 있는 것이 아니다. 특히 협상의 성공을 위해서는 모든 부서를 통해 무기들을 개발하여야 한다. 이를 위해 다른 부서의 실무자들과 관계를 잘 맺고 원활한 정보공유가 가능해야 한다.

그들은 자신의 업무수행에 바쁘다. 그들이 알아서 영업전문가가 필요한 정보를 주지 못하는 경우가 대부분이다. 그들의 잘못이 아니다. 그들은 자신들의 업무를 수행한다. 그들이 어떻게 영업전문가가 고객과 상담을 하는 내용을 알 수 있겠는가? 적절한 커뮤니케이션 채널을 이용하고 필요하면 개발하여야 한다. 그렇지 않고 다른 부서와의 커뮤니케이션에 한계가 있다면 상사를 이용하도록 하라. 상사에게 자신의 상황을 이야기하고 적절한 답을 요구하라. 상사의 역할이 이런 문제를 해결해 주는 것이다.

2) 때로는 협상의 전술이 되기도 한다. - 알면서도 모른 체하는 전술, 상사/조직의 핑계를 협상의 전술로 활용하는 기술로 활용하라.

특히 고객의 요구가 너무 강경할 때 유용한 전술이다.

하지만 이 전술을 너무 자주 사용하지 말라. 영업전문가의 권한이 떨어질 우려가 있다.

3) 중요한 고객과의 상담을 위해선 항상 최고의 준비를 하도록 하라.

영업전문가는 항상 영업과 협상을 동시에 진행할 수 있는 준비를 하여야 한다. 이를 위해서 각 고객과의 영업 프로세스의 진행단계와 고객의 구매프로세스 가동단계를 명확하게 알고 있어야 한다. 영업의 준비는 영업전문가 혼자서도 가능하지만 협상의 준비는 절대로 혼자서는 불가능하다. 이는 협상은 조직 간의 역량을 두고 서로에게 유리하도록 조정하는 것이기 때문이다.

4) 필요할 때는 협상의 패키지를 만들기 위한 관련부서와의 협의를 하도록 하라.영업지원 회의 이런 시스템은 조직이 조직적으로 만들어 놓아야 한다. 간부급의 회의에서든, ERP를 이용한 시스템이든 영업전문가는 자사의 내부 정보를 다양한 협상의제들을 개발하는데 활용할 수 있어야 한다. 고객의 요구에 신속하고 합리적인 답을 주지 못해 계약을 수주할 수 없다면 얼마나 안타까운 일인가?

5) 영업전문가는 자신의 상사와 지속적인 커뮤니케이션을 통해 자신의 영업활동 내용과 고객의 반응에 대한 대응 요건들을 준비하여야 한다. 상사에게 이러한 지원을 해 줄 의무가 있다는 것을 알리고 적극적이고 효과적으로

지원을 요청하여야 한다. 고객의 요구에 대한 협상의제를 만들어 주지 않거나 못 하는 상사는 그의 리더십에 의문을 가져야 할 것이다.

6) 당신이 영업팀을 이끄는 관리자라면 영업전문가의 위와 같은 문제 또는 어려움을 파악해 적절한 조언과 대안을 알려 주어야 한다. 영업 팀의 회의를 이러한 정보공유와 문제해결의 장으로 만들어라. 영업전문가들의 업무일보를 검토해 위와 같은 문제를 사전에 파악하고 지원을 해 주어야 한다. 영업관리자로서 지속적으로 성장하고자 한다면 자신의 역할을 재정의 하라.

25 정보를 찾는 노력이 부족하고 무엇을 알아야 하는지 잘 모른다

고객을 방문하려고 외출을 준비하는 김 대리.

김 대리: 과장님. 고객 ○○○를 만나러 외근을 나가겠습니다. (라고 과장님에게 보고를 한다).

이 과장: 그래! 그 고객을 꽤 오랫동안 만나는 것 같은데… 오늘은 무슨 목적으로 방문을 하려는 것인가?

김 대리: 예! 이제까지의 상담이 잘 진행이 되어 드디어 오늘은 상담을 마무리하려고 합니다. 몇몇 조건만 합의되면 계약이 성사될 것 같습니다.

이 과장: 좋은 일이군. 그럼 우리가 제시할 조건들은 어떻게 준비를 했는

247

가? 그리고 그 고객 측에서는 누가 나오는가? 그들이 요구하는 조건
은 어떤 것들이 있을까? 그들의 최종 의사결정권자는? 그들이 가진
강점과 약점은? 그리고 김 대리가 가진 BATNA(최적의 영업협상대안)는
무엇이고, 그들이 가진 BATNA는 무엇이라고 생각을 하는가?

김 대리: 그것들이 모두 무엇입니까? 당연히 이제까지 저와 상담을 한
구매과장님과 미팅을 할 것입니다. 그리고 조건들은… 우선 그쪽의 조
건들을 들어 보고 우리가 맞추어 주어야… 또 BATNA라는 것은 무엇
인가요?

이 과장: 마무리를 하러 간다면서 이러한 것에 대한 정보를 파악하지 않
고서 간다고. 그리고 그때그때 고객의 요구에 맞춰 주어야 한다고…?

김 대리: 이제까지 그런 준비가 없어도 잘 해 왔는데요.

이 과장: 물론 잘해 왔지. 김 대리 문제는 거래조건이 항상 불리하다는
것이 문제야. 많은 판매도 중요하지만 판매 조건 또한 매우 중요하다네.

■ ■ ■

:: 원인

1) 협상의 역동성의제의 주고받기, 전술과 대응 전술 등을 잘 모른다.

2) 협상이 철저한 준비가 요구되는 높은 수준의 비즈니스
갈등해결고객과의 거래조건의 차이 해결이라는 것을 잘 모른다.

3) 체계적인 훈련이 없었다.

4) 이제까지의 주먹구구식이 효과를 발휘했다. 즉 비즈니스
고객과의 영업협상 진행를 위한 시스템적인 준비가 없다.

5) 거래의 내용영업이익보다는 거래의 숫자영업매출 건수에 더 집
중을 했다.

6) 영업전문가는 항상 고객의 요구를 수용하여야 한다고
생각을 한다.

:: 비용

영업과 협상을 구분하지 못한다. 계약을 체결하는 데 가장 큰 장애물이면서 계약의 수준을 결정하는 협상을 너무 쉽게 생각한다. 고객의 요구를 영업전문가는 들어주어야 한다 등등의 생각을 가진 영업전문가는 매출과 이익을 동시에 올리는 우수한 영업전문가가 되기 어렵다.

:: 대응

1) 협상의 역동성을 이해하라. 협상이 진행되면서 발생하는 많은 조건들과 상황의 변화, 정보의 흐름 등은 영업과는 전혀 차원이 다르다. 영업활동의 준비와 계획 그리고 행동은 영업전문가 혼자 결정을 할 수 있는 문제이지만 협상은 영업전문가와 고객기업의 구매담당자를 창구로 한 조직 간의 역량게임이다. 그렇다면 당연히 협상의 준비와 계획에 더 많은 노력을 해야 하지 않겠는가?

2) 협상은 준비된 만큼 유리하다는 것을 인식하라. 다른 모든 것과 마찬가지로 협상 또한 준비된 만큼 주도적으로 이끌고 유리한 결과를 도출할 수 있다. 협상을 위해 무엇을 준비하고 알아야 하는가를 시스템적으로 활용하도록 갖춰져 있어야 한다. 개인이든 조직이든… 협상 준비를 위해서는 다음의 사항을 활용하라.

- 협상 계획

A. 조직 전략계획: 협상 전체의 기본방향 수립 ⟹ 대상분석
   i. 어떤 상대와 협상을 하는가?
   ii. 어떤 거래관계를 맺는가?
   iii. 그 거래관계는 정말로 중요한가?
   iv. 현재 협상을 하는 상대방이 정말 최적의 사람인가?
      조건이 더 좋은 상대는 없는가?
   v. 그 협상을 다른 협상에 어떻게 활용할 것인가?
   vi. 관련 조직을 어떻게 연계시킬 것인가?내부, 고객사 모두

B. 협상 전략 계획: 목적 등
   i. 협상을 해서 어떤 이익을 얻을 수 있는가?
   ii. 협상이익의 우선순위를 어떻게 설정하는가?
   iii. 이번 거래는 이익협상, 분배협상, 가치창조 협상 중
      어느 것이 좋을까?
   iv. 고객의 어느 부서가 협상을 맡고 누가 책임을 지며
      영향력이 있는 부서와 사람은 누구인가?
   v. 협상 타결 기한을 언제로 정하는가?
   vi. 어떤 협상 결과를 얻어야 성공적인 협상이라고 할
      수 있는가?

C. 실행계획
   i. 협상 장소를 어디로 정할 것인가?
   ii. 몇 번 정도 만날 것인가?

iii. 전문가의 지원이 필요한가? - 내·외부 전문가

iv. 어떤 스케줄로 협상을 진행하는가?

ⅴ. 무엇을 알아야 하고 어떤 질문을 할 것인가?

ⅵ. 협상이 순조롭지 않을 때 어떻게 대응하는가?

- 협상을 잘하는 법 중에서 -
후타쓰기 고조

3) 고객의 전술, 입장, 상황에 대해 늘 민감하라. 영업전문
가는 자신이 만나는 구매담당자의 주 업무가 협상이라는
것을 잊어서는 안 된다. In bound 영업이든 Out bound
영업이든 구매담당자는 늘 협상거래조건들에만에 관심이 있
다는 것을 알아야 한다.

4) 체계적인 협상 훈련을 받아라. 모든 비즈니스의 성과는
지식으로 달성할 수 있지는 않다. 지식의 활용을 통한
구체적이고 실제적인 상황에 대응할 수 있는 습관화된
지식이 요구된다. 많이 안다는 것은 협상을 잘 하기 위
한 필요조건이다. 여기에 지식을 유효적절하게 활용하는
기술이 있어야 충분하다. 기술은 훈련을 통해 강화할 수
있다. 자사의 이익과 영업전문가 개인의 경력개발을 위
해 훈련을 받도록 하라.

5) 영업전문가는 최고의 조건으로 판매를 하는 것이다. 물량
도 중요하지만 거래 내용 또한 중요하다. 구매도 최고의
조건으로 구매를 하는 것이다. 이 차이를 알고 대응할 수

있는 영업전문가가 우수한 영업전문가다. 필요하다면 구매부가 아닌 현업부서의 사용자를 동원해 구매부를 움직일 수 있어야 한다. 좀 더 우수한 영업전문가가 되도록 노력하라.

6) 고객의 문제는 고객이 해결하도록 하여야 한다. 즉 고객의 문제를 해결해 주기 위해 자사의 상사를 설득해 고객의 요구사항을 들어주는 것은 우수한 영업전문가가 아니다. 영업에서 솔루션의 가치를 충분히 인식을 시켜 설득하였다면 고객은 비즈니스의 가치를 알게 된다. 그때 그 비즈니스의 이익을 자신의 것을 만들기 위해 고객은 협상을 하고자 한다. 이때 고객이 제시하는 거래조건상의 문제는 가급적 고객이 해결하도록 하라. 조건을 만들기 위해 영업전문가가 상사와 협의하는 것과 고객의 요구사항을 들어 달라고 상사에게 부탁하는 것은 전혀 차원이 다른 활동이다.

26 창구가 일원화되어 있지 못하다

■■■

고객을 만나고 돌아온 김 대리는 상사인 이 과장에게 보고를 한다.

김 대리: 이 과장님, ○○○에서 가격을 7% 이상 깎아 달라고 합니다.

이 과장: 그래! 그 회사에서 누구를 만나고 오는 길인가?

김 대리: 예, 구매부 조 대리를 만나고 오는 길입니다. 왜 그러십니까?

이 과장: 그 기업 구매부장인 권 부장과 내가 잘 알고 있는데… 권 부장
과도 전화통화로 이야기를 하는 중이지… 권 부장은 8%를 요구하는
데… 그래서 내가 그렇게 하는 방향으로 이야기를 마무리하고 있는 중
인데… 내일 다시 통화를 하기로 했지.

김 대리: 그럼 저의 상담은 어떻게 되는 것입니까? 조 대리는 7%를 요
구하는데….

이 과장: 그래도. 조 대리는 권 부장의 결재를 받아야 할 거야. 그럼 어
차피 권 부장이 원하는 대로 결정이 나겠지. 이번 상담 건은 내가 마
무리를 하기로 하지.

김 대리는 이 과장님에게 알겠다고 하고 나서 자리로 돌아와 맥이 풀린
자세로 자리에 앉는다. 이제까지 그렇게 열심히 방문을 하고 상담을 했
는데… 좋은 결과를 기대했고 거의 마무리 단계인데… 앞으로도 이런
일이 발생을 하면 어떻게 상담을 하고 영업협상을 할 수 있겠는가? 하나
의 기업은 한 사람이 마무리를 해야 하는 것 아닌가….

■ ■ ■

:: 원인

1) 영업이 서로 다른 창구를 통해 진행되고 있다.

2) 영업부 내 내부협상이 없거나 중요성을 모른다.정보공유를
충분히 하지 않았다.

3) 고객이 전술적으로 양다리를 걸쳤다.

4) 협상에서 상호 사용할 수 있는 전술이다.

5) 고객과의 협상을 조직적이고 전략적으로 처리하지 못하
고 있다.

:: 비용

1) 김 대리의 영업 영향력이 떨어진다.

2) 보다 나쁜 조건으로 거래를 하게 된다.

3) 협상의 힘을 상실한다. 김 대리도 이 과장도.

4) 다음의 협상에도 영향을 미친다.

5) 김 대리의 활동 폭에 제한을 받는다.

6) 김 대리는 늘 이러한 상황의 재발을 염두에 두고 활동을 하여야 한다. 따라서 에너지가 분산된다.

:: 대응

1) 사전에 충분한 정보를 공유한다. 영업부서의 원활한 커뮤니케이션은 영업성과에 큰 영향을 미친다. 이는 영업부 분위기와 관련이 있다. 영업부를 이끄는 관리자는 영업진행과 관련된 모든 정보가 장애물 없이 흐르도록 지원해 주어야 한다. 영업전문가의 활동을 질책하고 실수를 발견해 책임을 전가하는 분위기는 영업전문가들로 하여금 입을 닫게 한다. 영업전문가가 가진 한계는 관리자가 더 잘 알 것이다. 영업전문가 또한 자신의 한계를 알고 있다. 따라서 조직의 지원이 없다면 적극적인 영업활동을 하기 어렵다. 이러한 한계를 극복하는 방법이 정보공유이다. 업무와 관련된 정보는 기꺼이 공유하고 협력하는 분위기를 만들어야 한다.

2) 내부협상의 중요성을 인식한다. 내부협상을 통해 창구를 통일시키는 것이 보다 나은 성과를 올리기 위한 방법이다. 협상의 전술들을 사용하는 데 유리하다. 김 대리는

상사 핑계를 대면서 상대방을 압박할 수도 있다. 위와 같은 상황이 자주 발생한다면 고객에게만 유리하게 된다. 김 대리와 상사 간의 신뢰에 틈이 생길 수 있다. 내부협상을 위한 시간과 공간을 마련하도록 하라. 상사 또한 이러한 행동을 자신의 리더십을 강화하는 것이 아니고 오히려 리더십에 상처를 준다는 사실을 알아야 한다.

3) 고객의 전술이라면 정중하고 신중하게 그 원인을 파악해 새로운 협상을 시도한다. 고객이 유리한 구매를 위해 일부러 양쪽으로 협상 창구를 만들 수 있다. 김 대리를 통해 압박을 하고 필요한 정보를 파악하며, 김 대리 상사를 통해 자신들에게 유리하게 협상을 이끌어 가려고 한다. 이러한 것은 내부 정보공유를 통해 파악이 가능하다. 이것이 고객의 협상 전술이라면 그것에 대응하는 전술을 구사하여야 한다.

   - 인내하라.
   - 때를 살펴 협상을 진행하라.
   - 상대의 패에 따라 적절한 카드를 제시하라.
   - 상대의 제안에 내키지 않은 척하라.
   - 상대의 허점을 이용하라.

4) 협상에서 파워와 레버리지의 영향을 이해한다.
   협상의 파워는 협상의 결과가 자신에게 유리하도록 만드는 상대적인 영향력이다. 이 파워는 상대가 인정하고 그 영향력에 흔들려야 한다. 특히 레버리지는 고정된 파워보다 협상에 더 큰 영향력을 가진 협상이 진행되는 과정에 수시로 발생한다. 상황의 변화, 정보 활용, 입장의 변화, 대안의 가치 등이 레버리지를 결정하는 요소들이다. 영업전문가의 협상 레버리지를 강화하고 개발하는데 조직의 힘을 모으도록 하라.

27 영업전문가가 열심히 협상을 하고 있는데 중요한 조건들이 윗선에서 결정이 되어 나중에 통보가 된다

■ ■ ■

김 대리: 가격은 8% 깎아 드리는 것으로 하고, 납기는 2주 후 그리고 결제는 현금으로 하면 어떻겠습니까?

박 과장: 그래요? 우리 부장님은 다른 이야기를 하시던데… 잠시만요…. (하면서 거래처의 박 과장이 상담실을 나간다. 잠시 후 박 과장은 자신의 상사인 조 부장님과 함께 상담실로 들어온다.)

김 대리: 안녕하셨습니까! 부장님! (김 대리는 자리에서 일어나 조 부장님에게 인사를 한다.)

조 부장: 그래요. 김 대리도 잘 지내셨죠! 그런데 박 과장 이야기를 들으니까 가격을 8%밖에 깎아 줄 수가 없다고 하던데… 결제도 현금으로 해야 한다고….

김 대리: 예 부장님. 그래도 저희 쪽에서 많이 양보를 해 드린 것입니다.

조 부장: 그런데. 어제 김 대리 상사이신 권 부장과 통화를 하면서 가격은 10%로 하고 결제도 2개월짜리 어음으로 하기로 하였는데… 나는 그렇게 알고 오늘 김 대리와 계약을 마무리하라고 박 과장에서 이야기

를 했는데… 곤란하군. 이야기가 틀려서….

순간 김 대리는 혹시 자신이 권 부장님의 이야기를 놓친 것이 아닌지, 기억을 하지 못하는 것이 아닌지를 생각해 본다. 아무리 생각을 해도 그런 이야기를 들은 기억이 없다.

김 대리: (놀라면서) 그래요! 그럼 잠시만 기다려 주시기 바랍니다…. (김 대리는 상담실을 나와 회사로 전화를 한다. 권 부장은 자신이 조 부장과 이야기가 다 되었다고 하면서 조 부장이 이야기한 대로 계약을 하라고 한다. 김 대리는 순간 당황하고 화가 났다. 하지만 어쩌겠는가? 자신의 상사가 결정한 내용을 번복할 수는 없지 않은가.) 상담실로 돌아온 김 대리는

김 대리: 잘 알겠습니다. 그렇게 하지요.

김 대리는 계약서를 마무리하고 고객사를 나오면서 계약의 기쁨보다는 미리 이야기를 해 주지 않은 권 부장님에 대해 서운한 감정과 이런 식으로 어떻게 영업을 할 수 있을까 고민에 빠진다.

■ ■ ■

:: 원인

1) 김 대리는 사전에 자신의 상사와 고객사의 조 부장 관계를 몰랐다.

2) 고객의 협상 전술에 김 대리와 상사가 효과적인 대응을 하지 못하였다.

3) 협상에서 고객사의 내부 관계자와 협상 전술을 파악하지 못했다.

4) 김 대리는 고객사의 내부관계자조 부장의 영향력을 이해하지 못했다.

5) 내부관계자와의 긴밀한 협조가 없었다.

:: 비용

1) 김 대리의 다음 비즈니스와 협상에도 부정적인 영향을 미친다.

2) 김 대리는 주도적으로 협상을 진행할 수 없다. - 상사의 눈치를 봐야 하고 상사의 개입여부를 늘 확인해야 한다.

3) 고객사는 이를 전례로 다음의 비즈니스에도 적용하려 할 것이다.

4) 김 대리는 회사 내부적의로 협력을 얻는데 어려움을 갖게 된다.

5) 상사와 김 대리사이의 원활한 커뮤니케이션과 신뢰가 없다면 많은 문제에 봉착하게 될 것이다.

:: 대응

1) 고객사의 내부관계자를 파악하고 공략하라. 김 대리는 협상을 진행하면서 협상의 내부 이해관계자 파악에 집중하여야 한다. 누가 창구이고 의사결정권자는 누구이며 자사 내부의 네트워크 등을 파악하여야 한다. 필요하다면 먼저 고객사의 내부관계자를 움직이는 전술이 필요할 수도 있다.

2) 자사의 이해관계자와 통일된 내부협상을 하라. 어떠한 경우든 내부협상이 튼튼하게 이루어지지 않으면 협상에서 파워와 전술을 활용할 수 없다. 협상은 조직 간의 능력을 중심으로 한 비즈니스 관계를 만드는 중요한 기회임을 기억하라. 자사의 모든 역량을 총동원하여 협상에

임해야 한다. 조직이 이러한 것을 시스템적으로 지원을
하지 않는다면 영업활동에 큰 걸림돌이 된다. 이를 극복
하기 위해 영업전문가는 적극적인 내부활동으로 영업의
지원거래조건, 위임, 창구 통일 등을 끌어내야 한다.

3) 고객이 이러한 전술로 김 대리 상사에게 접근을 하면 김
대리 상사의 지혜로운 대응이 요구된다. 김 대리 상사는
고객사의 조 부장 전화를 자신의 영향력을 보여 줄 수
있는 기회라고 판단을 하고 김 대리와 상의 없이 일방적
으로 결정을 하는 것은 자신과 김 대리 그리고 회사에
긍정적인 영향이 없다는 것을 알아야 한다. 자신이 고객
사를 위해 존재하는 것이 아니지 않는가? 지혜로운 대응
으로 김 대리를 지원하고 바람직한 결과를 가져오도록 하
는 것이 자신의 영향력을 강화하는 것임을 알아야 한다.

4) 고객을 만나기 전 충분한 정보 공유를 하도록 하라. 영
업활동에서 협상이 차지하는 위치는 중요하다. 협상의
결과가 계약을 마무리하는 것이지만 계약의 수준을 결
정하는 것이다. 따라서 고객과의 협상단계에 있는 상담
이라면 자사 내부의 정보를 모두 활용하여야 한다. 충분
한 정보공유를 하라. 특히 영업전문가는 상사와 원활한
커뮤니케이션을 통해 내부의 힘을 모아야 한다.

5) 전례로 남지 않도록 주의하라. 한 번의 전례는 다음의
전례를 부른다. 영업전문가는 잊을지 모르지만 고객은

절대로 잊지 않는다. 고객과 협상에 불리한 전례를 남기
지 않도록 하라.

6) 영업관리자는 자신의 직원들이 영업의 어느 단계에 와 있
는지를 파악해 지원을 하여야 한다. 특히 협상을 진행하는
영업전문가와는 미팅, 회의 등을 통해 조직의 지원을 아끼
지 말아야 한다. 그리고 적절한 협상전술을 가르치고, 고
객의 협상전술에 대응하는 기술을 알려 주어야 한다.

28 영업전문가가 대안BATNA이 없거나 약하다

■ ■ ■

월말이 다가오자 김 대리는 마음이 바빠진다. 이번 달 자신의 목표를 달
성하는 데 불안하기 때문이다. 오늘도 김 대리는 고객 ○○○사를 방문
하기 위한 계획을 세운다. 김 대리가 가진 거래처 중 가장 가능성이 높
은 고객이다. 오늘 가능하면 목표에서 부족한 부분을 채우고 싶다.

김 대리는 고객사 구매 과장인 조 과장을 만나서 이야기를 한다. 물론
고객사도 김 대리의 제안에 관심을 갖고 있다. 하지만 김 대리만큼 다급
하지 않다.

김 대리: 그럼 이번 달에 계약을 하시는 것이 어떻겠습니까?

조 과장: 글쎄요. 우린 그렇게 급하지 않은데… 그리고 이번 달에 계약
을 하면 가격도 부담이 되고, 또 물량도 우리가 계획한 것보다 빨리
입고를 하게 되니까 재고관리 비용도 만만치 않고….

김 대리: (마음이 다급하다. 이럴 줄 알았다면 다른 거래처를 몇 군데 더 개척을
하는 것인데… 하는 후회도 든다. 하지만 어쩌겠는가.) 그럼 재고관리 비용을
저희가 부담을 하는 조건으로 가격을 3% 깎으면 어떻게 습니까?

조 과장: 그래도 가격은 여전히 부담이 되는군요. 그리고 회사에서 왜 이
렇게 빨리 구매를 하였느냐는 질책을 받을 것 같기도 하고….

김 대리: 좋은 조건으로 물건을 미리 구매하는 것이 회사에게 이익을 되
는 것 아니겠습니까?

조 과장: 물론 그렇겠지요… 하지만 김 대리께서 제안한 가격에는…. 그
리고 이번에 저희 차량이 정비를 하게 되어서….

김 대리: 그렇다면 가격을 5%로 하고 배송도 저희가 해 드리면 어떻겠
습니까? 그러며 매우 좋은 조건입니다.

조 과장: 그래요? 검토를 해 보아야겠군요…. (하면서 결정을 미루려 한다)

김 대리는 조급하다. 오늘 계약을 마무리 지어야 되는데…. 이 고객 말고
는 다른 대안이 없지 않은가? 무엇을 더 양보해 주면 조 과장이 결정을
할 수 있을까 생각을 한다. 김 대리를 조급한 마음을 감추지 못하고….

김 대리: 그럼 납품을 하면 재고비용이 따르니까 가격을 1% 더 할인
을…. (하면서 조 과장의 반응을 살핀다.)

■ ■ ■

:: 원인

1) 김 대리는 자신의 목표 때문에 조급하다. 목표관리를 효
   과적으로 하지 못한다.
2) 김 대리는 계약이 가능한 다른 거래처가 없다.
3) 늘 목표를 마지막까지 와서 달성하려는 업무스타일이다.
4) 계약이 중요하지 계약서의 내용을 크게 중요하지 않다
   고 생각한다.
5) 고객이 자주 사용하는 전술내키지 않은 척하기에 김 대리가
   대응하지 못한다.

:: 비용

1) 거래조건이 나빠진다.

2) 자신의 약점을 보인 거래는 다음의 거래에도 영향을 미친다.

3) 어쩌면 고객의 문제거래조건의 문제들를 영업전문가가 떠안게 된다.

4) 고객이 영업전문가를 공략하는 약점을 노출시킨다.

:: 대응

1) 김 대리는 자신의 조급한 상황을 드러내지 않는다. 시간적인 여유를 갖는 것은 협상의 중요한 전술이다. 이를 위해 때로는 인내하는 것이 필요하다. 자사의 영업성과가 매출보다는 영업이익이라면 이를 적극적으로 활용하라. 상사와 상의를 해서 매출건수를 채울 것인지, 좋은 계약이익이 남는에 집중할 것인지를 합의를 보도록 하라. 절대로 자신의 다급함을 보이지 말라. 전술적으로 활용하더라도 결코 위험하지는 않다. 느긋하게 시간은 문제가 아니라는 것을 보여 주도록 하라. 월말이나 분기 말에 고객을 만나지 않는 것도 하나의 방법이다. 이를 위해 미리 영업활동을 관리하여야 한다.

2) 다른 가능한 거래처를 확보한다. 영업전문가의 가장 강력한 협상대안은 많은 가망고객의 확보이다. 이는 영업전문가에게 힘을 실어 준다. 오늘 상담을 하는 고객 외 계약가

능성이 높은 고객을 다수 확보하고 있는 영업전문가는 영업협상의 묘미를 느끼면서 영업활동을 할 것이다. 이를 위해 고객별로 수준관리계약가능성 중심를 하여야 한다. 이는 영업활동의 체계적이고 과학적인 분석과 기획의 결과이다.

3) 이번 달의 목표 때문에 불리한 조건의 거래는 스스로 자제를 하여야 한다. 이를 위해 조직과 정보공유를 하라. 조금 유리한 계약을 위해 계약의 일정을 조금 미뤄도 좋은지를 상사와 논의하라. 충분히 설득력이 있을 것이다.

4) 상대가 관심을 갖고 있다고 해도 김 대리의 양보가 곧 계약으로 마무리되는 것이 아니라는 생각을 가져야 한다. 김 대리가 조급하고 양보를 해 주는데 고객의 반응은 그저 그렇다. 고객은 이러한 상황을 기다린다. 양보는 상대방의 양보를 부르지 않는다. 만일 김 대리가 하나를 양보하였다면 그에 상응하는 양보 또는 조건을 얻는 데 집중하여야 한다. 양보를 하였다면 기다려라. 양보를 할 때는 조건부로 양보를 하라. 'If~~'의 기술을 이용하라. 조건부 양보는 양보를 철회할 수 있다는 것을 의미한다. 이를 적극 활용하라.

5) 고객의 반응이 소극적이더라도 성급하게 양보를 하지 말라. 고객은 늘 영업전문가의 제안을 내키지 않은 척한다. 비록 고객이 김 대리의 제안에 적극적이지 않다고 내부상황 까지도 그런 것은 아니다. 소신을 유지하고 일관성을

263

보여 주어야 한다. 고객의 소극적인 반응에 김 대리가 또 다른 조건을 추가로 제안하는 것은 일관성을 잃은 행동일 뿐 아니라 고객으로 하여금 더 많은 기대를 하도록 한다.

6) 김 대리는 조급한 상황이지만 그래도 협상의 패키지를 준비해야 한다. 하나의 조건만을 제안하지 말고 그에 상응하는 조건을 연계시킨 패키지로 제안을 하라. 패키지는 하나 이상의 조건들의 조합이다. 이 조합은 양보를 하는 것에 대한 다른 양보를 요구하는 것이어야 한다. 이를 위해 김 대리는 고객이 요구하는 조건들 모두를 찾아내야 한다. 즉 거래에서 고객이 고려하는 조건들 모두를 끌어내어 그것들에 대한 조합을 갖고 고객을 만나도록 하라. 김 대리는 자신이 원하는 선에 말뚝을 박아 놓고 고객을 설득하여야 한다. 최후통첩을 과감히 날려라.

㉙ 영업전문가가 고객의 정보에 둔감하다

■ ■ ■

고객사를 방문해 구매담당자와 상담을 하던 김 대리는 새롭게 제안하는 조건들을 듣고 깜짝 놀랐다. 이제까지 진행되어 온 내용에서 너무나 차이가 나기 때문이었다. 김 대리는 어떻게 대응을 해야 할지 아이디어가 떠오르지 않는다. 당황한 김 대리는 일단 고려를 해 보겠다는 약속을 하고 회사로 돌아온다. 그리고 상사를 찾아가.

김 대리: 과장님, ○○○ 기업이 새로운 조건을 제시합니다. 그런데 그

조건들이 너무 부담이 됩니다.

이 과장: 그래! 조건이 어떤데…?

김 대리는 오늘 들은 조건을 말한다. 이 과장 또한 놀라는 눈빛이다.

김 대리: 어떻게 하면 좋겠습니까? 과장님!

이 과장: 글쎄… 그런데 왜 갑자기 조건들이 바뀐 것인가? 김 대리. 그 기업에 새로운 경쟁사가 우리보다 나은 조건은 제안한 것인가? 아니면 그 기업이 우리의 물건이 더 이상 필요 없어진다는 것인가? 아님 새로운 대체품을 개발한 것인가? 그것도 아니면 그 기업의 정책이 바뀐 것인가…?

김 대리: 글쎄요. 저도 잘 모르겠습니다. 저는 조건을 듣고 정신이 없어서 그러한 내용을 확인할 생각도 하지 못했습니다.

이 과장: 그럼 빨리 알아봐야 하지 않겠는가?

김 대리: 잘 알겠습니다.

하면서 자리에 돌아온 김 대리는 인터넷에서 고객기업과 관련된 정보를 찾던 중 그 기업이 지방에 공장을 증축을 하면서 기존의 구매부장이 지방으로 발령이 났고 새로운 구매부장이 경리부에서 왔다는 사실을 알았다. 결국은 구매의 결정권을 쥐고 있는 구매 부장의 교체가 다른 거래조건을 야기한 것이었다.

■ ■ ■

:: 원인

1) 중요한 고객의 내부변화를 알지 못했다. 고객에 대한 정보가 부족하다.
2) 고객의 새로운 제안에 너무 당황하였다.
3) 고객의 새로운 제안에 대응할 수 있는 방법을 모른다.
4) 역제안 방법과 기술이 부족하다.

:: 비용

협상 상대방의 정보는 협상의 파워레버리지를 만들고 활용하는 데 중요하다. 자사든 고객사든 크고 작은 변화는 늘 일어난다. 그 변화가 협상에 영향을 미치는 변화라면 더더욱 정보파악은 중요하다. 정보파악에 어두워서는 협상을 유리하게 이끌 수 없을 것이다.

:: 대응

1) 늘 고객의 정보에 민감하라. '어떤 정보를 파악할 것인가? 왜 그 정보가 필요한가? 그 정보를 어떻게 활용할 것인가?' 등에 대한 확고한 기준이 수립된 다음 다음의 정보를 파악하는 데 집중하라.

   1. 회사/조직 파악

     A. 회사개요: 연혁, 주주, 위치 ,매출, 환경, 이익구조

     B. 기업풍토: 일인 독재, 의사결정 형태와 속도, 조직구조, 문화, 보수 혹은 혁신 등

     C. 관련기업: 독자, 그룹계열사, 대기업 협력업체, 주거래 기업 등

     D. 장래성: 기술력, 시장위치, 마케팅 전략, 경영건전성, 고객이미지 등

   2. 협상 전례와 협상 방법

     A. 조건: 선례, 우선순위, 중요도, 기타

     B. 협상 특징: 스타일, 전략 등

3. 협상 당사자

　A. 권한: 협상의 권한, 범위, 역할

　B. 인격과 성격: 유형, 대화스타일

　C. 사회적 위치: 승진속도, 평판, 사내역학관계주류, 비주류,
　　기대, 경력 등

　D. 인맥 등: 사내, 사외

　E. 관심사: 개인적, 조직/업무적

4. 기타

　A. 조직: 역사, 신흥기업, 대기업, 중소기업, 하청기업,
　　독자 브랜드 등

- 협상을 잘하는 법 -

2) 자신만의 정보채널을 확보하라. 협상의 성공 여부에 중
요한 역할을 하는 정보를 수집하는 채널을 필요할 때
가동하라. 상대를 알아야 내가 이기거나 패하는 것을 막
을 수 있다. 다양한 채널을 개발하도록 하라.

－인쇄매체: 보고서, 업계 정보지, 회계보고서, 경제신문,
경제－경영잡지, 연구소의 보고서 등

－인터넷: 홈페이지 내 정보비전, 목표, 게시판의 고객 들 글, 보도자료
등, 업계단체 홈페이지, 전문가 홈페이지 등의 보고서

－인적인 네트워크: 경제 전문가, 기자, 고객 전담 은행
직원, 사내 직원, 고객들 등

3) 고객이 새로운 제안을 할 때는 서두르거나 당황하지 말고 원인을 먼저 파악하는 질문을 하라. 고객이 제안의 내용을 갑자기 바꾸거나 강화하는 데는 다 이유가 있다. 고객의 제안 이면에 숨겨진 상황을 파악하기 위해 노력하라. 고객은 이러한 사실을 숨기려 할 것이지만 제안의 내용이 바뀐 자체가 이러한 사실을 인정하는 것이다. 질문을 하라. 솔직하게 이야기해 달라고 요청하라, 다양한 채널을 통해 고객의 정보를 파악하라. 그 다음에 당신의 제안을 이야기해도 늦지 않다. 고객이 서둘러 당신의 제안을 요구하면 왜 그러는지 물어라.

4) 고객의 새로운 제안이 고객의 최종 제안은 아니라는 사실을 기억하라. 새로운 제안은 협상의 패키지를 다시 구성하자는 신호로 받아들여라. 고객이 제안을 철회하거나 바꾸는데 당신은 그대로 있을 수 있는가? 그렇지 않을 것이다. 고객 또한 당신이 새로운 제안을 만들어 올 것이라는 것과 그것을 위해 시간이 필요하다는 것을 알고 있다.

5) 김 대리는 고객의 새로운 제안에 대한 대응 전술로 상사 또는 회사 핑계를 댈 수 있어야 한다. 다양한 협상 전술을 동원하도록 하라. 때로는 비공식적으로 협상을 진행해 고객의 요구사항을 파악하라. 고객의 변덕에 불평을 하기보다는 불평을 해소하는 데 집중하라. '새로운 제안이므로 저도 회사와 상의를 한 후 따로 말씀을….' '이제까지와는

다른 새로운 제안인데 이 조건을 다시 강조하는 이유는 무엇입니까?' '왜 이 조건이 갑자가 중요해졌습니까?' 라고 질문을 하라.

㉚ 영업전문가가 고객의 메시지에 둔감하다

■ ■ ■

김 대리는 고객기업의 구매담당 이기세 과장과 비즈니스 상담을 하고 있다. 영업상담 과정에서 소극적인 이기세 과장을 김 대리가 열심히 방문을 하고 설명을 해서 고객의 흥미를 이끌어 냈다.

제품에 대한 가치를 고객도 인정을 한다. 이제는 거래조건의 합의만 남았다.

고객: 가격은 어느 정도 깎아 줄 수 있습니까? 그리고 결제 조건은?

김 대리: 예, 가격은 처음 제시한 가격에서 3% 정도 깎아 드릴 수 있습니다. 그리고 결제 조건은 1개월 내 현금으로….

고객은 갑자기 입을 닫고 몸을 의자 뒤에 기댄다. 김 대리는 내심 당황한다. 고객이 이러한 제스처를 쓰는 것은 무엇 때문인가?

고객은 계속 침묵을 지킨다. 조바심이 난 김 대리는….

김 대리: 거래조건이 부담이 되시는지요? 어떤 부분이… 가격을 5%까지는 제가 무리를 해서라도 깎아 드리면 어떻겠습니까?

그래도 고객은 계속 침묵을 지킨다. 김 대리는 어떻게 대응을 해야 할지 당황스럽다. 양보를 해도 고객은 반응이 없다. 더 많은 양보를 해 주어야 하는가?

■ ■ ■

:: 원인

1) 김 대리는 고객의 무반응을 제안한 의제에 대한 부정적인 피드백으로 해석을 했다.

2) 비언어적인 메시지를 파악하지 못한다.

3) 조바심이 김 대리를 약하게 만들었다.

4) 김 대리는 시간적인 여유가 없고 대안이 없다.

5) 고객이 항상 힘을 갖고 있다고 김 대리는 믿고 있다.

6) 자신의 양보가 고객을 움직일 수 있을 것이라고 순진하게 기대를 한다.

:: 비용

1) 김 대리의 추가적인 제안은 고객으로 하여금 더욱 입을 닫게 한다.

2) 김 대리는 늘 고객에게 협상에서 불리한 입장에 처한다.

3) 다음에도 고객은 이와 같은 방법을 사용한다.

:: 대응

1) 고객의 비언어적인 메시지를 잘 해석하라. 고객은 협상을 하면서 다양한 행동을 한다. 이 행동은 버릇으로 나오기도 하지만 협상의 의제와 제안내용에 따라 나오기도 한다. 고객이 하는 말에만 집중하지 말고 고객의 다양한 행동과 비언어적 메시지를 읽은 연습을 하라. 이는 비단 협상에서뿐만 아니라 모든 비즈니스 커뮤니케이션의 핵심 기술 중 하나이다.

2) 고객의 침묵은 제안에 대한 반대 또는 거부의사가 아님을 인식하라. 그는 머릿속으로 계산을 하고 있을 수도 있는 것이다. 제안을 하였으면 상대방의 반응이 나올 때까지 기다려라. 상대방도 당신의 제안을 평가하고 분석할 시간이 필요하지 않겠는가?

3) 상대의 무반응에는 같은 무반응으로 대응하라. 제안을 하고 기다려라. 고객이 침묵을 지키면 같이 침묵을 지켜라.제안 후 침묵을 지키는 전술

4) 1차 제안한 의제에 대한 합의를 한 후 다음 의제를 제안 하려면 하라. 합의를 하지 않은 안건을 두고 다음 안건으로 넘어가지 말라. 결국 모든 것을 양보해 주게 된다. 고객의 마음을 얻는 것과 영업 이익을 남기는 것은 다르다. 좋은 사람이 되려고 노력하지 말라.

5) 고객은 영업전문가의 심리를 잘 알고 그것을 이용하는 전술을 펼치고 있다. 이때 영업전문가는 그 전술을 무시하거나 또는 알고 있다는 것을 넌지시 알려질 수 있어야 한다. 말을 아끼고 상대가 말을 하도록 유도하라. 계속 고객이 말이 없으면 '오늘 저의 제안을 생각하실 시간을 드리겠습니다. 내일 다시 연락을 드리도록 하겠습니다.' 라고 여유를 보여 주고 고객에게도 생각할 시간을 주라.

6) 상대의 요구제안요청에 답을 하기 전에 상대의 요구사항을 항상 물어보도록 하라. 상대의 패에 따라 적절한 카드를

이용하라. 상대의 제안이 없는 상태에서 일방적인 제안을 연속적으로 하지 말라.

7) 맞바꾸는 전술을 사용하라. 항상 협상은 주고받는 것임을 명심하라. 부득이하게 양보를 할 때는 가장 부담이 적은 것을 가치를 크게 만들어 양보를 하라. 협상의제의 우선순위를 잘 정해서 활용하라.

31 영업전문가가 경청을 하지 않는다

■ ■ ■

고객: 우리는 가격을 10% 할인을 하기를 원합니다. 나머지 조건들은 그렇게 중요하지 않습니다. (라고 말한다.)

김 대리: 가격을 10%나 깎아 달라고요? 그건 너무 무리한 조건입니다. 저희는 4% 이상 깎아 줄 수 없습니다…. (라며 펄쩍 뛴다.)

고객: 가격 외는 우리가 양보할 수….

김 대리: 그래도 그건 무리입니다…. 아무리 우리가 양보를 해도 6% 이상은 불가능합니다.

고객은 자신의 말을 김 대리가 집중해서 듣지 않고 김 대리 자신의 관심사만 이야기하자 입을 닫고 침묵을 지킨다. 김 대리는 다른 말을 하면서 고객의 입을 열려고 하지만 고객은 계속 반응을 보이지 않는다. 드디어 고객은 자리에서 일어나 '오늘은 그만합시다.' 하면서 먼저 회의실을 나간다.

며칠 후 김 대리는 다시 고객을 방문하여 영업협상을 재개하려 하였지만 고객이 소극적으로 나온다. 김 대리는 무엇이 잘못되었는지 궁금하다. 별 소득 없이 고객사를 나온 김 대리는 갑갑하다.

■ ■ ■

:: 원인

1) 김 대리는 고객의 가격 10% 할인 요구에 너무 민감하게
반응을 보인다. 이는 자신의 협상범위를 벗어난 것이기
때문이기도 하다.

2) 고객의 전체적인 메시지보다는 김 대리는 자신이 민감
하게 생각하는 의제에 대해서만 집중을 하였다.

3) 김 대리는 고객의 말을 듣기보다는 자신이 원하는 결과
에 더 집중을 하고 있다. 따라서 고객은 김 대리가 자신
을 무시한다고 판단을 하였다.

4) 상대의 중요한 메시지가격 외 다른 것의 양보를 김 대리는 활
용하지 못하고 있다. 가격과는 별도로 조정을 해야하는
의제로 알고 있다.

5) 고객의 말을 듣기보다는 일방적인 커뮤니케이션으로 고
객을 설득시키려 한다.

:: 비용

고객과의 원활한 커뮤니케이션이 이루어지지 않아서는 비
즈니스의 좋은 결과를 만들 수가 없다. 모든 비즈니스의 핵심
은 커뮤니케이션이 전제가 된다. 고객의 메시지를 자신이 원
하는 대로 해석을 하거나, 메시지 이면의 숨은 의미를 이해하
지 못하거나, 자신의 하고 싶은 이야기만 해서는 안 된다. 고
객은 자신의 여러 상황과 내부적인 정보를 지속적으로 영업
전문가에게 전달한다. 이를 잘 해석할 수 있다면 훌륭한 성과

를 올릴 수 있을 것이다.

:: 대응

1) 고객의 메시지 전체를 잘 듣고 판단을 하라. 고객의 첫 한마디에 흔들리거나 공격적인 자세를 취해서는 안 된다. 고객이 전하고자 하는 의미를 파악하는 데 집중하라. 고객이 아무리 강경한 메시지를 전달한다고 해도 그 수준은 고려할 수 있는 수준이 될 것이다. 그렇지 않고 비합리적인 수준이라면 영업전문가는 그 이유를 물어라. 고객이 강경하게 나오는 데는 다 이유와 원인이 있다. 이를 찾아 해결에 대한 아이디어를 제안하려는 노력을 하라.

2) 김 대리는 협상의 의제를 패키지로 다루어야 한다. 고객이 어떤 조건을 강하게 요구하는 것은 그 조건이 고객에게는 중요한 것이기 때문이다. 이러한 고객의 요구에 효과적으로 대응하기 위해서는 늘 조건들을 개발해 패키지보따리로 준비하는 것이 필요하다. 고객이 요구하는 것을 수용하고 다른 조건들을 영업전문가에게 유리하도록 하는 전술을 사용하라. 고객도 자신의 중요한 사항을 영업전문가가 수용을 해 주면 다른 무엇인가는 양보를 할 준비를 하고 있다는 것을 활용하라. 그렇다면 고객의 한마디에 민감해질 이유가 없는 것이다.

3) 민감한 부분에 대한 강한 제안을 상대방이 하더라도 절대로 흥분해서는 안 된다. 영업전문가를 흥분시키거나

감정적으로 흔들리게 만드는 고객의 협상 전술에 쉽게
넘어가서는 안 된다. 협상은 늘 제안과 역제안 그리고
설득의 과정임을 기억하라. 엄살 피우기 전술을 활용해
고객의 강한 요구를 부드럽게 만들어라.

4) 상대방의 제안을 경청함으로써 상대를 이해하려는 노력
을 보여 주라. 경청은 경청하는 사람의 인간적인 매력을
가장 강하게 상대방이 수용하도록 하는 것이다. 경청은
상대방의 존재감을 강화시켜 준다. 비즈니스에서의 경청
은 상대방의 능력을 인정해 주는 것이다. 상대방의 메시
지를 깊이 있게 해석할 수 있도록 해 준다. 경청함이 설
득을 당하는 것이 아니다. 고객의 메시지를 잘 듣는 것
이 고객이 요구하는 조건을 수용하는 것이 아님을 고객
도 안다. 기꺼이 경청을 하도록 하라.

5) 협상 상대를 바꾸거나 고객을 움직일 수 있는 사람의 도움
을 요청한다. 김 대리의 일방적 커뮤니케이션으로 고객의
마음이 떠났다. 협상의 진전이 없고 고객이 소극적으로 나
온다. 협상이 교착상태에 빠진 것이다. 이때는 자신의 조건
을 제안하기보다는 교착상태의 마음을 열어야 한다. 장소
를 변경한다. 식사를 하는 등의 활동으로 인간적인 친밀감
을 다시 형성한다. 다른 사람을 동원한다. 고객을 움직일
수 있는 내부관계자들을 알고 있다면 그들을 활용하라.

6) 경청을 하기 위해서는

- 상대방의 말을 끊지 말라.
- 질문하라.
- 행동으로 반응을 보여라.
- 기록하라.
- 차이를 이해하라.
- 고객의 말을 인정하라.

7) 경청이 주는 이익

　A. 상대방으로 하여금 참여의식을 갖도록 한다. 나의 경청이 협상의 가치를 높이고 상대가 집중을 하게 한다.

　B. 협상에 유리한 단서나 정보를 얻을 수 있다.

　C. 전략을 수정하거나 추가할 수 있다.

　D. 유연하게 대응을 할 수 있다.

　E. 상대의 입장을 파악, 공략이 쉬워진다.

8) 경청 방법

　A. 편견 없이 백지상태로 들어라.

　B. 상대방이 이야기하기 쉽도록 만들어라.

　C. 말을 끊지 말라.

　D. 자신의 가치관/기준을 강요하지 말라.

　E. 상하관계에 얽매이지 말라.

32 영업전문가가 협상 커뮤니케이션을 할 줄 모른다

■ ■ ■

고객: 물건은 좋은데 가격이 부담이 되는군요.

김 대리: 가격은 절충을 할 수 있을 것입니다. 저희가 5% 깎아 드리면….

고객: 그리고 물건을 일시에 납품을 받을 수 있어야 하는데….

김 대리: (속으로 생산부의 생산 일정을 걱정하면서) 예, 그렇게 하도록….

고객: 결제 방법도….

김 대리: 요즘 대부분의 기업은 어음을 통해 결제를 많이 합니다. 저희도 2개월 어음으로 결제를….

고객: 그리고 이 제품으로 교체를 함으로써 실제로 이 제품을 사용하는 직원들의 반응이….

김 대리: 그건 걱정을 하시지 않으셔도…. ○○○ 기업과 ○○○ 기업에서도 저희와 일을 하고 있습니다. 그 기업의 직원들은 아주 만족을…. 필요하면 추가로 직원들 교육을 서비스로….

■ ■ ■

:: 원인

1) 고객의 요구사항이 김 대리가 생각하는 협상 범위 내에 있다.

2) 고객의 요구를 거부할 자신감이 없거나 부족하다.

3) 고객의 요구는 가급적 무조건 수용을 하는 것이 좋다는 생각으로 협상을 한다.

4) 거래조건이 자사의 경영성과에 미치는 영향을 생각하지 않는다.

5) 고객의 요구사항 이면의 내용을 파악하는 질문을 하지 못한다.
6) 김 대리 자신의 요구사항을 제안할 설득의 논리를 준비하지 못했다.
7) 대화의 주도권을 고객에게 빼앗겼다.

:: 비용

고객과 원활한 커뮤니케이션을 하는 것이 고객의 요구사항을 모두 수용해 주는 것이 아니다. 협상의 커뮤니케이션은 상호간의 의제에 대한 제안을 주고받으면서 합리적인 수준에서 조건을 타협하는 것이다. 고객의 제안과 자신의 제안을 자연스럽게 협상의 테이블에 올려놓는 기술이 커뮤니케이션 기술이다. 고객의 요구가 항상 영업전문가의 수용가능 범위에 있지는 않다. 수용 가능하더라도 우선순위와 중요도 그리고 이익수준을 고려한 대응이 요구된다.

:: 대응

1) 고객의 요구가 김 대리의 협상 범위 내에 있더라도 항상 초기에 수용하지 말라. 김 대리의 초기 수용은 고객을 더욱 강경하게 만든다. 이는 고객이 '승자의 저주'에 빠지기 때문이다. 고객과 항상 제안을 주고받는 태도로 협상을 진행하라. 상호간의 제안을 주고받음으로써 고객으로 하여금 승리감을 느끼도록 하라.

2) 고객의 제안을 역제안의 내용으로 활용하라. 고객의 제안은 협상의 중요한 의제들이다. 사전에 합의를 본 의제든, 아니면 고객이 요구하는 의제든 고객의 제안은 그에게 중요한 사항들이다. 따라서 그 제안의 이면을 파악하고, 어떤 수준이든 고객의 요구수준 보다는 높은 수준으로 역제안을 하라. 역제안의 반응에 따라 의제의 중요성과 우선순위를 파악할 수 있을 것이다. 질문을 하고 제안을 주고받으면서 상대를 설득하는 것이 협상 커뮤니케이션의 기본이다.

3) 항상 고객의 요구를 들어줄 때는 뭔가를 요구하라. '만약 ~~라면 ○○○ 것을…' 이라는 표현을 입에 붙이고 협상을 하라. 매우 중요하고 유용한 협상 커뮤니케이션 기술이다.

4) 대화 특히 협상의 대화에서는 질문이 매우 중요하다. 항상 질문을 통해 정보를 파악하고 상대방의 협상 범위를 알아내도록 하라. 다음의 질문들을 유용하게 활용하라.

A. 현재 상황에 대한 질문

ⅰ. 무엇이 결정을 주저하게 만드나?

ⅱ. 이제까지는 어떻게 계약을 하였는가?

ⅲ. 무엇이 이번 계약에 중요한가? 왜?

ⅳ. 바꾸고 싶다면 어떤 조건을 바꾸고 싶은가?

ⅴ. 무엇을 제안하고 싶은가?

ⅵ. 왜 ○○○가 중요한가? 왜 ○○○를 요구하는가?

ⅶ. 우리의 제안에 대한 의견은?

B. 문제를 알아내는 질문

  ⅰ. 당신의 조건을 고집하게 만드는 것은 무엇인가?

  ⅱ. 왜 그 조건이 중요한가?

  ⅲ. 왜 ○○○ 주장을 계속하는가?

C. 문제를 시사하는 질문

  ⅰ. 그것이 해결되지 않는다면?

  ⅱ. 그것을 위해 무엇을 포기 또는 양보할 수 있는가?

  ⅲ. 어떻게 하면 ○○○을 포기하겠는가? 이번 계약을
     결정하겠는가?

D. 결정을 요구하는 질문

  ⅰ. ○○○라면 수용을 하겠는가?

  ⅱ. ○○○를 해 주면 무엇을 주겠는가?

  ⅲ. ○○○와 ○○○을 상호 교환하면 어떻겠는가?

출처 협상의기술 –
'짐 토머스'

5) 협상을 할 때는 상대가 누구든, 어떻게 나오든, 자신이
   만든 협상의 패키지를 중심으로 제안과 역제안 그리고
   수정/합의를 하기 위한 만반의 준비를 하여야 한다. 고
   객이 영업전문가의 입장을 이해하고 자신을 위해 의제
   를 개발하고 제안의 수준을 결정한다고 착각하지 말라.
   상대방이 우호적으로 나올수록 인간적으로는 받아들이되
   협상의 조건에는 이것의 영향을 받지 말라. 상대가 우호

적으로 애매모호한 답을 이야기할 때는 그냥 지나쳐서는
안 된다. 질문하고 확인하는 습관일 갖도록 하라.

6) 영업전문가의 역할은 고객의 요구사항을 모두 수용하는
것이 아니라 자사의 거래조건을 지키는 것이다. 자사에
유리한 조건으로 거래를 하는 데 영업전문가는 높은 비
중을 두어야 한다.

③③ 영업전문가가 내부협상을 하지 못하거나 않는다

■ ■ ■

고객을 만나고 회사로 돌아온 김 대리는 고객의 요구조건을 정리를 한다.
- 가격 8% 할인
- 물량 20,000개 다음 주 화요일까지 일시납품
- 결제는 3개월짜리 어음 등

김 대리가 봐도 부담이 되는 조건이다. 고객과의 영업협상 자리에서 이
러한 요구에 대해 사내의 상황을 몰라 답을 내일로 미루고 돌아온 것이
다. 김 대리는 생산부와 경리부의 책임자들과 회의를 한다.

김 대리: 오늘 ○○○ 기업과 상담을 했는데 그 기업에서 위와 같은 요
구조건을 이야기해 와서…(하면서 고객이 말한 조건을 이야기한다.)

경리부: 가격을 8%나 깎아 주면서 3개월짜리 어음이라고요? 너무 부담
이 되는군요. 그쪽에서는 다른 방법은 없다고 합니까? 현재로서 8%의
가격 할인은 현금으로 결제를 받는 조건이 우리 회사의 방침이라는 것
을 잊었나요?

생산부: 생산 일정도 너무 부담이 됩니다. 지금도 생산 물량이 밀려 야근

을 하는데… 지금 이 물량을 일정에 맞추기 위해서는 일요일까지 나와 야 하고 또 야근도 해야 할 것 같은데….

김 대리: 그러면 어쩝니까? 고객이 원하는데….

경리부: 생산부가 야근을 하면 야근 비용도 만만찮은데…. 이런 거래가 있으면 미리 상의를 하고….

결국 회의는 김 대리가 다시 고객기업에 전화를 해 몇 가지 조건을 수정하자고 요구한 후 다시 갖기로 하고 마무리되었다. 오늘 다른 부서와 합의를 보고 고객에게 답을 주기로 하였는데. 왜 다른 부서는 영업부의 의견을 잘 이해하고 또 적절한 답을 주지 않는지… 앞으로 이러한 일이 수시로 발생할 텐데 그때마다 어떻게 해야 할지… 고객과 다른 부서 사이에 낀 김 대리는 갑갑한 생각이 든다.

■■■

:: 원인

1) 내부협상 관계자들의 지원조건 만들기 등을 이끌어 내는 데 실패를 하였다.

2) 내부협상 관계자들과 영업부와의 관계가 원만하지 못하다.

3) 다른 부서는 자신들의 업무에만 관심을 갖고 있다.

4) 다른 부서와의 협의를 위한 회의진행 능력이 부족하다.

5) 영업부를 지원하는 조직 내부 시스템이 없거나 부족하다.

6) 김 대리는 평소 회사 내부업무의 전체적인 흐름과 비용 등의 분야에 대해 관심이 없다.

7) 고객의 요구만큼이나 내부적인 거래조건도 중요하다는 사실을 잊고 너무 고객을 옹호하려 한다고 다른 부서에서 오해를 하고 있다.

:: 비용

1) 김 대리가 고객에게 전화를 거는 순간 협상의 위치가 불리해진다.

2) 이런 일이 빈번하게 발생을 하면 김 대리의 힘영업과 협상이 떨어진다.

3) 조직의 지원이 부족하면 영업활동에 지장을 받는다.

:: 대응

1) 김 대리는 자신의 영업 또는 협상과 관련한 회사 내부 정보를 늘 파악하고 있어야 한다. 이러한 준비가 김 대리에게 힘을 실어 주고 내부협상의 시간을 절약시켜 준다. 매 건마다 이러한 회의를 한다면 현업부서에서 싫어할 수 있다.

2) 중요한 고객과의 협상인 경우 사전에 만반의 준비를 해놓는다. 영업을 하는 과정에서 자사 내부의 모든 상황을 파악해 협상에 대비하여야 한다. 영업과 협상이 항상 동시에 진행된다는 것을 잊어서는 안 된다.

3) 내부협상 관계자들과의 관계를 돈독하게 만들어 놓는다. 평소 조직 내 인간관계를 쌓는 데 노력을 하여야 한다. 이러한 관계를 통해 조직 내부의 정보를 파악하고 영업활동에 활용할 수 있을 것이다.

4) 설득력을 개발한다. 내부협상을 위한 설득의 논리를 충분히 준비해 회의를 개최하여야 한다. 왜 고객의 요구조건을 토론해야 하는지, 이번 거래가 얼마나 중요한지,

다른 부서의 지원이 가진 중요성 등등의 내용을 갖고 참석자들을 설득하여야 한다.

5) 회의진행 리더십을 개발하라. 김 대리가 충분한 준비가 없이 회의를 개최하면 참석자들의 지원을 얻어내기가 쉽지 않다. 김 대리에게는 중요한 회의지만 참석자들은 그렇게 생각하지 않을 수도 있다. 이러한 회의는 영업의 성과달성을 위해 매우 중요하다.

6) 필요하면 상사의 도움을 받아야 한다. 김 대리는 자신의 능력으로 다른 부서의 협력을 얻는 것이 어렵다면 상사를 통해 지원을 얻어야 한다. 영업관리자가 하는 역할의 중요한 부분이다. 김 대리는 상사와 지속적인 정보 공유를 통해 상사가 언제든 김 대리를 지원할 수 있는 준비를 하도록 분위기를 만들어야 한다.

7) 시스템적인 구조가 필요하다. 조직의 모든 부서의 기능은 고객을 만족시키고 고객이 지속적으로 자사의 상품과 서비스를 구매하도록 하는 것이다. 영업은 이러한 고객 하나하나를 만나 자사의 능력으로 고객을 설득해 자사의 경제적인 이익을 가져오는 역할을 한다. 그렇다면 영업부의 업무를 다른 부서가 지원하는 것은 당연한 사명이다. 다른 부서의 지원수준이 그 기업의 대고객 역량이 된다. 조직은 이러한 일이 잘 수행이 되도록 시스템적으로 운영되어야 한다.

㉞ 파이[2])를 키우지 못한다

■ ■ ■

고객: 좋습니다. 그럼 가격은 어느 정도인가요?

김 대리: 예, 정상 가격은 3,500원인데 이번에 물량이 많은 관계로 3,100원까지 가능합니다.

고객: 부담이 되는군요. 2,700원까지는 안 되겠습니까? 다른 조건들은 별문제가 안 되고 가격이 부담이 되는군요.

김 대리: 그건 곤란합니다. 3,100원도 무리한 가격인데.

고객: 그 가격에는 구매가 어렵겠군요.

김 대리: 그럼 3,000원에는 어떻겠습니까?

고객: (계속 힘들다는 말을 한다.)

김 대리는 이번 거래를 꼭 성사를 시키고 싶다. 무엇을 어떻게 제안을 하여야 고객의 마음을 열고 김 대리의 제안을 수용하도록 할 것인가 막막하다.

■ ■ ■

:: 원인

1) 협상은 서로가 유익한 조건을 얻어내는 과정이다. 영업전문가는 일방적인 양보를 해야 한다는 생각을 해서는 안 된다.

2) 거래조건에 대한 고객의 하나하나의 공격에 김 대리가 적절하게 대응하지 못하고 있다.

3) 다른 조건들을 이용하는 능력이 부족하다.

4) 고객의 요구사항의 중요성을 판단하는 기술이 부족하다.

---

2) 파이-협상의 의제들로 협상의 결과 상호 이익이 많은 원원 협상을 위한 조건들을 말한다.

:: 비용

고객의 요구사항에 합의를 하지 못하면 김 대리는 영업의 성과를 올리지 못한다. 창의성을 동원해 고객을 설득하지 못하면 계약을 놓치거나 더 나쁜 조건으로 계약을 할 수밖에 없을 것이다. 이는 김 대리만의 문제가 아니다.

:: 대응

1) '협상의 내용/대상은 가격만이 아니다.'라는 것을 알아야 한다. 협상에는 창의성이 요구된다. 창의적으로 생각을 해 다른 조건들의 개발을 하라. 협상 테이블에 오르는 의제가 많을수록 상호 이익이 큰 협상 결과를 가져올 수 있다.

2) 항상 협상의 의제를 패키지로 묶어야 한다. 김 대리는 늘 협상의 의제들을 복수로 준비하여야 한다. 자사의 계약서 내용을 잘 분석을 해 많은 의제들을 개발하라. 자사에는 중요한 사안인데 고객에게는 중요하지 않은 것으로 가격의 무리한 수용을 보완할 수 있을 수도 있다.

3) 고객이 무리한 요구를 할 때는 수용을 하는 조건으로 반대급부를 요구하라. 수용할 수밖에 없을 때는 조금씩 챙겨라. 항상 맞바꾸기 전술을 활용하라. 일방적인 양보를 한다면 고객이 기대하는 협상의 즐거움을 빼앗는 것이다.

4) 고객이 가격을 부담스러워하는 것은 가격만이 아니라 뭔가 중요한 것의 양보를 얻어내기 위한 전술일 수 있음을 알아야 한다. 그렇다면 그것이 무엇인지를 알아내야 한다. 질문을 활용하라. '가격 외 다른 조건을 저희

에게 양보할 수 있겠습니까?'라고 물어보라. '가격을 원하는 대로 해 드리면 무엇을 선물로 주시겠습니까?'라고 상대의 입장을 파악하라.

5) 상호 이익이 되는 협상은 테이블에 돈을 남기지 않고 협상장소를 떠나는 것이다. 협상 테이블에 돈이 남았다는 것은 합의를 볼 수 있는 의제들을 충분하게 끌어내지 못하고 협상을 마무리 짓는다는 것이다.

㉟ 윈윈의 해결안을 개발하는 창의성이 부족하다

■ ■ ■

고객과 영업협상을 하고 있는 김 대리.

김 대리: 그 가격과 조건에는 저희도 비즈니스를 하기가 어렵습니다.

고객: 그래요. 우리도 김 대리의 조건에는 구매를 하기 어렵군요. 가격이 그렇게 비싸서는….

김 대리: 제가 제안한 가격은 저희의 최종안입니다. 원가를 생각하셔야죠.

고객: 저희 입장도 고려를 해 주셔야죠. 그 가격에 구매를 하면 저희 원가도 너무 부담이 되는군요….

하면서 가격과 관련해 서로의 입장을 고수하면서 팽팽하게 진행이 된다.

■ ■ ■

:: 원인

1) 김 대리의 협상 스타일은 강경하다.
2) 고객의 반응에 숨겨져 있는 의미를 찾지 못한다.

3) 서로 자신의 입장만 고집한다.

4) 자신의 입장을 상대방이 이해를 하고 양보를 해 주기를 바란다.

5) 상대의 요구조건을 보완 또는 상쇄할 수 있는 다른 조건들을 생각하지 못한다.

:: 비용

이런 상황의 협상이 계속될 수는 없을 것이다. 강경하게 협상을 임하는 것과 창의적인 생각으로 협상의제를 개발하는 것은 별개의 문제이다. 입장주장, 제안을 할 때은 강경하게 협상을 할 수 있지만 의제는 다양하게 개발하는 것이 중요하다.

:: 대응

1) 서로의 쟁점이 다를 수 있다. 고객이 중요하게 여기는 쟁점과 중요하게 여기지 않는 쟁점을 찾도록 하라. 우선 순위와 중요도를 묻도록 하라. 무엇을 양보해 줄 수 있는지 물어라.If~ 커뮤니케이션 기술을 활용하라.

2) 서로의 쟁점을 솔직하게 이야기를 하고 그 범위에서 합의할 수 있는 조건을 찾도록 하라. 협상은 상호 조건 간의 중첩이 되는 협상가능 범위가 있어야 한다. 이를 위해서는 모든 의제들과 제안 내용을 끌어내 협상테이블에 올려놓아야 한다.

3) 고객은 거래를 원하고 있다. 융통성을 갖되 너무 강경해서는 안 된다.

4) 창의적인 협상을 위해서는

ⅰ. 정보를 충분이 공유하고, 신뢰를 바탕으로 협상을 진행하며, 상호 우선순위와 기본적인 관심사를 중심으로 협상을 진행한다.

ⅱ. 상황진단우선순위, 기본적 관심사를 알아내기 위한 질문을 철저하게 한다.

ⅲ. 필요하다면 상대방에게 정보BATNA 외의 정보, 호혜의 법칙를 제공하라.

ⅳ. 의제들을 많이 끄집어낸다.

ⅴ. 동시에 복수 제안을 하라. 복수 제안의 이익은
  - 협상을 적극적으로 주도할 수 있다.
  - 상대방에 대해 더 나은 정보를 입수할 수 있다.
  - 제안의 가치를 집요하게 설득할 수 있다.
  - 양보에 대한 반감을 누그러뜨릴 수 있다.

ⅵ. 차이점을 근거로 하여 조건부 계약을 맺으라. 이를 위해서는 상대방에 대한 정보와 자사의 상황에 대한 정보가 필요하다. 협상에서 이용할 수 있는 차이로는
  - 의제 선호도 차이
  - 불확실성에 대한 기대의 차이
  - 위험에 대한 입장의 차이
  - 시간 선호 차이
  - 능력 차이

vii. 사전단계 합의를 활용하라.

viii. 합의 후 보완책을 모색하라

36 고객에 대해 부정적인 감정이 있다

■■■

김 대리는 상사인 이 과장과 이야기를 나눈다.

이 과장: 김 대리, ○○○ 기업과의 계약건은 어떻게 되고 있는가?

김 대리: 예, 과장님. 그게 진전이 잘 안 되네요. ○○○ 기업 구매담당 박 과장님이 너무 성격이 강하고 자기 고집만 내세워서… 그리고 항상 구매자라는 입장을 강조하여서….

이 과장: 김 대리, 한두 번 경험하는 것이 아니지 않는가? 그런 고객도 잘 설득을 할 수 있어야지… 준비도 철저히 하고….

김 대리: 그렇지만 저희 입장은 무시하고 때로는 제 자존심에 상처를 주는데 참을 수가 없습니다. 박 과장과 같은 사람과는 함께 일하기가 너무 어려워요… 차라리 이번 계약을 포기하는 것이….

■■■

:: 원인

1) 김 대리는 고객들이 늘 자신을 인정해 주기를 바란다.

2) 고객의 스타일에 대한 이해가 부족하다.

3) 고객의 까다로운 태도를 영업사원을 공격하는 것으로 생각을 한다.

4) 고객을 설득하고 스타일에 대응하는 능력이 부족하다.

5) 고객에 대한 부정적인 생각으로 고객의 작은 반응에도 민감하다.

6) 영업을 너무 쉽게 생각한다.

:: 비용

고객이 영업전문가가 원하는 대로 행동하고 반응을 보일 것이라 기대하는 영업전문가는 업무수행에 많은 어려움을 겪을 것이다. 영업전문가의 목적이 있듯이 고객도 자신의 업무에서 올려야 하는 성과가 있다. 이 둘의 차이에 의해 커뮤니케이션상의 갈등과 상호 설득하려는 노력이 요구되고 그 해결방법으로 협상이 진행되는 것이다. 영업전문가는 고객이 자기중심적이고 자신의 이익만을 추구하는 경향이 있다는 것을 인정하여야 한다. 그렇지 않으면 영업에서 성과_{협상성공}를 올리는 데 어려움을 겪을 것이다.

:: 대응

1) 고객은 늘 협상과 설득의 대상이라는 것을 알아야 한다. 영업이든 협상이든 고객과의 커뮤니케이션 목적은 설득이다. 고객도 영업전문가를 설득해 자신이 원하는 조건으로 구매를 하려 한다. 따라서 영업전문가를 설득하기 위해 자신의 주장을 굽히지 않고 고집을 부리며 상대를 불편하게 하는 것은 고객의 협상전술이다. 영업전문가가 고객을 설득해 구매를 하도록 하기 위해 다양한 설득의

방법을 쓰듯이…. 이러한 고객의 전술에 흔들리는 영업
전문가가 되어서는 안 된다.

2) 까다로운 고객과 효과적으로 커뮤니케이션하는 능력을
개발하여야 한다. 고객이 협상을 하면서 어떻게 영업전
문가가 원하는 행동을 하리라 기대하는가? 고객은 늘
자기주장을 하며 영업전문가의 양보를 강요하고, 때로
는 영업전문가에게 인간적으로 자극을 주는 메시지를
던진다. 영업전문가의 말을 무시하기도 한다. 이러한 고
객의 태도에 흔들리지 말라. 고객이 지나치게 까다롭게
나온다면 협상을 미루거나, 다른 사람의 도움을 받도록
하라. 고객이 까다롭게 나오더라도 영업전문가는 자신
의 역할을 충실하게 해야 한다. 자사의 내부 관계자들과
의 협의를 통해 논리적이고 합리적이며 설득력 있는 협
상의제들을 개발하여야 한다. 그리고 협상을 진행하면
서 이를 고객이 알도록 하여야 한다. 영업전문가의 제안
외 다른 제안은 없다는 것을 고객이 받아들이도록 하라.

3) 고객은 한결같아야 하고 영업전문가의 입장을 배려할
것이라는 기대를 가지지 말라. 고객이 왜 영업전문가의
입장을 이해하고 도움을 주어야 하는가? 이를 기대하는
순진한 영업전문가는 없을 것이다. 인간적으로 친밀감
을 갖더라도 영업과 협상은 비즈니스임을 명심하라. 개
인적인 관계에 영업과 협상의 결과를 의지하지 말라.

4) 고객의 부정적인 반응 또는 까다로운 반응에 민감해서
는 유능한 영업사원이 될 수 없다. 협상은 그것이 누구
든 당사자 간의 이해상충의 갈등을 해결하는 기술이다.
쉽게 생각해서 영업전문가는 많은 양을 비싸게 판매를
하려 하고, 고객은 좋은 상품/제품을 싸게 필요할 때 필
요한 만큼 구매하려고 한다. 이 두 사실만으로도 갈등의
크기와 깊이를 알 수 있을 것이다. 여기에 납기, 결재조
건, 서비스 등의 많은 이해상충의 내용이 있다. 이런 상
황에서 고객의 반응에 쉽게 흔들려서는 안 된다.

5) 작은 것을 주고 큰 것을 얻으려는 전술을 구사하라. 고
객의 까다로움을 극복하는 방법은 영업전문가에게는 가
치가 작은 것이나 우선순위가 낮은 조건을 양보하면서
고객의 마음을 열어 하나씩 얻는 전술을 활용할 수 있
어야 한다. 사전에 충분한 의제를 개발하도록 하라. 자신
의 입장에서 크게 부담되지 않는 것을 미끼로 활용하라.

37 의제의 다양성을 알지 못한다

■ ■ ■

김 대리는 고객과 영업협상 대화를 한 후 몇 가지 조건을 갖고 회사로
돌아왔다. 담당 과장과 협의를 해 합리적인 대안을 마련해 내일 오전까
지 고객에게 알려 주기로 한 것이다.

김 대리: 과장님, ○○○ 기업과의 이번 거래와 관련 몇 가지 협의할 내
용이 있습니다.

과장: 그래, 뭔가?

김 대리: 예, 고객이 결제조건과 방법 그리고 서비스 보증기간에 대해 제
시한 조건은 결제조건은 3개월 어음으로 하겠다고 하면서 서비스 보증
기간은 1년 더 연장을 요구해 왔습니다.

과장: 그래, 김 대리가 생각하는 대안은? 보증기간을 연장해 주는 것은
· 우리 회사에 큰 부담인데. 게다가 어음으로… 다른 조건들에 대해선….

김 대리: 다른 조건이라니요?

과장: 왜 있잖은가. 납품방법이나 납기 그리고 불량품 처리문제 등등.

김 대리: 그런 사항에 대해선 이야기가 없었는데요. 고객이 그것에 대해
서는 전혀 이야기를 하지 않았습니다.

과장: 그럼 김 대리가 준비한 영업협상의 의제들은…. 예를 들어 김 대
리가 고객이 원하는 것을 수용한다고 했을 때 우리 쪽에서 다른 조건
들(납기 조건과 방법, 불량품 처리 등)에 대해선 우리에게 유리한 조건을
합의할 수 있지 않겠는가?

김 대리: ….

과장: 영업협상에서 모든 거래조건들은 그 나름대로 가치가 있는 것일세.
우리가 고객의 요구를 수용하면서도 우리에게 유리한 조건을 유지하면
전체적인 결과는 나은 것이 되지 않겠는가? 관련부서와 협의를 해 적
절한 대안을 준비해야 하지. 오늘은 일단 관련부서와 협의를 하도록
하지. 어떻게 나올지…. (혼잣말을 하면서 자리에서 일어난다.)

:: 원인

1) 김 대리는 협상의 의제에 대한 이해도협상에 미치는 영향, 중요도, 다양성, 우선순위 등가 낮다.

2) '고객의 요구에 대한 대응만이 영업협상이 아니다.'라는 것을 모른다.

3) 영업의 성과수준을 결정하는 것은 가격 또는 고객이 요구하는 것을 수용하는 것이 아니라는 것을 모른다.

4) 고객에게 자신의 요구조건을 요청할 자신이 없다. 또는 그 요청을 고객이 거부할까 봐 두려워하거나 그러한 요구로 인해 거래에 부정적인 영향이 미칠까 두려워한다.

5) 협상스킬준비, 제안 만들기, 커뮤니케이션 등이 약하다.

:: 비용

1) 고객의 요청에만 대응하는 영업/협상은 거래조건이 불리해진다.

2) 다음의 거래에서도 요구조건을 과감하게 제안하지 못한다.

3) 영업/협상의 능력이 주는 매력을 느끼지 못한다.

:: 대응

1) 김 대리는 고객을 위해 일하는 것이 아니고 회사를 위해 일하는 것이다. 따라서 고객의 문제를 영업전문가가 짊어져서는 안 된다. 고객의 문제는 고객이 해결하도록 하라.

2) 협상에는 많은 요소/의제들이 그 성과를 좌우함을 알고

그러한 요소/의제들을 적절하게 활용하는 법을 배워야 한다. 계약서의 내용을 숙지하라. 그 내용 모두가 협상의 의제가 된다. 필요하다면 매번 고객과의 협상을 위해 계약서를 다시 만드는 수고를 기꺼이 하도록 하라. 계약서에 없더라도 필요하다면 계약서에 추가시키는 노력 ― 자사 내부 설득 등 ― 을 하도록 하라. 고객의 요구가 없더라도 자사를 위해 의제를 개발하고 협상에 사용하도록 하라.

3) 김 대리는 늘 자신이 요구할 수 있는 협상의 의제들을 준비하고 있어야 한다. 언제 고객이 협상의 의제를 끌어낼지 모른다. 기본사항에 대해서는 늘 협상을 대비하도록 하라. 회사가 영업전문가에게 부여한 권한 내에서 스스로 협상의 의제를 만들어라. 그 범위를 벗어난 것은 회사와 상사와 협의를 하면 된다. 특히 구매담당자와 상담이라면 늘 협상이 전제됨을 기억하고 대비하여야 한다.

4) 고객의 입장에서 김 대리에게 양보해 줄 수 있는 것이 무엇인지를 알도록 노력하여야 한다. 고객의 상황을 분석하라. 'If~ 기법을 사용하라.' 질문하라. 협상을 할 준비가 되어 있음을 상대방이 알도록 하라. 전례를 살피고 활용하라.

5) 고객 또한 자신들이 원하는 것을 요청할 때는 뭔가 양보를 할 준비를 하고 있다는 것을 알고 이를 적극 활용해야 한다. 즉 협상은 의제들의 교환이라는 것과 협상가능

범위를 좁히는 것이라는 것을 고객도 알고 있다. 과감하게 요청하도록 하라.

6) 가격_{고객이 요구하는} 의제_{만이} 협상의 의제가 아니다. 고객이 요구하지 않은 것 또한 협상의 의제로 만들어야 한다. 계약서의 모든 조항을 협상의 의제로 활용할 수 있어야 한다.

38 이해 관계자/청중을 적절하게 활용하지 못한다

■ ▪ ■

고객과의 계약에 실패한 김 대리!!!

힘이 빠진 모습으로 회사에 들어온다. 휴게실에 앉아 그동안 거래의 성사를 위해 노력해 온 과정을 되새겨 본다.

영업상담에서는 문제가 없었다. 왜냐하면 고객이 흥미를 갖고 영업상담에 임했기 때문에…. 그럼 영업협상에서 문제가 있었다는 것인데….

그때 회사 관리부의 이 과장이 휴게실로 들어와 뭔가를 골똘히 생각하고 있는 김 대리를 발견했다.

이 과장: 김 대리 아닌가? 오랜만에 얼굴을 보는군. 일은 잘되지? 무슨 생각을 그렇게 골똘히 하고 있나?

김 대리: 아! 예, 과장님. 잘 지내셨지요. 영업에 바빠서….

이 과장: 김 대리가 열심히 일하는 것은 다 알고 있는 사실 아닌가? 그래 무슨 생각을 하고 있었나?

김 대리는 그동안 ○○○ 기업과의 영업과 영업협상 과정을 이야기를 한다. 그때

이 과장: ○○○ 기업이라고! 그 회사에 내 친구가 생산부에서 일하는

데. 우리 회사 제품을 직접 사용하는 생산부에 말일세. 그래 그동안 생산부에서 일하는 사람들은 만나봤는가?

김 대리: 아닙니다. 구매부 쪽하고만….

이 과장: 이런. 안타까울 데가 있나… 결국 그 기업에서 우리 제품을 사용하는 것은 생산부 아닌가! 내가 진작 알았더라면 친구를 만나 도움을 줄 수 있었을 텐데….

김 대리: 그래도 결국은 구매부에서 최종 결정을…

이 과장: 물론 그렇지. 그럼 구매부에서 결정을 하지 못한 이유가 무엇이라고 생각하는가? 과연 구매부에서 생산부의 의견을 듣지 않고 결정을 할 수 있을까? 그렇지 않다면 생산부의 의견도 꽤 중요하다고 생각하지 않나? 결국 생산부를 위해 구매부가 물품을 구매하는 것이니까? 아쉽구먼.

이 과장: (자리에서 일어나며) 혹시 내가 도울 일이 있으면 언제든 말하게.

김 대리: ….

■ ■ ■

:: 원인

1) 김 대리는 좁은 시각을 갖고 영업을 하고 있다.

2) 기업고객의 구매프로세스와 의사결정 구조를 잘 모른다.

3) 자신이 판매하는 상품을 사용하는 사람들의 역할을 모르고 그들을 공략하는 전술이 약하거나 없다.

4) 자사 내부에서 자신을 도와줄 지원자를 찾는 노력이 부족하다.

5) 내부 정보공유 시스템이 없다. 원활한 커뮤니케이션이 안 된다.

6) 혼자서 모든 것을 하려 한다. 네트워크를 활용한 영업활
   동을 하지 못한다.

:: 비용

고객의 구매 프로세스를 이해하지 못하는 영업전문가는 늘
구매부를 공략하려는 노력에만 집중한다. 따라서 고객을 설득
하는 무기구매부를 만나 상품 자랑과 성능을 자랑하는 – 구매부는 관심이 없거나 적은
내용를 제대로 활용하지 못한다. 자사와 고객기업의 내부 네트워
크의 활용이 부족하면 그만큼의 협상 파워가 불리해진다. 협상
에 영향을 미치는 현업 사용자들의 힘을 과소평가하지 말라.

:: 대응

1) 고객의 의사결정 구조와 프로세스를 알려고 노력하라.
   이것에 대해서는 앞에서 충분히 강조하였다. 다시 그 내
   용을 생각해 보라. 영업이 전략적이어야 함은 바로 이런
   이유 때문이다. 앞에서 설명한 구매관계자를 공략하는
   방법을 적극 활용하도록 하라.

2) 고객인 구매부의 역할에 대한 인식을 새롭게 하라. 구매
   부와는 영업을 하지 말라. 구매부와의 대화 내용을 협상
   의 내용으로 진행하라. 하지만 영업이 완료되지 않은 상
   태에서는 구매부와 협상을 하지 말라. 먼저 영업을 위한
   프로세스를 밟는 것이 우선이다. 만일 구매부의 구매계
   획을 안다면, 즉 구매부가 연간계획목표 달성을 위해 구매하기.

내부 의사결정(성능, 기능, 품질 등의 합의)이 마무리된으로 구매를 하여야 하는 입장이라면 구매조건을 갖고 상담을 전개해도 좋다. 이때에는 경쟁사를 이기는 구매조건을 제안하여 구매담당자의 관심을 끌어내야 한다. 이때에는 협상 중심의 영업활동을 전개하는 것이 필요하다.

3) 고객의 의사결정 과정에 개입하고 영향력을 미치는 다른 부서 또는 관계자를 찾고 공략을 준비하라.

4) 또한 자사 내부의 지원세력을 활용하기 위한 정보 활용, 네트워크 활용을 극대화하라. 이를 위해 영업지원을 위한 조직의 시스템적인 지원이 필요하다. 영업지원 회의를 간부급으로 준비해 정기적으로 진행하라. 영업부의 현 상황을 알리고 각 부서 또는 개인의 지원가능성을 개발하라.

39 상대방의 사탕 또는 협박에 쉽게 흔들린다

■ ■ ■

고객: 이번 거래의 결과에 따라 다음 거래도 지속할 것인가를 결정할 것입니다. 거래조건은 어떤가요?

김 대리: 예, 가격은 ○○○원이고, 결제조건은 현금으로 하셔야 합니다.

고객: ○○○원에 현금 결제라…. 좀 부담이 되는군요. 조금 전에도 말씀드린 것과 같이 이번 한 번의 거래로 끝나는 것이 아닙니다. 다음의 거래도 있고 하니까 가격을 ○○○○원으로 하면 어떻겠습니까? 그리고 저희는 현금결제보다는 어음으로 결제를 하고자 합니다. 지금보

다는 앞으로의 지속적인 거래관계를 생각해 보시기 바랍니다.

김 대리는 다소 무리한 고객의 요구를 수용할 수 있는 조건인지를 판단하기도 전에 고객이 말한 앞으로의 지속적인 거래가능성에 더 관심이 있다. 이번 거래는 처음 거래이니까 조건이 조금 불리해도 회사에서 크게 문제 삼지 않을 것이라 생각을 한다.

고객: 그 조건은 너무 무리군요. 가격이 그렇게 부담이 되어서야…. 이제까지의 거래관계를 생각해서 조건을 조정할 수 있겠습니까?

김 대리: 저희도 최선의 조건을 말씀드린 것입니다. 잘 알고 계시는 것과 같이 원자재 가격도….

고객: 하지만 이런 조건으로는…. 좀 더 기다리든지, 아니면 다른 회사와 이야기를 해 보아야 할 것 같은데…. ○○○ 기업에서는 우리가 원하는 가격에 맞춰 줄 수 있을 것 같은데….

김 대리는 고민을 한다. 거래조건을 조정하지 않으면 고객은 다른 기업에서 구매를 하려고 한다. 지금까지 좋은 거래였는데…. 이런 거래처를 찾는 것도 쉽지 않다. 하지만 수용을 해 주는 것도 어렵고….

고객: 어떻게 하시겠습니까? 빨리 결정을 내려 주시기 바랍니다.

김 대리: (한참을 생각 한 후 상사에게 꾸중을 들을 각오를 하고) 그럼 그렇게 하도록 하지요.

■ ■ ■

:: 원인

1) 고객의 구매자 파워를 너무 크게 인식하고 있다.

2) 고객의 구두 메시지를 너무 쉽게 믿는다.

3) 거래에 대한 고객의 필요의 긴급성을 파악하지 못한다.

4) 고객의 문제구매상의 문제를 해결해 주는 것이 영업전문가의 역할이 아니라는 것을 간과하고 있다.

5) 다른 대안이 없다. 즉 가망고객을 많이 확보하지 못하고 있다.

:: 비용

고객의 우호적인 태도 또는 비우호적인 태도에 영업전문가가 흔들리는 것은 당연하다. 인간관계가 아니더라도 협상상황에서는 더욱 그럴 것이다. 문제는 이러한 고객의 행동을 너무 순진하게 해석을 하고 받아들인다면 영업성과의 성적이 나빠진다는 것이다.

:: 대응

1) 고객의 구두 메시지를 그대로 믿지 말라. 요즘과 같이 경쟁이 치열하고 경영환경이 급변하는 시대에 고객이 장기적인 구매를 보장하기는 쉽지 않다. 비록 지금 김 대리와 협상을 하는 담당자는 그럴 마음이 있더라도 조직 내부적인 변화시장의 변화, 경영전략의 변화 등가 그 기회를 빼앗아 갈 수도 있다. 고객이 지속적으로 다음번의 거래를 이야기한다면 약속을 받아라. 구두약속이 아닌 서면으로 약속을 받아라. 또한 협박을 하는 것의 사실 여부를 조사하라. 너무 쉽게 고객의 전술에 넘어가지 말라.

2) 다음 거래의 가능성을 확인하라. 고객의 경영환경, 시장의 변화, 경영전략의 지속성 등의 정보를 기반으로 지속 가능성을 면밀히 분석하라. 필요하다면 근거 자료를 요

청하라. 고객에게 앞으로의 거래가능성을 판단하는 데 필요한 정보를 요청하라. 고객의 태도에 따라 고객의 말에 대한 신빙성이 결정된다. 다음 거래를 위한 구체적인 일정을 약속받아라.

3) '다음 거래부터 조정을 하겠다'고 하라. 고객이 계속 다음의 거래를 이야기하고 가능성에 확신이 부족하다면 다음 거래 때부터 조정을 하겠다고 하라. 그리고 이 조건을 고객이 수용한다면 자사가 그것에 대비하도록 자사에 알려야 한다.

4) 고객의 위협에 대해 무릎을 꿇어서는 안 된다. 일방적인 양보를 하지 말라는 것이다. 고객의 위협이 강할수록 오히려 대안이 없을 수 있으며, 시간에 쫓기고 있음을 암시할 수도 있다. 너무 강력한 위협이면 상사/조직 핑계를 대거나 엄살을 피우거나, 상대방의 체면을 자극하는 전술로 대응하라.

5) 위협의 실현가능성을 확인하도록 노력하라. 다소 어렵더라도 고객의 위협이 얼마나 실현가능한지를 파악하는 데 노력하라. 고객은 습관적으로 이런 메시지를 던지기 때문이다.

6) 때로는 김 대리의 강경전술이 필요할 수도 있다. 이를 위해서는 김 대리의 대안이 많아야 한다. 당근에도 흔들리지 않고 채찍에도 과감히 맞설 수 있는 대안

이 높은 고객의 확보을 개발하는 데 늘 관심을 갖고 노력을 하도록 하라.

④⓪ 좋은 사람이 되고자 한다

■ ■ ■

김 대리: 예, 가격은 ○○○원, 결제조건은 현금으로, 납품은 저희가 해 드리는 것으로 거래를 하면 좋을 것 같습니다.

고객: 그래요? 가격이 ○○○원이라 부담이 되는데··· 현금 결제도 그렇고. 조정을 합시다. 가격은 ○○○○원으로 결제는 물품을 받고 나서 1개월 내로 하면 좋을 것 같습니다.

김 대리는 고민이다. 결제는 그렇다 치더라도 가격을 10%나 깎자고 한다. 하지만 반대를 하면 고객이 싫어할 것 같다. 영업은 무엇보다도 고객과의 인간관계가 중요한데··· 여기서 나에 대한 이미지가 부정적으로 되면 앞으로의 비즈니스가 어려워지지 않을까? 그렇다고 가격을 10% 깎을 수도 없고···.

김 대리: 가격을 그렇게 많이 깎으시면 제가 부담이···.

고객: 이번 거래가 처음도 아니고, 이제까지 김 대리님을 믿고 거래를 해 왔는데 이 정도는 들어주셨으면 합니다. 제 입장도 있고···.

김 대리: ···. ('강하게 안 된다고 해야 하나? 아니면 가격을 타협을 할까? 아님 이번 거래는 포기를 할까? 그렇게 하면 내 이미지는 어떻게 될까? 고객이 싫어하지는 않을까?' 하면서 결정을 못 내린다. '내가 도와주면 고객도 나를 도와줄 거야.' 하는 생각을 한다.)

고객: 왜 그렇게 망설입니까? 평소답지 않게···.

김 대리: (순간적으로 결정을 한다.) 예 어떻게든 해 보겠습니다.

■ ■ ■

:: 원인

1) 비즈니스_{영업}에서 인간적인 매력이 중요하다는 강박관념
   이 비즈니스 내용에 영향을 미치고 있다.

2) 김 대리는 자신의 이미지를 좋게 인식하도록 만드는 데
   너무 신경을 많이 쓰고 있다.

3) 김 대리는 자신이 좋은 사람이 되면 상대방도 좋은 사람
   이 될 것이라는 순진한 기대를 갖고 있다.

4) 고객은 김 대리의 이러한 내면의 갈등을 알고 이용한다.

:: 비용

비즈니스에서 고객과의 신뢰는 매우 중요하다. 그렇다면 고객이 신뢰하는 영업전문가는 어떤 영업전문가일까? 고객의 요구를 무조건 들어주는 영업전문가일까? 한 번쯤은 이 질문에 답을 생각해 보는 것도 의미가 있을 것이다. 이미지와 인간적인 관계에 모든 신뢰를 쌓으려 하지 말라. 전문가로서의 능력에 더 많은 신뢰의 비중을 두어라. 만일 고객의 요구를 상사/조직이 수용하지 않으면 어떻게 할 것인가?

:: 대응

1) 인간적인 매력이 비즈니스 성과의 중요한 요소이지만 결
   정적인 요소는 아니다. 따라서 비즈니스 전문가로서의 신
   뢰를 쌓는 데 더 집중을 하라. 고객은 영업전문가에게 영
   업전문가가 노력하는 만큼 인간적인 매력에 관심을 갖고

있다고 생각하는가? 그렇다고 생각한다면 인간적인 관계로 영업전문가가 원하는 조건을 수용해 달라고 해 보라!

2) 김 대리의 역할은 고객의 문제를 해결할 수 있는 솔루션을 알려 주고 고객이 스스로 구매하도록 하는 것이다. 따라서 김 대리는 비즈니스 파트너로서의 이미지를 부각시키는 데 집중을 하여야 한다.

3) 김 대리가 강하게 나간다고 고객이 거부하지는 않는다. 협상을 한다는 것은 고객이 자사의 문제해결에 김 대리의 솔루션이 필요하다는 것을 인정하였다는 의미이다. 김 대리는 이러한 때 양보의 허구를 인식하고 협상의 안건을 선별하고 우선순위를 정해 협상에 임해야 한다.

4) 고객이 강하게 나온다는 것은 한편으로는 거래를 반드시 하고 싶은 욕구가 있다는 것을 의미함을 알아야 한다. 고객은 김 대리의 인간적인 매력보다는 김 대리의 솔루션이 주는 비즈니스 이익 때문에 거래를 한다. 이를 강조하면서 소신을 유지하는 전술을 활용하면 좋다.

5) 가급적 비즈니스와 인간적인 관계를 연결 짓지 말도록 하라. 고객이 이것을 강조하더라도 김 대리는 고객의 말을 자연스레 무시고객의 모든 말에 대꾸를 하지 않는 방법으로를 하고 자신이 원하는 선에 말뚝을 박고 고객을 설득하는 노력을 하여야 한다.

41 상대의 인간적인 신뢰를 너무 믿는다. (내가 인간적으로 대하면
상대도 그러할 것이라 생각하고 믿고 그렇게 행동한다)

■ ■ ■

고객: 가격을 이렇게 높게 책정을 한 이유가 있나요?

김 대리: 예, 과장님도 알고 계시듯이 원자재 가격이 올라서…. 그리고
저희 회사에서 이번에 새로운 투자를 하는데…. (하면서 김 대리는 솔직
한 마음으로 입장을 이야기한다. 이제까지의 거래를 봐서 이 정도는 양해를 해
줄 것이라는 생각으로….)

고객: 원자재 가격이 오른 것은 이해가 되지만, 회사의 추가적인 투자를
위해 가격을 이렇게 올리는 것은 바람직하지 않다고…. 이건 무리라는
생각이 드는 군요. (하면서 불만족스러운 표정을 짓는다.)

김 대리: …그러면 결제조건에 유연성을 보여드리면….

고객: 결제조건도 중요하지만 가격을 이렇게 올린 이유가 납득이 되질
않는군요. 그걸 먼저 해결한 후 결제조건을 이야기합시다.

김 대리: 이제까지 거래는 과장님의 도움으로 별 무리 없이 잘 진행해
왔습니다. 이번에도….

고객: 도움을 드릴 것이 따로 있지요. 이번 건은 아닌 것 같군요….

김 대리: ….

■ ■ ■

:: 원인

1) 협상의 테이블에서 해서는 안 되는 말을 하였다.

2) 상대방이 자신의 상황을 자신이 바라보는 대로 봐 주기
를 기대한다.

3) 비즈니스와 인간적인 이해관계를 같이 본다.

제4장 영업 성공과 실패를 가르는 영업현상 75가지 상황과 대응

4) 설득을 위한 준비가 부족하다.

:: 비용

이제까지의 거래를 어떻게 해 왔든 고객은 자신의 업무를 성실하게 수행을 해 온 것이다. 김 대리를 도와주려고 김 대리와 비즈니스를 하는 것은 아니다. 이를 인식하지 못한다면 김 대리는 지속적인 비즈니스를 하기 어려울 것이다.

:: 대응

1) 비즈니스와 인간적인 관계를 구분하라. 때로는 인간적인 관계를 이용해 협상을 진행할 수 있지만 이때에도 설득의 논리는 명확하여야 한다. 인간관계가 중요하지만 그것은 김 대리와 고객과의 인간적인 관계에서만이다. 비즈니스는 회사와 회사 간의 관계이다. 회사 간의 비즈니스는 상호 바라는 성과가 다르다. 이 차이를 인간관계로 극복하기는 어렵다.

2) 영업전문가가 회사를 대표하듯이 상대방은 자신의 회사를 대표하는 사람이라는 것을 늘 인식하여야 한다. 따라서 고객은 자신의 업무에서 달성해야 하는 목표가 있다. 김 대리도 물론 마찬가지이다. 어떠한 조건을 제안하든 상대가 그 조건을 수용하려면 자신의 조직을 설득할 수 있는 근거가 필요하다. 김 대리는 이 근거를 준비해 고객을 만나야 한다.

3) 협상 테이블에서 할 이야기와 하지 말아야 하는 이야기를 구분할 수 있어야 한다. 협상의 파워를 결정하는 것 중 하나는 정보의 수준이다. 알아야 할 정보와 알려야 할 정보 그리고 숨겨야 할 정보가 있다. 고객과의 인간관계를 빌미로 자사의 정보를 쉽게 공개하는 것은 유능한 협상가가 하는 행동이 아니다. 자신이 정보를 공개하였다고 상대방도 그에 상응하는 정보를 공개해 주기를 바라는 것 또한 너무나 순진한 생각이다.

4) 지금까지의 거래가 개인적인 관계에서보다는 비즈니스의 이해관계 때문이라는 것을 알아야 한다. 비즈니스 전문가로서의 준비를 잊지 말라. 좋은 인간관계는 비즈니스의 필요조건이지만 충분조건까지는 아니다.

42 상대의 권한을 확인하지 않는다

■ ■ ■

고객: 좋습니다. 우리가 가진 문제를 해결할 수 있는 좋은 제품이군요. 그럼 거래조건은 어떻습니까?

김 대리: 예, 가격은 ○○○원이고 결제는 현금으로 하는 조건으로 하면 좋을 것 같습니다.

고객: 가격이 ○○○원이라… 너무 높군요. 저희는 ○○○원 정도를 생각하고 있었는데… 그리고 현금으로 하는 것도 그렇고… 또 한 가지 서비스 기간을 2년으로 연장을 하면 어떻겠습니까?

김 대리: 그럼 가격은 서로 양보를 하여 ○○○원으로 하지요. 결제는 현금으로 하고 또 서비스 기간을 2년으로 하는 것은 좀 더 고민을….

고객: ○○○원이라… 아직도… 서비스 기간은 2년으로 연장하는 것이 가능하지요?

김 대리: 가격을 ○○○원으로 해 주시면 서비스 기간을 2년으로 해 드리도록 하겠습니다. 어떻습니까?

고객: 그래요, 그럼 제가 저희 ○○○님께 결제를 올리고 그 결과를 알려 드리도록 하겠습니다.

김 대리: (놀라면서) 예, ○○○님이 결정을 하시는 것이 아니었나요?

고객: 이번 건은 ○○부서의 ○○○님이 결정을 합니다. 제가 연락을 드리도록 하겠습니다.

김 대리: 예…. (김 대리는 다소 실망스러운 표정을 짓는다.)

■ ■ ■

:: 원인

1) 상대의 협상 전술이다.

2) 협상당사자와 의사결정권자를 구분하지 못했다.

3) 사안에 따라 구매관계자의 역할이 다르다는 것을 간과하였다.

4) 너무 쉽게 절충을 시도하였다.

:: 비용

상대가 곧 결정을 할 것 같은 태도로 조건의 타협을 시도할 때 영업전문가는 조심해서 결정권한이 있는지를 확인하여야 한다. 우호적인 태도를 취해서 더 많은 양보를 얻으려는 고객의 전술일 가능성을 배제하지 말라.

:: 대응

1) 상대방이 결정권이 있는지를 확인한 후 상대방의 요구에 대응하라. 상대가 자신들이 원하는 조건을 제안하거나 영업사원의 제안에 난색을 표하면 '원하는 가격을 조정해 드리면 결정을 하실 것입니까?'라는 질문을 하라. '~~만 합의가 되면 결정을 하실 수 있습니까?'라고 물어보라. 고객의 답에 따라 다음의 대응이 달라진다. 결정권이 없는 상황에서 자꾸 결정이 어렵다고 하는 것은 영업전문가의 양보를 끌어내기 위한 고객의 전술이다.

2) 상대방이 중요하게 강조하는 것을 잘 파악해 활용하라. 상대방이 양보를 요구하는 것을 들어주는 대신 무엇을 양보해 줄 것인가를 묻도록 하라. 고객이 무엇인가 양보를 해 준다면 결정권을 갖고 있을 가능성이 높다. 상대방이 거절하기 어려운 카드를 제시해 결정을 촉구해 보라.

3) 상대방이 권한이 없다면 자신도 권한을 다른 사람에게 넘겨라. 결정권을 가진 담당자를 소개해 달라도 요청하라. 이를 위해서는 협상의 초기에 상대방의 권한을 확인하여야 한다. 협상을 진행하면서 오늘 협의를 할 내용에 대한 것을 먼저 합의를 보자고 하면서 협상을 진행하라. 상대가 결정권이 없으면 합의에 동의를 하지 않을 것이다.

4) 단계별 재협상을 시도하여 실패를 만회하라. 즉 의사결정권자와 재협상을 하면서 앞에서의 실수를 만회하라.

위의 상황에서는 어쨌든 고객사는 의사결정권자가 드러난다. 이때 김 대리 또한 자사의 다른 권위자를 동원해 재협상을 시도할 수 있다. 재협상을 할 때는 김 대리의 제안을 실수로 핑계를 대는 방법도 있다. 협상의 전술로 실수를 이용하는 것은 김 대리의 능력을 떨어뜨리는 것이 아니다. 설령 고객이 그렇게 생각을 해도 김 대리는 당당하게 재협상에 임하면 된다. - 상사핑계를 대라.

43 상대의 양보에 덥석 미끼를 문다

■ ■ ■

김 대리는 ○○○ 기업과 벌써 3개월째 영업협상을 하고 있다. 서로의 조건이 차이가 많아 어렵게 하나씩 해결을 하기 위해 노력 중이다. 이번 거래에 김 대리는 큰 비중을 두고 있다. 거래 규모도 크지만 이 거래에 집중을 하느라 다른 거래처를 준비하지 못했다. 오늘도 영업협상을 위해 ○○○ 기업을 방문한다.

김 대리: 안녕하십니까? 부장님.

고객: 어서 오세요… 벌써 겨울인가 봅니다. 날씨가 꽤 쌀쌀하죠… 이리 앉으세요….

김 대리: 감사합니다. 오늘은 지난번에 말씀드린 가격 건으로….

고객: 그래요… 그럴 줄 알았습니다. 김 대리님. 우리는 김 대리가 제시한 가격을 수용하기로 하였습니다.

김 대리: 예! 진짜입니까? 감사합니다. (김 대리는 너무나 기쁘다. 이제까지 가격 때문에 영업협상이 진전되지 않았는데… 고객이 가격을 수용하겠다고 한

다.) 이번 거래를 통해 저희뿐 아니라 ○○○ 기업과 부장님께도 좋은 기회가 되리라 생각을 합니다. 정말로 감사드립니다. 그럼 계약을….

고객: 고맙기는요. 우리가 필요해서 거래를 하는 건데… 그런데….

김 대리: (갑자기 고객이 뭔가 할 말을 주저하는 것이 걱정이 된다. 가격이 잘 마무리되면 곧 계약을 할 수 있을 것이라 생각을 했는데….) 왜 무슨 문제가 있습니까? 부장님.

고객: 사실은 납품을 앞당겼으면 합니다. 영업협상을 하느라 시간이 많이 흘러… 2주일 내로 전량이 납품이 가능할까요? 그리고 납품도 김 대리 측에서 해 주시면 좋겠는데… 불량에 대해서도 전량 김 대리 측 부담으로 교체를….

김 대리: 그런 문제라면 걱정하지 않으셔도 좋습니다. 제가 다 알아서… 그럼 계약서를 작성하시지요.

김 대리는 회사로 돌아와 계약결과를 상사에게 보고를 한다. 상사는 김 대리의 계약서를 읽다가 '납품을 2주일 내로 해야 한다고? 생산부가 어려워할 텐데. 야근에 들어가는 비용도 만만찮을 것이고… 납품도 우리가 하고 불량에 대한 책임도….' 하면서 계산기를 두드린다. 잠시 후 상사는 '김 대리 이 조건은 너무 불리한데. 비용을 다 계산하니까 이익이 다른 거래에 비해 턱없이 낮군. 어떻게 된 것인가?' 하면서 김 대리를 쳐다본다.

:: 원인

1) 너무나 오래 기다린 결과라 앞뒤 상황을 고려하지 않았다.
2) 고객이 김 대리의 제안을 수용을 할 때는 고객의 상황이 바뀌었다는 사실을 김 대리는 파악하지 못했다.
3) 자사의 다른 부서가 질 부담에 대해선 그들의 문제라고 생각을 하고 있다.
4) 고객의 가격 수용이 다른 것을 얻어내기 위한 전술이라

면 이를 파악하지 못했다.

5) 김 대리는 협상의 진행에 다른 사내 부서의 업무 상황을 파악하지 않았다.

6) 고객에 대한 정보 부족으로 고객의 대응을 예측하지 못했다.

:: 비용

지루하게 끈 협상은 당사자들을 지치게 한다. 특히 영업을 하는 김 대리에게는 그동안 들인 시간과 노력이 너무나 아깝다. 이를 교묘하게 상대방이 이용을 한다면 거래조건은 김 대리에게 불리할 수밖에 없다.

:: 대응

1) 고객의 변화된 상황을 파악하기 위해 노력을 하라. 장기간의 협상이 진행되었다면 다양한 채널을 동원해 고객의 정보를 파악할 수 있어야 한다. 예기치 않은 상황의 전개로 고객의 파워가 약해질 수 있음을 안다면 정보의 가치가 얼마나 큰 것인가를 알 것이다.

2) 고객이 중요한 조건을 수용할 때는 뭔가 이유가 있음을 알고 그 이유를 협상의 지렛대로 활용할 수 있어야 한다. 고객이 흔쾌히 영업전문가의 조건을 수용할 때는 반드시 무엇인가 요구하는 것이 있다는 것을 알아야 한다. 질문을 하라. '가격을 수용해 주신데 감사를 드립니다. 다른 조건

의 요구는 없으신지요?'라고 먼저 질문을 하면 고객의 요구가 나와도 생각을 할 시간적인 여유를 가질 수 있다.

3) 한 고객에게 모든 것을 걸지 말라. 계약을 수주할 수 있는 대안이 있다면 불리한 조건을 요구하는 고객과의 계약에 모든 것을 쏟지는 않을 것이다. 비즈니스에 집중하는 것과 한 고객에게 올인하는 자세는 다르다.

4) 고객이 요구하는 조건들에 대한 거래 내용과 회사의 상황에 미치는 영향에 대해 고려를 하라. 즉 길게 진행된 협상이라면 많은 협상의 안건들을 주고받았을 것이다. 이 안건들에 대한 자사의 능력을 평가하고 적절한 준비를 하여야 한다. 많은 안건이 오갔음에도 자사 내부의 다른 부서와 협의를 하지 않는다면 협상의 파워를 강화할 수 없을 것이다.

5) 고객이 큰 양보를 할 때 조심하라. 고객이 아무 조건도 없이 양보를 하는 경우는 거의 없다는 것을 기억하라. 김 대리가 중요하게 생각하는 의제가 고객에게는 중요성이 떨어질 수도 있다. 어떤 양보든 양보는 대가를 요구한다는 것을 알고 그에 맞는 준비를 하도록 하라. 고객의 요구가 너무 크다면 적절한 협상의 전술을 활용하도록 하라.

6) 고객의 요구사항이 있을 때는 성급하게 판단하지 말라. 오래 끈 협상이지만 고객의 요구가 그동안의 의제와 다르다면 신중히 검토를 하도록 하라. 사전에 준비가 되어

있지 않다면 시간을 요구하고 내부협상을 거치도록 하라.

7) 김 대리는 자신이 들인 시간과 노력의 비용을 너무 높게 책정하지 말라. 반면 고객의 시간과 노력에는 높은 비용을 책정해 고객이 부담을 갖도록 하라.

㊹ 메모 또는 기록을 하지 않는다

■ ■ ■

김 대리는 고객과의 영업협상을 마무리하기 위해 방문을 한다. 이제까지 여러 차례 상담을 통해 어느 정도 합의가 이루어졌다. 오늘은 잘 하면 계약을 할 수 있을 것 같다.

김 대리: 안녕하십니까? 과장님.

고객: 어서 오십시오. 이리로 앉으시지요.

김 대리: 예, 고맙습니다. 오늘은 그동안 이야기해 온 것을 마무리를 하였으면 합니다. 시간도 많이 지났고. 또 ○○○ 기업에서도 결정을 할 시점이라고 생각을 합니다만….

고객: 그렇지요. 그동안 김 대리께서도 성실하게 준비를 해 상담을 해 주셔서 저희에게도 많은 도움이 되었습니다.

김 대리: 감사합니다. 그럼 지난번에 말씀드린 대로 가격은 ○○○원에 하시고 결제는 현금으로….

고객: 잠깐만요. (하면서 노트를 펼친다.) 지난번 이야기할 때는 ○○○원으로 하기로 한 것 같은데…. (하면서 김 대리가 말한 가격보다 8% 할인된 금액을 이야기한다.)

김 대리: 무슨 말씀이신지… 가격은 그렇게 해드릴 수가 없는데요?

고객: 그래요? 지난 ○○일 김 대리와 이야기할 때 김 대리께서 그 정도

는 가능하다고 말씀을 하신 것으로 알고 있는데…. (고객은 노트를 펼쳐 서 메모된 내용을 김 대리에게 보이면서 이야기를 한다.)

김 대리: (갑자기 머리가 복잡해진다. 고객의 말을 듣고 보니 그런 것 같기도 하 고… 확신이 없다. 하지만 고객은 노트를 보고 이야기를 하지 않는가? 김 대리 는 자신도 혹 메모를 하였는지 노트를 펼쳐 보지만… 그날 상담 내용을 기록이 되어 있지 않다.) 그 가격에는….

고객: 지난번에 김 대리께서 ○○○라고 이야기하였는데… 그 말은 가 격이 ○○○원이면 가능하다는 말이 아니었나요?

김 대리는 당황한다. 자신은 기억도 메모도 없고, 고객은 메모를 보면서 이야기를 하고….

:: 원인

1) 김 대리는 협상 테이블에서 나온 이야기들을 모두 기억 할 수 있을 것이라는 믿음으로 기록을 하지 않았다.

2) 고객과 김 대리 사이의 메시지에 대한 해석의 차이가 있 을 수 있다. 김 대리의 애매한 표현을 고객은 자신에게 유리하게 해석을 하였다.

3) 협상 상담 시 모든 내용을 협상을 마무리할 때 다시 다 룰 수 있다고 생각한다.

4) 협상을 하면서 애매한 표현을 사용해 그때의 상황을 모 면하려 하였다.

5) 상대방이 기억을 하지 못하거나 기록을 하지 않을 것이 라고 생각을 한다.

6) 협상 커뮤니케이션 중 경청기술기록하고 확인하는 것이 부족하다.

:: 비용

1) 상대방의 이야기를 무시하거나 인정하지 않으면 신뢰감
   에 큰 상처를 입는다.

2) 이러한 상황에서는 김 대리는 고객의 요구를 꺾을 수 없
   다. 김 대리는 고객의 말을 반박할 자료가 없기 때문에
   고객을 설득하기 어렵다.

:: 대응

1) 협상 테이블에서의 모든 내용은 항상 기록을 하라. 협상
   테이블에서 주고받는 모든 내용들은 나중에 계약서의
   기본조건이 된다. 특히 고객이 메모하는 것을 싫어할지
   도 모른다는 두려움을 버려라. 협상을 하면서 서로가 메
   모를 하는 것이 기본이라는 것을 잊지 말라.

2) 여러 번의 협상을 하는 경우 매 협상 상담을 마무리할
   때 그 자리에서 나온 의제/이야기 또는 합의한 내용을
   항상 확인하라. '오늘은 ○○한 내용을 다루었습니다.
   ○○은 ○○○하게 합의를 하였고, ○○○○는 다음 주
   에 다시 만나 서로의 조건을 조율하기로 하였습니다. 맞
   습니까?'라는 방법으로 마무리를 하라. 그렇지 않으면 오
   늘 다룬 의제들을 상대방이 어떻게 이해를 하였는지 확인
   하는 방법도 있다. 또 협상이 지속되어 만나는 횟수가 많
   아질 때는 매번 만날 때마다 지금까지의 합의된 내용과
   앞으로 합의를 할 내용을 이야기해 동의를 구하도록 하라.

3) 자신의 기억력을 너무 믿지 말라. 아무리 좋은 기억력도 시간이 지나면 잊어버리게 되거나 명확하게 내용을 상기하지 못할 수 있다. 항상 메모하는 습관을 들이도록 하라.

4) 상대방이 기록/메모를 하지 않을 것이라는 안이한 생각을 하지 말라. 비즈니스의 수행 내용은 양쪽에게 매우 중요하다. 고객 또한 매 협상의 의제들에 관심을 갖고 자신에게 유리하게 진행을 하려 하고 특히 불리한 결과는 원하지 않는다. 이러한 준비를 한 상태에서 고객이 협상에 임한다는 것을 기억하라.

5) 너무나 중요한 사안/의제라면 그리고 수용할 수 없는 내용이라면 협상의 결렬을 대비하라. 물론 김 대리의 잘못이다. 김 대리의 실수로 자신이 불리한 조건을 강요받을 때는 실수를 전술로 활용하라. 고객이 다소 언짢아하더라도 어쩔 수 없다. 실수를 인정하고 회사의 지원 또는 상사 핑계를 대면서 대응을 하도록 하라.

6) 만에 하나 고객에 이것을 기만술로 사용한다면 김 대리에게는 치명적인 상처가 된다. 따라서 김 대리는 자신의 기억에 없는 것이라는 확신이 들면 그 의제에 대해서는 다시 협상을 할 각오를 하는 것이 좋다. 고객의 메모 속 조건은 고객의 희망가격일 수 있다. 그렇다면 얼마든지 조정이 가능하다는 것이다.

7) 고객이 메모를 하지 않을 수도 있다. 고객은 나중에 자

신의 기억력을 핑계로 영업전문가의 요구를 거절하거나 조건변경을 요구하기 위한 전술일수도 있다. 따라서 매번 협상을 마무리 할 때 합의된 내용을 확인하고 근거로 남겨야 한다.영업전문가의 메모를 복사해 전달하라.

45 협상의 결렬을 너무 두려워한다

■ ■ ■

고객과 영업협상을 진행 중인 김 대리.

현재 진행 중인 영업협상이 결렬되는 것에 노심초사한다. 이제까지 들인 노력과 시간을 생각하면 반드시 계약을 하여야 한다. 그렇다고 고객이 원하는 것을 모두 수용할 수도 없다. 고민을 하는 김 대리에게 동료 이 대리가 다가온다.

이 대리: 김 대리, 무슨 고민이 있는가? 오늘은 영 기분이 좋지 않은 것 같군.

김 대리: 응, 사실은 …. ○○ 기업과 영업협상을 진행 중인데 도대체 합의가 안 되는구먼. 이번 달 목표를 달성하기 위해서도 빨리 마무리가 되어야 하는데….

이 대리: 문제가 뭔가?

김 대리: ○○ 기업에서 너무 무리한 조건을 요구해서…. 우리 입장을 아무리 설명을 해도 소용이 없어….

이 대리: 그렇다고 그들이 원하는 대로 할 수는 없고…. 고민이 되겠구먼.

김 대리: 어떻게 하면 좋겠나? 그렇다고 계약을 포기하기엔 너무 아깝고… 계약을 하여도 지금의 조건으로는 우리가 너무 많은 양보를 하는 것이고…. 부장님께 말씀을 드리기도 그렇고….

이 대리: 그러게…. 처음 거래를 할 때 제대로 해야 다음의 거래도 제대로 할 수 있을 텐데…. 힘들겠지만 이번 거래를 뒤로 미루는 것이 어떤가? 이 방법도 하나의 영업협상 전술인데….

김 대리: 그러다 진짜로 계약을 놓치게 된다면…?

∷ 원인

1) 다양한 거래처를 확보하지 못해 김 대리는 불안하다.

2) 협상의 결렬이 영원한 비즈니스의 결렬이라고 생각한다.

3) 시간의 압박감을 받고 있다.

4) 고객의 까다로운 조건을 영업전문가가 해결해야 한다고 생각을 한다.

5) 고객에게 좋은 사람이 되어야 한다고 생각할 수 있다.

6) 다양한 협상 전술을 활용하는 능력이 부족하다. 창의적인 사고가 부족하다.

∷ 비용

협상의 결렬과 불리한 조건이라도 계약을 받아 오는 것의 선택은 영업전문가 입장에서는 무척 어려운 선택이다. 이러한 상황에 처한 영업전문가들은 대부분 자신의 힘으로 이 난관을 헤쳐 나가려고 한다. 절대 혼자 문제를 해결하려 하지 말라. 자사의 조직력을 최대한 활용하여야 한다.

∷ 대응

1) 김 대리는 협상의 결과가 조직의 이익에 미치는 영향을

생각하여야 한다. 이익의 폭을 결정하거나 이익이 적음을 수용하는 것은 김 대리의 몫이 아니다. 따라서 상사와 충분한 커뮤니케이션을 하도록 하라.

2) 때로는 한발 물러서는 여유/전술도 필요하다. 고객이 영업전문가가 다급할 것이라고 생각할 때 오히려 여유를 갖고 있는 모습을 보여 주는 것은 좋은 협상 전술이다. 까다롭게 반응하는 것이 고객의 협상 전술이듯이….

3) 상대방의 반응을 너무 일찍 추측하지 말라. 고객이 까다롭게 나온다고 김 대리의 조건을 무조건 반대하거나 협상가능 범위가 없거나 적어진다고 미리 판단하지 말라. 이런 성급한 판단은 자신의 입장을 불리하게 할 뿐이다.

4) 상대방이 까다롭게 나올 때는 다 그 이유가 있다. 그것을 찾는 데 집중하라. 여유 있게 '왜 그것을 요구하는지? 왜 그것이 중요한지?'를 물어라. 당황하는 모습을 보이지 말라. '무엇을 양보해 줄 수 있는지?'를 묻도록 하라.

5) 다양한 거래처를 확보해 시간과 성과의 압박감을 해소하라. 이것은 영업전문가가 가진 가장 강력한 대안임을 앞에서 여러 차례 강조를 하였다. 늘 가망고객발굴 – 접근 – 설명 – 설득을 해 계약가능성이 높은을 확보하는 데 집중하여야 한다.

6) 이번 비즈니스가 성사되지 않으면 고객/상대방이 받을 피해/압박을 생각하라. 고객 또한 진지하게 협상에 임하는 것은 내부 구매업무가 가동되었음을 의미한다. 영업

전문가에게도 협상의 결렬이 부담이 되지만, 고객입장
에서도 원하는 상품/제품과 서비스를 적절한 시간에 구
매하지 못하면 부담이 된다는 것을 인식하도록 하라.

7) 상대방이 까다롭게 나오는 것은 이번 거래가 그들에게
도 무척 중요하기 때문일 수도 있다.

8) 기타 협상의 불안감 해소

  A. 잃는 것에 대한 불안감: 돈, 재산, 기회 등

    ⅰ. 대처

      1. 상대가 거래를 원하는 것을 모르도록 하라.

      2. 필요하면 협상을 단념할 것도 생각하라.

      3. 대안을 준비

    ⅱ. 활용

      1. 다음의 기회가 없다는 것을 암시

      2. 기대치를 높게 해서 제안

  B. 불확실성에 대한 불안감: 상대 신뢰 등

    ⅰ. 대처

      1. 철저하게 준비하라.

      2. 대안을 개발하라.

    ⅱ. 활용

      1. 정보를 조금씩 공개

      2. 조건이나 상황이 달라질 수 있다는 것을 암시

  C. 실패에 대한 불안감: 메시지 전달, 상대의 화 등

제4장_영업 고수로 올려주는 영업협상 75가지 상황과 대응

ⅰ. 대처

　　1. 준비 – 정보를 파악하라.

　　2. 감정을 자제하는 연습을 하라.

　　3. 상대의 공포를 인정하라.

ⅱ. 활용

　　1. 굳은 표정으로 까다로운 사람이라는 인상을 주라

　　2. 상대의 질문을 심각하게 받아들이기

　　3. 어렵다는 것을 암시

46 협상에서 제안의 묘미를 모른다

■ ■ ■

고객: 그럼 이번 거래를 위한 조건은 어떻습니까?

김 대리: 예! 거래조건은 원하시는 수준을 말씀해 주시면 가급적 맞추도록 하겠습니다.

고객: 거래조건으로 가격은 ○○○원, 납기는 ○○, 결제는 ○○로 하고 서비스와 직원을 상품교육도 ○○○.

김 대리: 예! 좋습니다.

김 대리는 고객이 요청한 거래조건을 어떻게 이야기를 할까 망설인다. 과연 우리가 제시하는 대로 수용을 해 줄 것인가? 아니면 반대를 할 것인가? 반대를 하면 어떻게 하지….

김 대리: 예! 가격은 ○○○원, 결제방법은 ○○, 서비스와 직원들 상품교육은 ○○○로 하면 어떻겠습니까? (하면서 처음에 준비한 조건보다 훨씬 후퇴한 조건을 이야기한다.)

■ ■ ■

:: 원인

1) 상대의 초기 제안이 곧 최종 제안이라고 생각한다.

2) 자신의 제안이 강하면 상대방이 거절하거나 협상 테이블을 떠날 것이라 두려워한다.

3) 양보를 하여 제안을 하면 상대방도 좋아하고 받아들일 것이라 생각을 한다.

4) 제안의 가치와 원칙, 방법을 모른다.

:: 비용

협상의 제안은 협상에서 다룰 의제들이 무엇이고 각 의제들의 중요도와 우선순위 그리고 각자가 원하는 목표와 수준을 주고받으면서 합의까지 가는 협상의 내용들을 주고받는 커뮤니케이션 활동이다. 따라서 협상의 제안은 언제든 변경이 가능하고 필요하면 다른 의제를 협상 테이블에 올릴 수도 있다. 이러한 제안을 활용하는 능력이 부족하다면 유리한 협상을 이끌어 갈 수 없다.

:: 대응

1) 협상의 제안은 제안일 뿐이다. 제안은 언제든 바뀌고 수정되며 거부될 수도 있음을 알아야 한다. 제안은 협상에서 서로의 협상 목표를 달성하기 위한 조건들의 교환이다. 따라서 협상목표의 성공적인 달성을 위해서는 다양한 협상의 의제들을 개발하고 제안하여야 한다.

2) 상대방도 김 대리의 초기 제안을 최종 제안이라고 생각

하지 않는다. 따라서 김 대리 또한 상대가 자신의 제안에 항상 긍정적이고 수용적일 것이라는 기대를 해서는 안 된다. 물론 상대의 제안에 대해서도 김 대리는 거부할 수 있고 조정하자는 제안을 할 수 있음을 알아야 한다. 목표를 높게 세우고 과감하게 제안을 하라. 그리고 상대방의 제안을 수용할 수 없을 때는 부드럽게 역제안을 하라.

3) 제안을 할 때는 과감하게 하라. 협상당사자 간 협상의제의 목표 범위 안에 협상가능 범위가 정해진다. 이 협상가능 범위를 가급적 자신에게 유리한 쪽으로 유도하기 위해서는 과감한 제안을 하는 것이 좋은 방법이다.

4) 자신이 힘을 갖고 있을 때는 먼저 제안을 하고 힘이 없거나 약할 때는 상대방이 먼저 제안을 하도록 하라. 상대방의 제안에 맞춰 주는 것은 협상을 하지 않는 것보다 나쁜 결과를 불러올 수도 있다. 고객이 영업전문가가 원하는 대로 조건을 제안하지는 않는다. 그리고 협상의 파워와 협상에 유리한 위치를 점하고 있는가의 여부가 제안의 유리함과 불리함을 가져온다. 상황에 따라 적절한 제안을 하도록 하라.

5) 협상은 제안을 주고받으면서 합의를 하는 과정이다. 따라서 과감하게 제안을 하라. 당신이 고객의 입장을 고려하고 고객의 불편을 덜어 준다고 해서 고객이 당신에게 선물을 하지는 않을 것이다.

6) 협상 테이블에서 상대에게 던질 다양한 제안 내용을 만

들도록 하라. 성공적인 협상을 위해서는 협상의 파워를 키우는 것이 가장 바람직한 방법이다. 제안의 내용이 많다는 것은 파워를 키울 수 있는 좋은 방법이다. 창의적인 아이디어로 서로의 이익을 극대화할 수 있는 지혜도 활용해 보라. 오렌지를 나누어 먹으려는 자매의 욕구_{알맹}

_{이를 원하는 동생과 껍질을 원하는 언니 사이의 오렌지 나누기}에 따라 바람직한 협상의 결과가 나오듯이….

7) 제안을 하기 위해 제안을 준비할 때는

   A. 감성적 제안: 감사, 경의 등 호의적인 말이나 행동으로 상대의 마음에 강하게 호소

   B. 논리적 제안: 정보, 데이터 등 사실적인 근거를 활용하여 상대에게 접근

   C. 위협: 상대에게 위기감을 주는 행위, 상대가 이런저런 말을 못 하고 자신을 따르도록

   D. 흥정: 이쪽이 무엇인가 양보하는 교환조건으로 하여 상대에게 양보를 요구

   E. 타협: 각자가 요구하는 결과의 중간을 찾아서 협상의 손익을 나눠 가지는 것의 방법을 활용하도록 하라.

④⑦ 제안을 유도하지 못한다

■■■

고객: 상품은 좋습니다. 그럼 거래조건은 어떤가요?

김 대리: 예! 거래조건은 ○○○입니다.

고객: 그래요? 조건이 부담이 되는군요. (하면서 말을 하지 않는다.)

김 대리는 조바심이 난다. 부담이 된다면 어떤 부분이 부담이 되는지 말을 하기를 기다려도 고객은 말을 하지 않는다. 김 대리는 더 기다릴까 아니면 다른 조건을 이야기할까 망설인다. 고객이 말을 해야 대응을 할 수 있을 텐데… 이때

고객: 다른 조건은 없습니까? 앞의 조건은 부담이 되는군요.

김 대리: (순간적으로) 예! 그럼 ○○하게 해 드리면…?

■■■

:: 원인

1) 김 대리는 자신이 제안할 수 있는 의제의 패키지를 준비하지 못했다.

2) 상대방고객이 자신의 제안을 먼저 말하지 않는 전술에 대한 대응력이 떨어진다.

3) 상대방의 침묵에 김 대리가 효과적으로 대응하지 못했다.

4) 상대방의 제안을 끌어내는 질문기술이 부족하다.

5) 김 대리는 질문을 던지는 데 익숙하지 않거나 질문에 대한 상대방의 대답 거절을 두려워한다.

:: 비용

협상에서 제안을 효과적으로 하지 못한다면 상대방의 전술에 흔들릴 수밖에 없다. 협상의 제안은 커뮤니케이션 능력이 요구된다. 상대의 제안과 그 이면의 의미를 파악하는 것과 자신의 제안을 설득력 있게 전하는 능력이 요구된다.

:: 대응

1) 자신의 제안에 대해 상대방이 침묵을 하면 일단 기다려라. 상대방이 신중히 생각하고 있을 수도 있다. 상대방이 대응을 할 때까지는 제안한 내용을 먼저 수정하지 말라. 나중에 얼마든지 수정제안을 할 기회가 있다.

2) 항상 대답을 하기 전에 상대방의 의중을 확인하는 질문을 던져라.
   - 상대방의 전문성을 활용하라.
   '이 분야에 대해서는 ○○○께서 전문가이시니 먼저…?'
   - 토론을 제안으로 전환하라.
   '당신의 말씀은 ○○○○을 하자는 이야기지요?'
   - 수정제안을 하도록 만들어라.
   '우리의 제안에 대한 ○○○의 제안은?'
   - 상대방이 바라는 것을 묻도록 하라.
   '이번 협상에서 바라시는 것은…?'
   - 상대가 원하는 바를 먼저 제안하라.
   '당신의 입장을 고려한 우리의 제안은….'

- 최초의 제안을 하기 전 대강의 협상 범위를 정하라.
'이번 협상에서는 ○○○과 ○○○을 다루고자 합니다.
어떻습니까?'

3) 상대방이 제안을 거절하면 곧바로 수정제안을 하지 말고
왜 거절을 하는지 또는 부담을 느끼는지 이유를 물어라.
- '좋은 의견입니다….'
- '그것은 우리가 할 수 있을 것 같군요.'
- '당신은 내가 하고 싶은 말을 하는군요.'
- '나는 당신의 말을 ○○○하게 이해를 했습니다.'
- '아마도 문제는 ○○인 것 같군요.'
- '그것은 우리가 합의하지 않은 내용이군요.'
- '당신의 제안을 수용하기 어려운 것이 안타깝군요. 우
리는….'
- '우리는 ○○하게 생각을 하는데, 당신은?'

4) 상대방의 체면을 세워 주면서 상대방이 먼저 제안을 하도
록 하라. 상대방이 먼저 제안을 하면 '엄살 피우기', '상사
또는 조직 핑계 대기', '체면에 호소하기', '내키지 않은
척하기' 등의 전술을 사용할 수 있다. 또 상대방이 무엇을
중요하게 생각하는가를 판단해 적절한 대응을 할 수 있다.

5) 제안을 유도하는 커뮤니케이션을 활용하라.
- '당신의 ○○○을 듣도록 하겠습니다.'
- '이것은 ○○○을 하자는 이야기인가요?'

- '주요내용은 ○○○인 것 같은데 맞습니까?'
- '○○○을 좀 더 자세히 알아봅시다.'
- '저는 우선 ○○○을 했으면 하는데 어떻게 생각하십니까?'
- '우리는 ○○○을 하였으면 합니다.'
- '○○○을 좋아하나요, ○○○을 좋아하나요?'
- '오늘은 ○○○와 ○○○에 대해 이야기하였으면 합니다.'
- '좋아요. ○○○에 대해 질문이 있습니까?'

㊽ 상대방의 니즈와 필요를 과소평가한다

■■■

고객과 영업협상을 마무리하고 계약을 체결한 김 대리는 회사로 돌아와 상사인 이 과장에서 보고를 한다. 계약을 하였기 때문에 인정을 받을 것을 기대하면서….

김 대리: 과장님, ○○○ 기업과 영업협상을 마무리하고 계약을 하였습니다. 여기 계약서….

이 과장: (김 대리가 건네준 계약서를 검토하면서) 그래, 수고하였네. ○○○ 기업과는 처음 거래라 힘들 것으로 생각했는데… 그런데 김 대리 거래 조건이 왜 이런가? 너무 우리가 양보를 많이 한 것 같은데….

김 대리: 예, 하지만 처음 거래를 하는 것이라… 앞으로 지속적으로 거래 가능할 것 같고 해서….

이 과장: 그래도 그렇지! 이래서는 오히려 우리가 손해 보는 것 같은

데… 그쪽이 니즈는 무엇이었는가?

김 대리: 예, 그쪽은 ○○○한 문제를 해결하고자 이번 거래를….

이 과장: 그래? 굉장히 중요한 문제군. 그럼 그 문제해결의 이익을 강조하면서 계약의 조건을 좀 수정할 수 있지 않았겠는가?

김 대리: 그 문제는 영업상담 중 생산부와 이야기를 하면서 나온 것인데요. 그리고 구매부와 영업협상에서는 그런 이야기는 나오지 않았고, 거래조건들만 조정하였습니다.

이 과장: ….

■ ■ ■

:: 원인

1) 협상에서도 상대방고객이 가진 문제나 채우고자 하는 욕구니즈는 매우 중요한 역할을 함을 인식하지 못한다. 즉 고객은 자신들의 니즈를 충족하는 것이 비즈니스의 중요한 목표임을 영업전문가가 간과하고 협상에서 적절하게 활용하지 못하였다.

2) 영업의 상황과 협상의 상황은 다른 것이 아니다. 연장선상의 문제이다. 즉 영업의 도구인 솔루션에 대한 욕구가 해결되어야 협상으로 진행이 된다. 그 설득의 도구는 다르지만 연장선에 있다는 것을 인식하여야 한다.

3) 협상을 진행하는 것은 고객상대방 입장에서는 김 대리의 솔루션이 마음에 든다는 것을 의미한다. 따라서 솔루션의 가치를 극대화해서 거래의 조건을 유리하게 할 수 있어야 한다.

:: 비용

영업의 설득도구와 협상의 설득도구가 비록 다르다 하더라도 영업의 도구를 통해 자신들이 얻는 이익을 고객이 확신할 수 있을 때 협상이 진행이 된다. 구매부가 협상의 도구들에 관심을 보여도 영업의 도구인 솔루션에 대한 현업부서의 욕구가 없으면 비즈니스가 일어나기 어렵다. 이 사실을 명확하게 인식을 하고 활용할 수 있어야 한다.

:: 대응

1) 협상은 곧 영업의 마무리이다. 영업과정에서 고객이 가진 자신들의 문제를 해결하고 얻는 이익을 확신한 것을 협상에서 적절하게 활용하여야 한다. 비즈니스의 조기 실행을 통해 자신들이 원하는 이익을 빨리 보도록 유도하면서 협상에 임하라.

2) 영업의 기회를 만들어 준 상황고객의 니즈, 문제 등은 협상의 결과 그들이 얻기를 기대하는 해결책의 가치를 올려 준다. 협상에서 이러한 솔루션의 활용을 지혜롭게 하여야 한다. 필요하면 현업부서의 강렬한 욕구를 언급하여도 좋다. 고객의 경쟁자가 어떻게 하는지를 강조하는 것도 좋다.

3) 해결책의 가치와 이익을 강조하여 상대방의 투자를 이끌어 내라. 곧 고객의 투자구매결정는 영업전문가를 위한 것이 아니고 자신들의 성장과 발전을 위한 것임을 협상을 진행하면서 끊임없이 강조하도록 하라.

4) 신규고객의 경우 투자 가치에 더 큰 흥미를 느낀다. 이를 잘 활용하도록 하라.

5) 처음 거래를 하는 고객의 경우 선례(영업전문가의 양보, 유리한 조건 수용 등)를 남기지 않도록 하라. 선례는 다음 협상의 중요한 전략의 도구가 됨을 인식하여야 한다.

49 고객의 정보를 끌어내는 방법(내용과 기술)을 모른다.

■■■

고객과 영업협상을 진행 중인 김 대리는 오늘도 고객과의 영업협상을 위해 외출 준비를 한다. 그때 상사인 이 과장이

이 과장: 김 대리, 오늘도 ○○ 기업에 가나?

김 대리: 예, 아직 합의된 것이 없어서….

이 과장: 그래! ('그쪽에서는 누가 최종 결정권자인가? 주요 요구조건은? 내부 상황은? 제안의 내용 중 우선순위는?' 등을 묻는다.)

김 대리: 예? 지금은 구매부 박 대리와 이야기 중인데요. 박 대리는 그런 말이 없었습니다. 요구조건도 몇 가지 있지만 어느 것이 중요한지….

이 과장: 이번 영업협상을 유리하게 매듭짓기 위해 김 대리는 무엇을 알아야 하고 어떻게 알아낼 것인가 등등에 대해 어떤 준비를 하고 있는가?

김 대리: 무슨 말씀이신지? 나름대로는 준비를 하고…. 그리고 질문을 하면 그들이 답을 하겠습니까? 그리고 그들이 제안한 내용에 대응하는 것도 벅찬데….

이 과장: 그럼 그쪽에 대한 정보가 없다는 말인가? 정보를 끌어낼 수 있는 질문도 하지 않는다. 그래서는 영업협상의 결과가 제대로 나올지….

김 대리: ….

■■■

:: 원인

1) 일방 통행식의 영업과 협상 스타일에 젖어 있다. 즉 영업전문
가는 자신의 생각대로 상대방과 상황을 파악하고 활동한다.

2) 상대방_{고객} 내부의 정보가치를 모른다. 협상에서 정보가
가진 중요성을 인식하지 못한다.

3) 상대방_{고객}은 절대로 자신의 정보를 말하지 않을 것이라
는 선입견을 갖고 있다.

4) 질문에 고객의 무반응을 두려워한다.

5) 고객에 대한 정보를 활용해 협상을 하는 것이 아니라 고
객의 요구사항을 자사가 수용해야 한다고 생각을 한다.

:: 비용

고객의 정보를 파악하지 못하거나 정보를 파악하는 능력이
떨어지면 그만큼 협상의 파워를 효과적으로 활용하지 못한다.
이는 협상의 결과를 자신에게 유리하게 만들기 어렵다는 것
을 의미한다. 영업에서만 정보가 중요한 것이 아니다.

:: 대응

1) 항상 질문을 우선하는 협상 커뮤니케이션을 하도록 하
라. 협상에서 활용할 수 있는 질문으로는 다음이 있다.

   A. 열린 질문 - 고객으로 하여금 자신의 상황, 입장에 대
한 정보를 말하도록 하는 질문을 의미한다. '왜? 누
가? 언제? 원하는 조건은? 왜 그 조건이 중요한가?'

등등 5W1H를 중심으로 질문을 하는 것이다.

B. 닫힌 질문 - 고객으로 하여금 '예' 또는 '아니오'라고
답을 하도록 하는 질문이다. 이것에는

ⅰ. 확인질문: 고객의 말을 듣고 영업전문가가 이해한
내용을 확인하는 질문이다. '지금 말씀은 부장님께
서 한 조건을 중요하게 생각하신다는 말씀이신가요?'

ⅱ. 추측질문: 영업전문가가 협상을 진행하면 또는
협상을 준비하면서 세운 가설정보에 의한을 확인하는
질문이다. '제가 알기로는 OOO님께서 의사결정을
하시는 것 같은데… 맞습니까?'

2) 효과적이고 적절한 질문은 상대방으로 하여금 자신의
상황에 대한 이야기를 하도록 만드는 매력을 갖고 있음
을 알고 활용하라. 협상 초기와 진행 중 그리고 마무리
에도 적절한 질문을 활용하도록 하라. 상대의 협상 전술
에 맞는 질문을 유효적절하게 활용하도록 하라.

3) 상대방고객이 먼저 말하지 않음은 영업전문가가 질문을
하지 않기 때문이다. 영업전문가가 묻지도 않은 정보를 고
객이 알아서 공개할 것이라고 생각하지 말라. 오히려 영업
전문가가 예기치 않은 정보협상에 중요하다고 영업전문가가 생각하는
를 고객이 공개를 할 때는 그 저의를 파악하려는 노력을
하여야 한다. 이때에도 질문이 유용한 기술이다. 고객이 침
묵을 지키는가 아니면 정보를 공개하는가 하는 것은 전적

으로 영업전문가의 커뮤니케이션 능력에 달려 있다.

4) 먼저 조건을 말하면서 상대방을 설득시키려 하지 말고, 그들의 이야기를 듣고 설득의 포인트를 찾도록 하라. 즉 고객의 말을 잘 들으면 그 속에 상대의 약점 또는 중요한 사실을 파악할 수 있다. 고객이 많은 말을 하도록 유도하라.

5) 협상을 하면서 파악할 정보로는 다음의 것들이 있다.

   A. 이름:

   B. 회사:

   C. 그 사람과 당신과의 관계는?

   D. 그 사람이 그 회사에서 일한 경력은?

   E. 그 사람이 조직으로부터 받은 권한은?

   F. 그 회사의 협상에 대한 전략과 전술은?

   G. 협상자가 협상의 결과로 받는 보상은?

   H. 상대가 가진 시간적인 제약은?

   I. 상대가 회사로부터 받는 압력은?

   J. 상대의 회사 내 영향력은?

   K. 상대가 최종적인 의사결정권자인가?

      아니면 누구이고? 그 사람을 직접 만날 수 있는가?

      우리 회사 내 의사결정권자를 아는 사람은?

      그 사람의 도움을 받을 수 있는가?

   L. 상대방이 가진 상한선과 하한선은?

   M. 당신에 대한 협상자의 태도는?

N. 당신 회사에 대한 협상자의 태도는?

O. 과거 상대와 협상을 한 사람이 우리 회사에 있는가?

   있다면 누구?

   그 결과는?

P. 상대가 사용할 수 있는 전술은?

   대응방법은?

50 협상은 주고받는 것임을 모른다

■ ■ ■

고객과 1차 영업협상을 마치고 회사로 돌아온 김 대리를 보고 상사인 이 과장은

이 과장: 김 대리, 어떤가? ○○ 기업을 방문하였다면서….

김 대리: 예!

이 과장: 그래, 어떻게 되어 가고 있는가?

김 대리: 그쪽에서는 자꾸 가격을 깎아 달라고 합니다. 우리가 수용하기 어려운 수준으로…. 그리고 서비스 기간 연장과 직원들 상품 교육까지 도 무리하게 요구를 해.

이 과장: 그럼 그것에 대비해 김 대리가 준비한 의제는 무엇인가?

김 대리: 대비한 의제라니요? 그쪽 요구를 듣고 수용 여부만 판단하는 것도 어려운데….

이 과장: 그래서 우리가 수용할 수 없다면….

김 대리: 그때는 계약이 안 되거나 뒤로 미뤄지겠지요.

이 과장: 그렇게 되면 김 대리의 영업목표 관리는… 그쪽에서 어떤 제안이

나오든 그 제안에 대한 우리가 제안할 의제들이 있어야 하지 않겠나.

김 대리: 어떤 의제를 말씀하시는 것인지….

■ ■ ■

:: 원인

1) 영업전문가는 거래조건에 대해서 그 어떠한 것도 요구해서는 안 된다는 잘못된 생각에 사로잡혀 있다.

2) 상대방의 요구조건을 수용하는 방법을 찾는 것이 영업이라는 고정관념에 빠져 있다.

3) 협상의 가장 기본 전략인 주고받는 원칙을 모르거나, 상대방에게 무엇을 어떻게 요구해야 하는지를 모른다.

4) 사전에 상사와 충분한 토의를 거쳐 협상을 준비하지 않았다.

:: 비용

협상이 주고받는 것이라는 것을 간과한다면 어떠한 요구도 할 수 없을 것이다. 영업전문가가 요구하지 않는 것을 고객이 스스로 주지는 않는다. 요구하는 것을 두려워해서는 안 된다. 만일 고객이 영업전문가에게 거래조건의 변경을 요구하지 않는 일이 있을 수 있다고 상상할 수 있겠는가?

:: 대응

1) 늘 협상은 주고받는 것임을 명심하라. 고객이든 영업전문가이든 항상 거래조건에 대해서는 서로의 목표가 있다. 이 목표들 사이에 합의를 하는 것이 협상이다. 따라

서 자신이 수립한 목표를 달성하기 위하여 많은 조건을
제안하고 주장을 하는 것을 습관으로 만들어라.

2) 상대방_{고객}이 뭔가를 요구한다는 것은 그 대가로 뭔가를
줄 수도 있음을 시사하는 것이다. 적극적으로 요구하라.
공짜는 없다는 것을 명심하고 고객도 기억하도록 하라.
고객이 영업전문가에게 몇몇 조건을 까다롭게 요구하는
것은 그 조건이 중요하기 때문이다. 중요한 것을 얻기
위해 상대적으로 덜 중요한 것을 양보할 것이라고 믿고
그것이 무엇인지를 파악하고 과감하게 요구하라.

3) 상대방이 요구하는 것들의 가치를 신중하게 검토를 하고
높은 가치를 갖는 것을 제공하는 대가를 요구할 준비를 하
라. 상대의 요구를 모두 수용하려는 것보다 그것들의 중요
성과 우선순위를 판단한 후 적절하게 교환하도록 하라. 상
대방이 요구하는 조건을 하나씩 다루지 말고 패키지로 제
안을 하면서 상대방의 우선순위와 중요도를 판단하라.

4) 협상의 의제_{거래조건들}는 생각보다 많다는 것을 인식하고 효
과적으로 활용하라. 협상에서 다루어야 하는 조건들은 계
약서의 모든 내용보다 많을 수도 있다. 비즈니스 매 건별
로 별도의 계약서를 작성하는 이유도 이것 때문이다. 고
객이 중요하게 생각하는 조건들에만 집착하지 말라.

51 자신의 권한을 지나치게 협상 책략으로 활용한다

■ ■ ■

고객과 상담을 마치고 돌아온 김 대리.

김 대리: 과장님, ○○ 기업에서 ○○○한 조건으로 계약을 하자고 합니다.

이 과장: 그래? 그래서 어떻게 하기로 하였는가?

김 대리: 예, 내일 답을 주기로 하였습니다.

이 과장: 왜? 내일까지 기다리게 하였나?

김 대리: 과장님과 상의도 해야 하고, 회사 내부의 상황도 파악을 해야….

이 과장: 그 조건은 우리가 협의하고 수용하기로 한 조건의 범위 내에 있는 것 아닌가? 그럼 그 자리에서 자네가 결정을 했어야지…. 만일 그들이 내일 다른 조건을 갖고 이야기하면 어떻게 할 건가? 계약이 연기되기라도 하면….

김 대리: 그럴 리가 있겠습니까! 그리고 일부러 연기를 한 것인데….

이 과장: 고객과 상담을 하면서 자신에게 주어진 권한은 마음껏 활용하라고. 그래야 고객도 자네에 대한 신뢰를 더 강하게 가지게 되니까. 자네가 전술적으로 그렇게 하였다면 다행이네.

■ ■ ■

:: 원인

1) 자신에게 주어진 권한으로 지나치게 협상 전술을 구사한다.

2) 고객을 너무 쉽게 생각한다.

3) 자신에게 주어진 권한의 내용(결정권)을 잘 모른다.

4) 자신이 활용한 책략의 효과를 너무 믿는다.

5) 고객이 대안을 갖고 있지 않을 것이라고 믿는다.

:: 비용

권한의 적절한 활용은 협상의 결과에 큰 영향을 미친다. 영업전문가는 고객과 협상을 하기 전 자신에게 주어진 권한을 파악하여야 한다. 또한 고객의 정보를 활용해 자신이 가진 권한을 적절하게 이용하여야 한다. 지나친 김 대리의 전술전개가 자칫하면 화고객이 대안을 선택하는를 부를 수도 있다.

:: 대응

1) 때로는 권한을 갖고 있으면 결정을 하는 것이 좋다. 협상을 하면서 영업전문가가 권한을 갖고 의사결정을 내리는 것은 고객에게 신뢰를 준다. 결정을 연기하고 상사 핑계를 대는 전술을 사용할 때는 권한을 벗어난 조건을 고객이 요구하거나, 고객이 대안이 없다는 확신이 있을 때만 가능하다. 영업전문가의 권한은 조직에서 위임을 한 것이다. 기꺼이 활용하는 권한이 되어야 한다.

2) 김 대리가 협상의 전술로 대답을 연기한 것이라면 바람직하다. 대신 고객이 다른 대안을 갖고 있지 않다는 명확한 근거와 확신이 있어야 한다. 이는 협상을 진행하면서 얼마나 많이 그리고 정확한 고객의 정보를 파악하였는가가 판단의 기준이 될 것이다.

3) 지나친 전술의 실행은 오히려 고객의 역전술을 유도할 수 있다. 김 대리가 상사와 협의를 한다는 것은 고객의

요구조건에 가깝게 수용을 하기 위한 것이라고 고객은 판단을 한다. 그러면 다음의 만남에서 고객은 자신의 상사 핑계를 대면서 다른 조건을 요구할 수 있다. 또한 김 대리가 결정권한이 없다고 판단을 하면 고객은 김 대리를 더 압박을 하거나 김 대리의 상사를 공략하거나 협상의 파트너로 바꾸려 할 수도 있다. 이는 김 대리가 원하는 것은 아닐 것이다.

4) 다른 가능성 또는 확신이 없다면 김 대리는 자신의 권한으로 결정을 하는 것이 좋다. 목적 없이 그냥 전술을 구사하지 말라. 이때는 물론 못 이기는 척 수용하는 전술을 구사하라. 계약의 기쁜 감정을 드러내어서는 안 된다.

5) 자사의 내부 조건에 확신이 없는 내용은 권한이 주어진 것이 아니다. 김 대리는 협상에 임하면서 조직으로부터 명확한 한계와 권한을 부여받는 노력을 하여야 한다. 스스로 권한을 만들어 내거나, 상사와의 관계를 믿고 무리한 계약을 해서는 안 된다. 거듭 강조하지만 영업전문가는 회사의 이익을 위해 존재하는 것이지 고객의 이익을 위해 자사의 이익을 희생하는 역할을 하는 것이 아니다.

52 'No'라고 말하지 못한다

■ ■ ■

김 대리와 영업협상을 하는 고객인 이기세 과장.

이 과장: 김 대리님. 그럼 서비스 기간 연장과 신제품에 대한 우리 직원들에 대한 교육은 지원이 가능한 것이지요? (하면서 이제까지의 영업협상 쟁점과는 다른 조건 — 작지만 결코 무시할 수 없는 것 — 을 이야기한다.)

김 대리: (곧바로 대답을 하지 못한다. 결코 쉽게 양보를 해서는 안 되는 조건들이다.) 예, 그건 추후에 고려를 하기로 하고… 아까 이야기한….

이기세 과장: 그럼 그건 김 대리께서 해결해 주리라 믿지요. (하면서 자신의 제안을 김 대리가 수용한 것으로 전제를 두고 이야기를 한다.) 그리고 ….

김 대리는 어떻게 이야기를 해야 할지 고민이 된다. '안 된다.'라고 하면 이제까지의 영업협상이 결렬될 것 같고… 수용을 하자니 회사의 부담이 커진다…. 김 대리는 머릿속이 복잡해진다.

■ ■ ■

:: 원인

1) 김 대리는 자신의 'No'라는 답으로 인해 협상이 결렬되는 것을 두려워한다.

2) 고객은 이러한 식의 협상 전술여러 의제를 동시에 치고 빠지는을 주로 사용을 해 유리한 결과를 얻어 왔다.

3) 김 대리의 다양한 협상의제들의 준비가 부족했다.

4) 고객의 요구에 대응하는 준비새로운 조건 제안 가능성에 대한 대비가 부족하다.

:: 비용

김 대리가 적절한 전술로 대응하지 못하면 거래조건이 악화가 된다. 이 외에도 이번 거래가 전례가 되어 다음번에도 영향을 미친다. 그렇다고 고객의 제안에 무조건 'No'고 말하는 것도 올바른 대응방법이 아니다. 김 대리는 '늘 고객은 자신에게 필요한 것을 요구한다.'라는 생각을 갖고 협상을 준비하여야 할 것이다.

:: 대응

1) 협상 상담에 자신감을 가져야 한다. 자신감이 있다는 것은 그만큼 준비를 철저히 하였고, 고객이 사용하는 다양한 협상의 전술에 효과적으로 대응할 수 있다는 것을 의미한다. 부록에 실린 60가지의 협상 계책을 잘 활용하기 바란다.

2) 명확한 메시지로 서로가 합의를 하는 커뮤니케이션을 하여야 한다. 김 대리의 애매한 답을 고객은 김 대리가 자신의 조건을 수용한 것으로 해석을 하는 경우가 있다. 가끔은 김 대리가 명확하게 메시지를 전해도 고객은 일부러 그 메시지를 못들은 척하거나 자신이 유리한 쪽으로 해석을 하기도 한다. 고객이 반응에 귀를 기울이고 고객의 의문이 가는 메시지를 확인하도록 하라.

3) 중요한 이슈라고 판단이 되면 다시 협상을 하려는 결심을 하여야 한다. 즉 고객의 요구사항을 중요한 협상의 의제로 만들어 재협상의 기회로 전환하라. '그것은 예기

치 않은 의제이군요. 저희 쪽에서도 중요한 의제라고 생각을 합니다. 따라서 그 의제에 대해선 따로 준비를 해서….'라고 대응하라.

4) 고객이 자신의 모든 요구조건이 수용될 것이라는 믿음을 갖게 해서는 안 된다. 이 믿음은 김 대리의 우유부단한 답이 그 원인이 될 수 있다. '고객의 요구조건은 협의의 대상이지 수용을 하여야 하는 대상이 아니다.'라는 것을 인식하고 대응하도록 하라. 어떤 조건을 고객이 요구하더라도 그것에 대응하는 다른 양보를 요구하도록 하라.

5) 고객이 항상 'No'라고 대응을 하는 만큼 김 대리도 사안에 따라서는 과감하게 'No'라고 할 수 있어야 한다. 김 대리는 자신의 회사를 대표하고 있다. 자신의 역할과 성과를 잊어서는 안 된다. 얼마나 많은 영업전문가들이 고객의 요구사항을 자신의 상사 또는 회사가 수용하여야 한다는 생각으로 갈등을 일으키는가? 너무 웃기는 일이 아닌가?

6) 'No'라는 대답이 협상의 결렬을 야기하지는 않는다. 새로운 협상의 시작이라고 생각을 하라. 한 번의 거부로 협상이 결렬되는 것이 아니다. 고객도 자신의 요구가 때로는 거부당할 것이라는 것을 알고 있다. 영업전문가는 거부에 대한 타당한 근거를 제시하고, 서로의 조건을 주고받는 것이 협상이다. 거부와 제안 그리고 수용, 새로운 조건의 제시, 절충 등이 협상의 묘미를 더해 주는 것이다.

7) 고객이 뭔가를 요구하면 그 고객도 뭔가를 양보할 수 있다는 것을 알아야 한다. 고객이 왜 그것을 요구하는지를 물어라. 고객의 답에 따라 중요한 의제가 되면 그 조건에 합당한 다른 것의 양보를 요구하라. 고객은 양보를 할 준비가 되어 있다. 고객이 양보를 하지 않으면 영업 전문가가 구체적으로 조건을 이야기하면 된다.

53 융통성/유연성이 없다

■ ■ ■

오늘도 김 대리는 이제까지 영업협상을 진행해 온 거래처의 박기상 대리와 영업협상을 위해 박 대리의 회사로 방문을 한다. 지난번의 영업협상 내용으로 판단해 볼 때 오늘은 잘 하면 영업협상이 마무리가 될 것 같다. 김 대리는 기대하는 마음으로 오늘의 미팅을 준비를 했다. 김 대리를 맞이하는 박 대리는….

박 대리: 이번 건은 좀 더 시간을 두고 검토를 해야 할 것 같습니다.

김 대리: (깜짝 놀라며) 무슨 말씀이신지…. 오늘 마무리를 할 것으로 기대를….

박 대리: 그동안 김 대리님이 도와주신 데 감사를 드립니다. 하지만 그 구매 건은 저희 내부 사정으로 금년에는 결정을 하기가 어려워….

김 대리: (청천벽력이다. 하지만 어쩌겠는가?) 이유가 무엇인지…? 이제까지의 노력이 너무… 그러지 말고….

박 대리: 그것은 저희 내부 사정이라…. 나중에 기회가 되면 그때….

김 대리: 그럼 조건을 지난번이 이야기하신 대로 해 드리면…. (하면서 김 대리는 조건 때문에 그렇다고 생각을 하고 자꾸 양보를 한다.)

■ ■ ■

347

:: 원인

1) 고객이 뭔가를 얻어내기 위한 전술일 수 있다.

2) 고객이 정보를 제공하지 않음은 거래가 위험에 처해질 수 있다.

3) 고객사 내부적인 변화가 발생하였다.

4) 경쟁사의 출현이 원인일 수 있다.

5) 김 대리는 이번 거래가 자신의 성과에 매우 중요하다. 그래서 양보를 통해서라도 계약을 맺고자 한다.

:: 비용

비즈니스는 늘 움직이는 생물과도 같다고 한다. 고객이든 자신의 회사든 경영환경과 경영전략, 시장 환경 등은 늘 변한다. 고객이 협상에 임하는 태도 또한 변덕이 있지 않은가? 그러한 변화에 흔들려서는 안 된다. 의연하게 변화를 바라보고 여유 있게 대응하여야 한다. 그렇지 않으면 대부분 고객의 전술에 지게 되는 결과가 발생한다.

:: 대응

1) 협상의 상황은 언제든 변할 수 있다는 것을 알아야 한다. 그럴 때는 조바심을 갖지 말고 변화의 원인을 찾는 데 노력하라. 어떤 사항들이 자사와 고객에게 변화를 요구하는지 늘 염두에 두고 찾도록 하라.

2) 당황하지 말고 비즈니스의 가치를 강조하라. 비즈니스상

의 문제를 해결하고 목표달성을 위해 고객은 김 대리와
협상을 해 온 것이다. 따라서 고객이 얻는 이익을 강조
하거나 또는 계약연기로 발생할 고객의 불이익을 강조
하라. 그래도 연기를 하면 뭔가 다른 원인이 있다. 그
원인을 찾도록 노력하라.

3) 고객의 전술일 수 있으므로 때로는 그냥 수용하는 척하
라. 즉 고객의 말을 믿고 다음에 만나자고 하라. 다소
위험한 대응방법일 수 있지만 의외의 효과를 볼 수도
있다. 다른 대안도 있음을 알리고 고객이 준비가 되면
그때 다시 협상을 진행하자고 하라.

4) 고객이 영업전문가를 신뢰하면 연기의 이유를 알려 줄 것
이다. 상황에 따라 다소 시간이 걸릴 수도 있다. 그때까지
영업전문가가 어떻게 고객과의 관계를 지속할 것인지 영
업의 방법을 찾도록 하라. 상황이 호전될 때까지 마냥 기
다리다가는 경쟁사로 고객을 빼앗길 수도 있다. 좋은 관계
를 유지해 왔다면 고객과 이 내용에 대해 타협을 하라.

⑤④ 분위기를 자신에게 유리하게 만들지 못한다

■ ■ ■

김 대리: 안녕하십니까! 홍성수 과장님. (김 대리는 고객사의 홍성수 구매과
장을 방문한다. 오늘은 지난번에 이야기를 나눈 거래의 조건으로 가격과 기타
중요한 몇 가지 안에 대해서 합의를 할 생각이다.)

홍성수 과장: 예! 어서 오십시오, 김 대리님. 여기에 앉으시죠. (하면서 홍
성수 과장은 자신의 책상 옆에 놓인 의자를 가리킨다.)

김 대리는 이 자리에서 가볍게 대화를 나누고 상담실로 옮길 것이라는
생각을 하고 그 자리에 앉는다. 그 자리는 구매부의 다른 직원들과 가까
운 자리라서 대화의 내용을 다른 직원들이 다 들을 수 있다. 잠시 후

홍성수 과장: ○○○ 씨 아까 이야기한 자료는 어떻게 되었나? (홍성수
과장은 김 대리와 이야기 중 부하 직원을 불러 업무 이야기를 한다.) 그리고
김 대리님 그럼 거래조건은 어떻게 되나요? 지난번에는 서로의 입장
만 확인을 했는데….

김 대리: 예! 그건…. (망설인다. 상담실로 옮기자고 이야기를 해야 하나… 이
제까지는 늘 상담실에서 이야기를 했는데….)

■ ■ ■

:: 원인

1) 고객은 협상의 힘과 상황을 자신에게 유리하게 하려는
전술이다.

2) 고객은 협상에 임할 준비가 되어 있지 않을 수 있다.

3) 김 대리의 반응을 지켜보기 위한 전술일 수 있다.

4) 고객 입장에서 자신에게 중요하고 민감한 내용이 있어
그 결과를 자신에게 유리하게 만들려는 전술일 수 있다.

5) 김 대리는 협상의 분위기를 자신에게 유리하도록 고객
  에게 제안하는 용기가 없다.

:: 비용

협상분위기는 협상의 결과에 영향을 미치는 중요한 요소이
다. 유능한 협상가는 항상 자신의 분위기로 협상을 진행시킨
다. 어색하고 타인의 시선이 신경을 거슬리면 제대로 된 협상
커뮤니케이션을 할 수 없을 수 있다. 또 그들이 중간에 방해
를 하기도 한다. 고객을 자신의 회사로 초대를 하려는 영업전
문가가 많은 이유도 여기에 있다. 불리하고 어색한 분위기 속
에서는 협상 진행 여부를 신중하게 고려하라.

:: 대응

1) 가급적 협상을 위한 장소 변경을 요청하라. 김 대리의
  요청에 고객이 움직이지 않으면 고객의 전술일 수 있다.
  타당한 이유를 대면 김 대리는 여유 있게 협상에 임하
  는 태도를 보여 주라.

2) 고객의 전술이라면 때로는 다른 직원들의 시선을 무시
  하고 강하게 대응하는 것도 하나의 방법이다. 고객이 김
  대리를 당황하게 하려는 전술을 역이용하는 것이다. 고
  객의 체면을 자극하거나 일부러 과장된 엄살 부리기 등
  의 전술을 활용하라. 의연하게 협상에 임하라. 어떤 자
  극과 전술에도 영향을 받지 않는다는 태도를 보여 주라.

3) 고객이 자신의 직원들의 시선을 이용해 협상을 유리하
게 이끌고 가려는 의도를 역이용하라. 직원들이 업무상
의 이유로 대화를 방해하기도 할 것이다. 중요한 대화에
서 고객은 다른 직원에게 업무지시를 하거나 확인을 할
것이다. 이러한 경우에도 김 대리는 여유 있는 모습을
견지하기 바란다.

4) 협상분위기 조성 방법
   - 주변 환경을 점검하라.
   - 방해물을 사전에 제거하라.
   - 홈그라운드의 이점을 활용하라.
   - 자리배치에 신경을 써라.
     ; 당신과 사적인 조언이 필요한 사람은 옆에
     ; 논쟁이 예상되는 사람은 맞은편에
   - 장시간의 협상이 예상되면 휴게실을 따로 준비하라.

5) 환경을 통제하라
   - 회의실 배치
   - 참가자가 앉는 순서
   - 의자의 편안함
   - 중단시간
   - 상대에 대한 이해와 배려

6) 진행상황을 통제하라
   - 의제를 결정해 둔다.

- 시작과 종료시간을 명확히 해 둔다.
- 회의록은 자신이 기록한다.
- 참석자의 역할을 정해 둔다.
- 준비실, 휴게실을 따로 준비해 둔다.

7) 자신의 편한 분위기에서 협상을 진행하면 좀 더 쉽게 양보를 하는 경향이 있다고 한다. 김 대리와 고객이 편안하게 협상에 임하도록 하되 의제와 안건에 대해서는 강경한 입장을 견지하면 의외의 결과를 얻을 수도 있다.

55 협상 중의 레버리지(지렛대) 활용을 못 한다

■ ■ ■

김 대리는 지금 고객인 홍성수 과장과 상담을 하고 있다. 홍성수 과장이 가진 니즈에 대한 솔루션을 설명을 마친다. 홍성수 과장도 원하는 솔루션이라고 동의를 한다.

김 대리: 그럼 구체적으로 계약을 하는 것이 어떻겠습니까?

홍성수 과장: 거래조건을 말씀해 보시지요. 아무리 솔루션이 좋아도 우리가 수용할 수 있어야 하니까요!

김 대리: 물론입니다. 거래조건은 ○○입니다.

홍성수 과장: 그래요? 저희 쪽에 다소 부담이 되는군요. 내부적인 검토를 해 보아야… 그때 다시 이야길 하도록 합시다.

며칠 후 김 대리는 다시 홍성수 과장을 방문하기 위해 고객 회사로 간다. 홍성수 과장과의 약속시간보다 20분 일찍 와서 김 대리는 휴게실에서 시간을 보내고 있다. 그때 옆자리의 직원들 이야기가 들린다. 그들은 새로운 제품을 도입했을 때 교육의 지원과 조기 활용도를 높이는 것이 매우 중요하다고 이야기를 한다. 그들은 지금의 제품이 가져오는 불량과 작업의 어려움에 대해 진지하게 이야기를 한다. 또 왜 빨리 새로운 제품으로 교체를 하지 않는지 구매부에 대해 불만을 이야기한다. 그들의 이야기 내용은 이번에 김 대리가 계약을 하려는 제품과 관련이 있는 듯하였다. 이러한 상황이라면 김 대리는 계약의 가능성이 높다고 생각을 한다. 특히 신제품에 대한 교육은 김 대리 회사가 가진 가장 경쟁력 있는 장점이기 때문이다. 시간이 되어 김 대리는 홍성수 과장을 방문한다.

김 대리: 과장님 안녕하셨습니까!

홍성수 과장: 예, 어서 오십시오. 지난번에 이야기한 조건으로는 거래하기가 힘들 것 같군요. 비용 부담이 크다고 위에서 망설이고 있습니다. 좀 더 나은 조건은 없나요?

김 대리: (예상하지 못한 홍성수 과장의 반응이다.) 거래조건은 어느 정도를 원하시는지…?

홍성수 과장은 자신이 준비한 조건을 이야기한다. 김 대리로서는 부담이 되는 조건이다. 뭔가 돌파구를 찾아야 하는데… 대안이 떠오르지 않는다.

김 대리: 그러한 조건은 저희도 수용하기가 무척 부담이 됩니다.

홍성수 과장: 그래요? 그럼 이번에는 거래가….

김 대리는 홍성수 과장의 말을 듣고 당황한다. 거래가 무산이 되어선 안 되는데. 김 대리는 여러 번의 밀고 당기고를 한 후 대부분의 요구조건을 수용하고 계약을 성사시켰다. 하지만 너무나 조건이 나쁘다. 회사로 돌아가 상사에게 보고하는 것이 부담된다. 분명히 고객사는 우리와 거래를 하여야 하는데. 그 회사의 직원들도 원하고 있는데… 뭐가 잘못이 되었지…? 그때 휴게실에서 들은 직원들의 이야기가 떠오른다. 그 정보를 효과적으로 활용하지 못한 것 같다. 아니 영업협상 상담을 하면서 전혀 떠올리지 않았다는 것을 알았다. 왜일까?

:: 원인

1) 협상 중 수집한 정보의 힘과 가치를 모른다.

2) 협상 중 레버리지를 만들어 활용하지 못한다.

3) 협상의 성공 여부에 매여서 유리한 정보를 활용하지 못한다.

4) 정보 내용과 협상의 파워를 연결시키지 못한다.

:: 비용

협상의 결과를 좌우하는 요소 중 하나는 정보이다. 정보는 협상의 힘을 한쪽으로 기울게 하는레버리지 역할을 한다. 효과적인 정보 활용은 그만큼 중요하다. 정보의 양도 중요하지만 정보를 적절하게 활용하는 것도 무척 중요하다. 유용한 정보는 예기치 않은 상황에서 수집되기도 한다.

:: 대응

1) 협상의 레버리지는 협상의 결과에 중대한 영향을 미친다는 것을 인식하여야 한다. 정보는 이 레버리지를 유리하게 만드는 소재가 된다. 영업전문가들은 자신들이 협상에서 파워를 가질 수 없다는 불평을 쏟아 놓는다. 구매자와 판매자라는 입장이 가져오는 힘의 불균형은 어느 누구도 바꿀 수 없다. 하지만 정보상황의 변화, 시간적 한계, 상대의 불리한 정보 등에 의해 협상의 파워는 언제든 바뀔 수 있다는 것을 알아야 한다. 고정된 힘에 의존하지 말고 상황에 따라

움직이고 살아 있는 레버리지를 활용할 수 있어야 한다.

2) 협상 중 레버리지는 늘 살아 있는 것이다. 즉 정보와 상황은 늘 유동적이라는 것이다. 어떤 정보고객의 다급함 등는 김 대리에게 힘을 실어 주기도 하지만 어떤 정보김 대리 회사의 재고 초과 등는 반대로 김 대리의 입장을 흔든다. 이것이 정보파악을 위해 협상 쌍방이 노력을 하는 이유이다.

3) 레버리지를 적절하게 활용하는 법을 익혀라. 당신이 위의 김 대리라면 어떻게 정보를 활용하겠는가? 직접적으로 수집한 정보내용을 언급해서는 오히려 고객을 불편하게 한다. 간접적으로 고객이 자신의 입장을 되돌아보게 하고, 신속한 결정을 내리도록 하는 것이 좋다. 예를 들어 '저희도 이제 다른 기업체와 계약을 하여 지금 재고가 부족하고 생산도 여유가 없습니다.'라는 식으로 이야기를 하여 고객이 다급한 마음을 갖도록 하는 것이 좋다.

4) 다양한 루트를 통해 고객의 정보를 수집하라. 눈에 보이는 가시적인 정보에만 집중하지 말라. 영업활동을 하면서 다양한 루트현장 사용자, 조언자 등를 개발할 수 있다. 고객은 김 대리가 유일한 창구일 수 있지만구매부가 김 대리 회사의 생산부를 접근하는 경우는 거의 없다 김 대리의 창구는 고객사의 모든 직원이 될 수 있고 또 그렇게 만들어야 한다.

56 잘못된 사람과 협상을 한다

■ ■ ■

거래처의 구매부 박 대리와 영업협상을 늘 해온 김 대리는 박 대리의 요
구사항과 회사의 거래조건들을 잘 맞추어서 최종 제안이라고 준비한 조
건을 제안을 한다. 그때

박 대리: 좋습니다. 충분히 이해를 하였습니다. 그 내용을 부장님께 보고
를 드리고 나서 연락을 드리지요.

며칠 후 박 대리로부터 방문을 해 달라는 연락이 왔다. 김 대리는 계약
성사의 기대감을 갖고 방문을 한다.

박 대리: 지난번 말씀하신 조건을 부장님께 보고를 드렸습니다. 사실 이
번 거래의 책임자는 부장님입니다. 부장님께서 김 대리님과 이야기를
나누고 싶다고 하셔서. (하면서 박 대리는 자신의 상사인 이대상 부장을 소
개시켜 준다. 인사를 나누고 자리에 앉자)

이대상 부장: 박 대리로부터 보고는 받았습니다. 상품은 좋은데. 거래조건이
너무 부담이 되는군요. 저희는 ○○한 조건으로 계약을 하고자 합니다.

하면서 김 대리가 박 대리에게 제안한 조건과는 차이가 많이 나는 조건
을 제안을 한다. 김 대리는 어떻게 대응을 할지 혼동이 된다. 지난번 조
건도 어렵게 회사의 허락을 받았는데….

김 대리: 잘 알겠습니다. 지난번 박 대리와는 ○○ 조건으로 협의를 하
였습니다. 그런데 부장님께서는 다른 내용을 이야기하시니….

이대상 부장: 그건 박 대리가 내부 사정을 모르고 한 일입니다. 그래서
박 대리에게 싫은 소리를 좀 했지요. 아무튼 지금의 조건으로는 곤란
하군요. 김 대리께서 오늘 답을 주지 않으면 저희도 다른 방법을….

김 대리는 이대상 부장의 마지막 말에 긴장을 하고 어떻게 답을 할지 머
릿속이 복잡해진다.

■ ■ ■

제4장_영업 성적을 올리는 영업달인 75가지 상황과 대응

● 357

:: 원인

1) 협상의 이해관계자 구조를 모른다.
2) 창구역할을 하는 사람 외 최종의사결정권자를 파악하지 않았다.
3) 고객의 전술이다.
4) 여유 있는 제안 패키지들을 준비하지 않았다.
5) 고객이 전술적으로 나오는 것에 대한 대응능력이 떨어진다.

:: 비용

고객이 사용하는 영업의 협상 전술은 한두 가지가 아니다. 부록에 실린 60가지 이상이 협상 과정에서 나온다. 영업전문가가 사용하는 전술 또한 마찬가지이다. 어떤 전술이든 그 내용을 잘 이해하고 활용하거나 대응할 수 있어야 한다. 영업의 결과가 협상의 전술에 달려 있음을 다시 한 번 강조한다.

:: 대응

1) 협상의 당사자와 내부 이해관계자의 구조를 파악하라. 그리고 항상 협상 담당자가 가진 권한을 확인하라. 김 대리는 박 대리의 권한과 역할을 판단할 수 있어야 한다. 박 대리가 상사 핑계를 댈 때는 반드시 조건의 변화가 있거나, 상사를 협상장소에 모시고 올 수도 있음을 알고 대비하도록 하라.
2) 제안 의제를 준비할 때는 여유분의 의제를 준비하라. 의제가 많음은 전체 협상의 결과를 상호 이익이 되는 것으로 만들 수 있는 기본 요소 중 하나이다. 고객이 요구

하지 않더라도 늘 여유 있는 의제를 준비하라. 고객의 상황이 급변하여 예상하지 못한 의제가 나올 수도 있으니까. 위의 경우도 김 대리가 다른 의제들을 제안하면서 이대상 부장의 조건을 완화할 수도 있을 것이다.

3) 김 대리도 자신의 상사 또는 회사의 핑계를 대는 전술을 활용할 수 있어야 한다. 김 대리가 가진 권한을 고객도 알고 있다. 즉 김 대리 또한 얼마든지 상사 핑계를 댈 수 있다는 것이다. 이것을 알고 있는 고객은 영업전문가의 체면을 자극하면서 이 전술을 사용하지 못하게 하기도 한다.

4) 고객의 말을 잘 들으면 답이 있다. 위의 예에서 이대상 부장이 오늘 답을 얻고자 한다. 내부 사정이 바뀌었다고 한다. '이것의 의미는? 바뀐 상황의 내용은? 오늘 결정이 나지 않으면 어떤 일이 발생하는가?' 등을 파악할 수 있어야 한다. 그렇지 않으면 김 대리의 힘을 떨어뜨리기 위한상사 핑계를 대지 못하게 하려는 말일 수 있다. 아니면 진짜 일 수도 있다. 어느 경우든 김 대리가 이 말을 놓치지 않았다면 적절한 대응을 할 수 있을 것이다.그것은 제 능력을 벗어난 것이라… 주고받는 전술을 활용한다.그럼 부장님의 요구를 수용하면 어떤 것을 양보할 수 있습니까? 왜 조건이 바뀌었는지 이유를 묻는다. 김 대리는 시간 여유가 있다는 듯이 대응을 한다. 고객이 뜨거운 감자를 쥐지 않는다.

57 협상 결과의 파급 효과를 고려하지 않는다

■ ■ ■

고객: 그럼, 거래조건을 이야기하죠. 거래조건을 어떻습니까?

김 대리: 예, 가격은 ○○○원입니다. (김 대리는 자신이 생각한 가격 중 가장 높은 가격을 먼저 제안을 한다.)

고객: 그래요? 가격이 부담이 되는데… 그 가격에서 5%만 깎을 수 없겠습니까? 그리고 납품은 ○○일까지 일시에 해 주실 수 있는 것이죠. 물론 그 가격에는 사후 우리 회사 직원에 대한 30시간의 교육도 포함된 것이겠지요?

김 대리는 자신이 생각한 것보다 가격할인을 작게 요구하는 고객의 제안이 마음에 든다.

김 대리: 그러지요. 가격은 5%를 깎아 드리겠습니다. 나머지도 ○○께서 원하시는 대로 해 드리지요. (해서 김 대리는 고객과 계약을 하고 회사로 돌아와 상사에게 보고를 한다.)

상사: 김 대리, 수고했어요. 그런데 생산부에서 그 날짜까지 생산이 가능한지 모르겠군. 아마도 그 날짜를 지키려면 며칠간 생산부가 야근을 해야 할 것 같은데… 그리고 서비스 부서도 교육을 30시간이나 하려면 일정도 빡빡하고 그 비용도 만만치 않을 것 같은데….

김 대리: 그것은 생산부와 서비스 부서의 업무 아닌가요? 그 정도는 수용할 수….

상사: 그렇지만 김 대리의 계약 조건을 이래저래 분석을 해 보면 가격을 10% 이상 깎아 준 것 같은데….

김 대리: 예! 왜 그렇습니까?

상사: 고객이 원하는 날짜에 납품을 하려면 생산부가 야근을 해야 하고 그러면 야근 수당과 기타 비용이 들어가지. 그리고 서비스 부서도 보통은 15시간 교육인데 30시간을 교육하려면 직원들 비용과 부대비용

이 소요되지 않겠는가? 만일 그것이 어렵다고 하면 어떻게 하나? 사
전에 그 부서와 협의를 하였으면 좋았을 텐데…. 일단 생산부의 상황
을 알아보자구. (하면서 김 대리 상사는 생산부로 전화를 건다. 생산부가 어
렵다고 대답을 한다. 상사는 계속 설득을 한다. 어렵게 생산부의 동의를 얻는
상사는.)

상사: 이것이 내가 우려한 상황이지. 이런 일이 자주 발생하면 바람직하
지는 않겠지? (하면서 김 대리를 쳐다본다.)

:: 원인

1) 비즈니스 거래는 조직의 다른 부서와 연결되어 있다. 그
연결의 가치를 잘 모른다.
2) 영업은 영업의 결과만 가져오면 된다고 생각을 한다.
3) 사전 내부 이해관계자들과 함께 협상의 패키지를 만들
지 않았다.
4) 가격 외 다른 조건들은 거래의 조건계약의 이익에 영향을 미치는
이 아니라 서비스라고 생각을 한다.

:: 비용

협상은 조직과 조직 간의 비즈니스임을 앞에서 강조하였다.
이 말은 영업의 결과가 조직 전체에 영향을 미친다는 것이다.
영업부가 받아 오는 계약서의 내용에 따라 추가비용이 더 들
어갈 수 있다는 것을 알아야 한다. 그것은 그 부서의 문제라
고 생각을 한다면 부서 간의 갈등을 피하기 어려울 것이고
다음의 지원이 어려워진다.

:: 대응

1) 거래조건은 그 거래의 성적을 좌우한다는 것을 기억해
   야 한다. 이제는 매출에 신경을 쓰는 만큼 매출이익에도
   신경을 쓰는 영업을 하여야 한다. 아무리 많은 매출을
   올려도 이익을 남기지 못한다면 의미가 퇴색이 된다. 영
   업의 이익을 결정짓는 능력은 협상능력이다. 협상의 유리
   한 고지를 선점하려고 애써라. 내부협상도 그 한 분야이다.

2) 협상의 의제들은 각각 내부 관계 부서의 업무이면서 조
   직의 성과를 결정하는 것이다. 영업을 지원하는 내부 시
   스템을 만들어야 한다. 즉 생산부의 상황을 영업부가 알
   아야 하고 영업부의 활동상황도 생산부가 알아야 한다.
   다른 부서와의 관계도 마찬가지이다. 이것이 TSS Total
   Sales System이다.

3) 가격 외 다른 거래조건들은 절대로 고객에게 공짜로 줄 수
   있는 서비스가 아니다. 모든 항목은 자체에 비용이 수반된
   다. 그 비용을 무시해서는 안 된다. 내부적으로 이러한 조
   건들에 대한 비용을 계산해 놓고 활용을 하라. 야근 1시간
   의 비용, 서비스 교육 1시간의 비용 등등을 영업활동에 활
   용할 수 있도록 영업비용으로 계산되어 있어야 한다.

4) 고객이 의외로 부드럽게 영업전문가의 제안을 수용한다
   면 주의를 하여야 한다. 고객은 그냥 계약서를 작성하지
   않는다. 고객의 요구조건에 확신이 없다면위의 경우 생산부의

일정 교육비용이 영업 이익에 미치는 영향 등 영업전문가는 상사 핑계를 대거나, 엄살을 피우거나 하는 전술로 대응하라.

58 자신의 전략이 강하면 상대가 협상 테이블을 떠나거나 더 강경하게 나올 것이라고 두려워한다

■ ■ ■

김 대리와 상사 이기상 팀장과의 대화

이기상 팀장: 김 대리, 그래 ○○○ 기업과는 영업협상이 어떻게 진행되고 있나?

김 대리: 예, 팀장님. 그쪽에서 쉽게 합의를 해 주지 않습니다.

이기상 팀장: 그래? 무엇이 문제라고 생각하는가?

김 대리: 글쎄요, 그게….

이기상 팀장: 이번 건을 이번 달 내로 마무리를 해야 하지 않나! 좀 더 강하게 제안을 하고 밀어붙여 보지 그래? 그쪽에서도 시간 여유가 없다는 것을 잘 알지 않나? 그것을 강조하면서 밀어붙여 보라고!

김 대리: 그렇지만 그렇게 했는데 그쪽에서 협상에 소극적으로 나오거나 거래 자체를 포기하면 어떻게 합니까? 고객에게 부담을 주어서는….

이기상 팀장: 그럼 고객이 결정할 때까지 마냥 기다리겠다는 건가? 언제까지? 때로는 그쪽에서 빨리 결정을 하도록 밀어붙일 필요도 있지 않겠나?

김 대리: 그래도 그건 좀….

■ ■ ■

:: 원인

1) 고객의 감정과 입장을 너무 민감하게 고려한다.

2) 거래의 결렬을 두려워한다.

3) 고객의 강경 대응을 두려워한다.

4) 고객의 결정을 끌어내는 기술이 부족하다.

5) 고객에게 끌려 다니는 영업을 한다.

6) 김 대리는 대안이 없거나 약한 대안을 갖고 있다.

:: 비용

고객을 벼랑 끝으로 몰아붙여서도 안 되지만 고객의 의사 결정을 막연히 기다리는 것도 좋은 방법이 아니다. 적절하게 밀고 당기는 전술이 요구된다. 때로는 대안을 이야기하기도 하고, 이번 비즈니스의 이익을 강조하도록 하라. 고객을 다른 경쟁사가 공략을 하지 않거나 고객이 다른 대안이 없다면 기다리는 것도 전술이지만 현실은 그렇지 않다는 것을 잘 알고 있을 것이다. 어느 정도 고객이 움직일 기미가 보이면 과감하게 의사결정으로 촉구하도록 하라.

:: 대응

1) 고객이 거래를 하는 이유를 찾아야 한다. 즉 고객이 얻는 이익을 끊임없이 강조하면서 고객이 결정을 하도록 하라.

2) 고객의 비즈니스 성공을 지원하는 일을 한다는 자부심을 갖고 때로는 고객에게 결정을 촉구하는 자신감이 필요하다. 즉 고객에게 더 나은 기회가 있는데 결정의 지연으로 그 기회를 놓쳐서는 안 된다는 자극을 주도록 하라.

3) 고객은 자신을 위해 결정을 내린다. 김 대리가 고객을 배려하는 것을 고객은 알지 못한다. 설령 안다고 해도 그것 때문에 김 대리 중심으로 결정을 내리지는 않는다.

4) 영업하는 입장에서 강하게 밀고 나가는 것도 좋은 협상의 전술 중 하나이다. 물론 합리적인 이유와 대안을 준비하여야 한다. 강하게 밀고 나가는 것이 고객을 위협하거나 공격하는 것이 아니라 고객이 영업전문가가 원하는 의사결정을 하도록 유도하는 것이다. 어떤 협상상황이든 상대를 벼랑 끝으로 몰아붙이는 것은 위험하다.

5) 고객이 어느 정도 자신의 이야기를 수용하거나 동의를 보인다면

   A. 직접 의사결정을 요청하라. '그럼 저의 제안에 동의를 하신 것으로 알겠습니다. 지금 결정을 하시죠.'

   B. 다음 단계를 제시하라. 협상의 의제 하나를 마무리한 후 다음의 의제로 넘어가는 단계를 제시하라. '좋습니다. 가격은 그렇게 ○○하게 합의를 보았습니다. 다음으로 납기로 넘어가지요.'

   C. 비즈니스의 다음 단계를 제시하라. 이는 영업의 단계이거나 구매 마무리 단계로 상담을 전진시키는 것이다. '잘 알겠습니다. ○○와 ○○한 조건으로 합의를 보았습니다. 다음으로 계약서를 작성하는 순서나 남았군요. 지금 작성하시겠습니까?'

   D. 다양한 협상의 전술을 활용하라.

ⅰ. 새로운 거래처 발생으로 생산된 제품의 재고 부족
   우려를 언급
ⅱ. 한시적인 거래조건의 양보 - 특별판매 조건 제시
ⅲ. 고객이 얻는 이익을 강조하면서….
ⅳ. 의사결정자와의 만남을 요구하면서. '그럼 이번 거
   래는 OOO께서 결정을 하시나요? 그분을 만나서….'

59 목표를 높게 설정하지 못한다

■ ■ ■

김 대리: 팀장님, OOO 기업에서 거래조건으로 가격은 OOO원, 서비
스로 직원들 교육시간을 24시간, 그리고 결제는 한 달 후에 하기를 바
랍니다.

팀장: 그래! 김 대리, 우리가 준비한 제안 조건 중 지금 이야기한 것은
어느 수준인가?

김 대리: 예, 우리가 가진 조건 중 하나입니다.

팀장: 그쪽에 우리의 제안 조건 중 가장 유리한 것으로 설득을 시도하였
는가? 아님 어떤 조건을 이야기하였는가?

김 대리: 예, 저는 가격은 OOO원, 그리고 서비스로 직원들 교육 20시
간을 이야기했습니다.

팀장: 그건 가장 낮은 조건 중 하나였지 않은가? 왜 더 나은 조건을 이
야기하지 않았는가?

김 대리: 그건…. 우리가 유리한 조건을 제안하면 그쪽에서 거부할까 봐….

■ ■ ■

:: 원인

1) 고객의 부정적 반응을 두려워한다.
2) 협상을 하면서 양보를 하는 방법을 모른다.
3) 스스로 함정에 빠진다는 것을 모른다.
4) 협상 제안의 원칙을 모른다.
5) 협상은 의제의 협상가능 범위를 좁혀 가는 과정임을 잊었다.

:: 비용

협상을 하면서 고객의 입장과 반응을 지나치게 의식을 하거나 부정적인 반응에 효과적으로 대응하지 못한다면 협상의 결과를 절대로 영업전문가가 유리하게 가져올 수 없다. 영업전문가의 입장을 고려해 주는 고객을 만난 적이 있는가? 절대로 혹은 거의 없을 것이다. 또한 목표를 높게 잡고 제안을 과감히 하는 것은 아무런 문제가 아니다. 상대의 반응과 역제안에 따라 얼마든지 조정하는 것이 협상의 원칙이고 제안의 방법이니까….

:: 대응

1) 목표는 항상 높게 세워라. 협상의 목표는 희망가격가장 유리한 조건, 상대가 절대로 수용하지 않는 수준, 목표가격희망가격보다 낮은 현협상의 목표수준, 때로는 희망가격과 같을 수도 있다., 이탈가격협상을 포기하는 것이 나은 수준의 조건이 있다. 대부분 서로가 가진 이 세 가지의 목표 수준에서 상대방과 중복되는 부분협상가능 범위에서 협상은 타결이 된다. 어떠한 협상이든 협상의 목표는

높게 수립하고 제안을 하라. 얼마든지 수정할 수 있으니까….

2) 높은 제안을 하는 것은 오히려 협상의 기회를 더 많이 만드는 전술이다. 영업전문가가 높은 협상의 조건을 제안하는 것은 그만큼 비즈니스의 가치를 인정한다는 것을 의미한다. 고객은 구매를 할 때 조건이 중요하지만 무조건 싸게 제안을 하거나, 좋은 조건을 제안하는 영업전문가를 신뢰하지는 않는다. 정찰제 가격이 먹히는 것이 이 원리이다.

3) 고객에게 거래의 만족도를 높일 수 있는 방법은 높은 제안과 합리적이 양보이다. 고객이든 영업전문가이든 '승자의 저주'에 빠져서는 안 된다. 이 방법이 상호 조건의 밀고 당기는 협상을 하는 것이고 이것이 협상의 묘미이다.

4) 고객이 보이는 부정적인 반응은 자신에게 유리한 거래를 하기 위한 고객의 전형적인 전술임을 알아야 한다. 어떤 조건이든 영업전문가의 첫 제안을 수용하는 고객은 거의 없다. 고객은 항상 엄살을 부리거나, 상사평계 대기, 관심이 없는 척하기, 느긋한 척하기 등등의 협상 전술을 구사한다. 고객이 이러한 전술을 구사하는 즐거움을 영업전문가가 빼앗아서는 안 된다.

5) 목표를 높게 세우고 제안을 하는 데 자신이 없으면 내부 협상을 거치도록 하라. 필요하다면 다른 사람을 협상의 창구로 동원하도록 하라.

❻⓪ 논리적인 설득력이 부족하다

■ ■ ■

고객: 그럼 거래조건에 대해 이야기를 합시다. 먼저 이야기를 하십시오.

김 대리: 예, 이번 거래에는 가격이 ○○○원입니다. 그리고 납품은 ○○
일까지 해 드리고… 결제는 현금으로….

고객: 그건 너무 무리한 조건입니다. 우리는 ○○○한 조건을 생각하고
있는데… 왜 그런 조건을 내세우는지요?

김 대리: 그건 다른 기업과의 거래를 하는 조건들입니다.

고객: 그건 다른 기업들의 상황이고, 우리는 그런 조건으로는 거래하기
가 어려울 것 같은데….

김 대리: (갑자기 말문이 막힌다.) ….

고객: 왜 그런지를 납득을 시켜 주셔야 저도 회사에 보고를 해 상사의
결재를 받을 수 있을 것 같은데….

■ ■ ■

:: 원인

1) 그냥 밀어붙이려고 한다.

2) 다른 고객의 이야기를 통해 두루뭉술하게 넘어가려 한다.

3) 고객의 결정적인 거래 목적을 활용하지 못한다.

4) 고객의 입장과 상황을 파악하려는 노력이 부족하다.

5) 제안의 논리성과 설득력이 부족하다.

:: 비용

협상을 하면서 고객에게 제안하는 조건은 설득력을 갖추어
야 한다. 고객을 설득시키지 못하면 영업전문가가 준비한 조

건대로 계약을 할 수 없다. 고객 또한 자신의 제안에 설득력을 강화하는 준비를 한다. 따라서 협상의 제안은 설득력 있는 자사의 능력을 보여 주는 것이다.

:: 대응

1) 설득력을 개발하라. 협상 시 주고받는 모든 조건들은 설득력이 있어야 한다. 그것을 위해서 다음의 논리를 기억하고 활용하도록 하라.

  A. 제안내용

   ⅰ. 가치: 솔루션과 이익: 비즈니스의 이익을 언급, 해결 하는 문제와 이익
    '이번 거래로 ○○○한 문제를 해결하고 ○○○한 이익을 볼 수 있습니다.'

   ⅱ. 제안내용: 구체적인 조건
    '저희는 가격은 ○○하게, 납기는 ○○한 수준이 수용 가능합니다.'

  B. 이유/근거 - 도구, 내용
   '왜냐하면/그 이유로는….'

  C. 사례/증거

   ⅰ. 다른 기업과의 거래

   ⅱ. 비즈니스 표준 등
    '○○○ 기업도 위의 조건으로 지난주 구매 결정을….'
    '일반적으로 저희 업종의 거래 방식은….'

D. 가치

　　ⅰ. 얻는 이익_{예상, 근거}

　　　'○○○한 이익이 있는데 작은 부분 때문에 그 이익을 ○○○.'

E. 동의 확인

　'어떻게 생각하십니까?'

2) 자신이 제안하는 조건에 대해서는 합리적인 근거를 준비하라. 근거가 없는 조건/메시지는 상대의 공감을 얻기가 어렵다. 자사의 다양한 거래를 기준으로 고객을 설득할 수 있는 근거, 즉 사례들을 많이 준비하도록 하라.

3) 그냥 고객이 김 대리의 상황을 이해해 줄 것이라고 기대도 상상도 하지 말라.

4) 고객의 반응에 대해선 항상 왜 그런지 원인을 찾는 노력_{질문 등}을 하라. '어떤 부분이 납득이 안 되는지?' 물어라. '만일 무엇을 준비해 주면 상사를 설득하는 데 도움이 될 것인가?'를 물어라. 이 질문에 고객이 답을 흐릿하게 하면 다른 이유가 있는 것으로 판단을 하고 그 이유를 찾도록 하라.

5) 협상의 제안 커뮤니케이션 주제는 다음과 같다. 영업 현장에서 적극 활용하도록 하라.

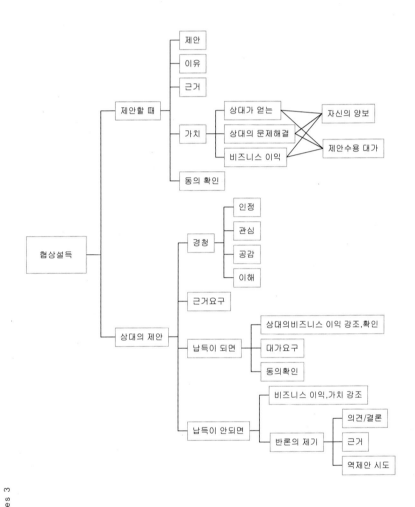

61 상대의 반대에 효과적으로 대응하지 못한다

■ ■ ■

고객: 그러한 조건으로는 계약을 하기 어렵습니다. 다시 만나서 이야기를 하도록 합시다. (하면서 고객은 강하게 반대를 하고 영업협상 테이블을 떠나려 한다.)

김 대리: (당황하며. 왜 고객이 반대를 하는지. 어떻게 이 반대를 극복할 수 있을까 하는 생각을 하면서 자리에서 일어난다.) 알겠습니다.

밖으로 나온 김 대리는 이 고객의 반대를 극복하지 못하면 계약이 불가능해지지는 않을까 걱정을 하면서 회사로 돌아온다.

상사: 김 대리! ○○○ 기업 건은 어떻게 되었나? 오늘 만나는 것으로 알고 있는데….

김 대리: (힘이 빠진 목소리로) 예, 사실은 지금 만나고 오는데…. 그쪽에서 반대를 합니다. 저희가 제안한 내용을 수용하기 어렵다고 합니다.

상사: 그래? 그럼 왜 그쪽에서 반대를 한다고 생각을 하나? 그리고 어떻게 대응을 하면 좋을까?

김 대리: 글쎄요. 왜 반대를 하는지 그 이유를 잘 모르겠습니다. 그리고 그쪽에서 반대를 하면 우리의 제안 내용을 수정해야 할 것 같습니다.

상사: 그쪽의 반대 이유를 모르고 우리가 먼저 제안 내용을 수정하면 우리에게 불리하지 않겠나? 먼저 반대 이유를 알아내도록 하게.

김 대리: …. 그래도 일단 수정제안을 하는 것이….

■ ■ ■

:: 원인

1) 고객의 반대에 적절한 대응능력이 부족하다.

2) 고객이 반대를 한다는 것은 새로운 제안을 기대한다는

제4장_영업 성적을 올리는 영업협상 75가지 상황과 대응

●
373

것으로 너무 쉽게 판단해 버린다.

3) 고객의 반대가 최종의 반대라고 생각을 한다.

4) 고객이 제안에 대한 반대를 할 때 이것이 전술인지 아니면 진짜 반대인지를 구분하지 못한다.

:: 비용

고객은 영업전문가의 제안을 반대 또는 거부하는 것을 가장 기본적인 협상 전술로 활용을 한다. 협상의 대전제이기도 하다. '상대방의 초기 조건을 그대로 수용하지 말라.'라는 제안의 원칙이 있지 않은가! 영업전문가는 고객의 거부 또는 반대는 당연한 것으로 받아들이고, 고객이 다소 감정적으로 나오더라도 평상심을 유지하여야 한다. 고객의 반응이 영업전문가에게 아무런 영향을 주지 않는다는 느긋한 태도를 보여 주도록 하면 좀 더 유리한 협상을 이끌 수 있을 것이다.

:: 대응

1) 상대방이 반대를 할 때에는 무엇인가 반대를 하는 이유가 있다. 여유를 갖고 그 이유를 찾도록 하라. 절대로 추측하지 말라. 항상 '왜'라는 질문을 할 수 있어야 한다. 영업전문가의 추측고객의 반응에 대해 내린 가정은 결국 영업전문가의 힘을 떨어뜨리게 되는 결과를 초래한다. 고객이 자신의 메시지로 반대의 이유를 말하도록 하라. 고객이 이유 없이 무작정 반대를 할 경우에는 비즈니스가

일어나기 어렵다. 이때 다른 수정 조건을 제안을 한다고
해도 별다른 진전은 없을 것이다.

2) 너무 쉽게 수정제안을 하는 것은 약점을 잡히는 것이다.
수정제안을 하기 전 왜 반대하는지 이유를 찾아라. 'If~'
기법을 활용해 고객의 의중을 파악하라. 수정제안을 할
때는 그에 합당한 요구사항을 함께 준비해야 한다.

3) 항상 그리고 어떠한 상황에서든 상대방에게 질문하는
여유와 능력을 갖추어라. 고객이 원하는 것을 파악하는
것이 우선이다. 협상은 서로의 의제들에 대한 입장과
조건을 주고받으면서 조정을 하는 비즈니스 커뮤니케이
션이다. 질문을 하는 것에 두려움을 갖지 말라. 고객이
질문에 답을 하지 않아도 좋다. 고객이 생각을 하도록
하는 것도 질문의 역할이다.

4) 쉽게 물러서지 말라. '인내하고 인내하는 것'은 협상의 중
요한 전술이다. 고객이 준비가 되어 있지 않으면 기다려야
한다. 준비가 안 된 고객을 설득하고자 제안을 계속 수정
하는 것은 영업전문가의 다급한 상황을 드러내는 것이다.

5) 상대방이 반대를 하는 이유가 합리적이고 타당하다면
상대방은 거래에 관심이 있음을 나타내는 것이다. 기회
를 놓치지 말라. 이때는 그 제안에 대해서는 상사 또는
조직과 내부협상을 필요로 한다는 전술을 활용하라. 합
리적인지를 판단하는 것은 누구이고 무엇으로 그 기준

을 삼을 것인가가 과제이긴 하지만….

6) 상대방의 터무니없는 반대는 고려 대상에서 제외시켜라. 무시하라. 대응하지 말라. 때로는 고객이 협상에서 침묵을 지키지만 영업전문가도 침묵을 협상 커뮤니케이션의 기법으로 활용할 수도 있음을 알아라. 침묵이 거절도 거부도 아니지 않은가?

7) 합의된 사안이 있으면 그것을 강조하면서 반대의 강도를 낮추도록 하라. 그동안 들인 시간과 노력을 강조하는 것도 활용할 수 있는 좋은 방법이다.

8) 상대방이 의사결정권이 있는지 확인하라. 의사결정권이 있다면 요구하는 수준을 묻고 대응준비를 하면 된다. 의사결정권이 없다면 의사결정권자를 만나게 해달라고 요청하라.

⑥2 예기치 않은 상황으로 협상이 진전되지 않는다

■ ■ ■

고객 1: 그런 조건으로는 영업협상을 더 이상 진행하기가 어렵겠네요! 수정제안을 하든 아니면 다음 기회에 다시 이야기를 합시다.

고객 2: 그래요. 다른 기업에서 제안한 가격보다 너무 차이가….

고객 3: 사장님께서도 좀 더 신중하게 검토를 하라는 지시를 하셔서… 이번에는 어려울 것 같습니다.

고객 4: 갑자기 부장님께서 자리를 옮기셔서 새로운 부장님이 오실 때까지는 구매협상을 진행하기가 어려워졌습니다.

고객 5: 윗선의 의사결정권자께서 이번 구매협상을 더 이상 진행하지 말라는 지시를 하셨습니다. 아마도 제안하신 조건 중….

■ ■ ■

:: 원인

1) 고객 내부적인 상황의 변화가 발생하였다.
2) 자신들이 원하는 조건을 위해 전술을 펴는 것이다.
3) 원인이 진짜라면 거래의 기회가 없다.
4) 영업전문가에게 다른 협상 전술을 펴지 말라는 신호이다.

:: 비용

협상을 진행하다 보면 모든 것이 원하는 대로 전개되지 않는다. 전술을 펴기 때문이든 경영환경의 변화든 늘 교착상태에 빠질 가능성이 있는 것이 협상이다. 그 원인이 무엇이든 영업전문가는 자신이 정한 목표와 전술의 실행이 흔들려서는 안 된다.

:: 대응

1) 창의적인 아이디어를 활용하여 협상을 계속할 수 있는 기회를 만들어라. 협상이 어려움에 처한 원인을 파악하는 데 집중을 하라. 그다음 영업의 기술과 협상의 다양한 전술을 활용해 돌파구를 찾도록 하라. 혼자서 힘들면 조직의 힘을 빌리고, 특히 고객과의 신뢰관계가 돈독하면 고객에게 아이디어를 얻도록 하라.
2) 객관적인 메커니즘 ─ 네가 잘라. 내가 먼저 고를 테니까! 봉인된 제안서 등 ─ 을 활용하라. 비즈니스 거래 규칙이나

원칙으로 정해진 것을 강조하라. 상대에게 자신의 입장을 주장할 기회를 준 다음 상대의 행동에 따라 반응하라.

3) 협상 장소 또는 협상 대상자를 교체하라. 협상이 교착상태에 빠지는 또 다른 이유로 같은 장소에서 오랫동안 진행을 하거나, 같은 사람이 수차례에 걸쳐 협상을 진행하다 보면 스스로도 모르게 고정된 시각과 관점을 갖고 대응한다. 이때에는 장소를 바꾸거나 협상 상대방을 교체함으로써 새로운 진전을 볼 수도 있다.

4) 이제까지의 노력의 성과를 언급하면서 상대에게 비즈니스의 가치를 인식시켜라. 상대방이 투자한 비용이 많을수록 상대방은 협상 장소를 벗어나기 어렵다. 자신의 노력과 비용은 신경을 쓰지 말고 상대방의 비용을 강조하면서 비즈니스 이익과 비교해 주어라.

5) 양보를 끌어내려는 상대방의 전술일 수 있다. 때로는 알면서 모르는 체하라. 그렇다면 그렇게 하자고 하라. 준비가 되면 연락을 달라고 하라. 담대하게 대응하라. 기다리겠다고 하라.

6) 보다 큰 비즈니스의 가치를 강조해 본다. 고객이 이번 거래를 통해 해결하는 문제와 기대되는 이익을 강조하라. 구매비용에 비해 얻는 이익의 크기를 강조하라. 그대로 고객이 계속 같은 고집을 하면 다음 기회에 비즈니스를 하자고 하라. 이 말을 하기 위해서 영업전문가는 내부협상을 거쳐야 한다.

63 작은 합의의 가치를 잘 정리해 활용하는 기술이 부족하다

■ ■ ■

김 대리: 그럼 납품일은 ○○일까지 하도록 하고, 직원들에 대한 교육도 20시간 진행을 하도록 하며, 품질 유지를 위한 서비스로 1월 1회 방문 관리를 하도록 하지요.

고객: 그런 것은 좋습니다. 하지만 가격이···. 결제 조건도 그렇고···. 우리로서는 너무 부담이 되는군요.

김 대리: 가격과 결제조건은 저희가 최대한의 양보를 해 준 조건입니다.

고객: 그래요? 그럼 이번 거래는 다시 한 번 재고를 해 보아야 될 것 같군요. 다음에 이야기합시다.

김 대리는 영업협상 상담을 마치고 거래처를 나오면서 거래가 무산이 될까 걱정이다. 몇 가지 거래에 필요한 사항들에 대한 합의는 끝났는데···. 가격과 결제조건에 발목이 잡힌 것 같다. 어떻게 하면 좋을까?

■ ■ ■

:: 원인

1) 작은 합의 내용에 대한 가치를 잘 모른다.

2) 협상은 상대방이 요구하는 조건과 양보를 한 조건들 사이의 조화를 이루는 것이다. 상대방의 요구에 너무 민감하다.

3) 큰 시각으로 협상의 결과를 보는 것이 부족하다.

4) 양보하는 것의 가치와 다른 조건을 비교해 설득하는 능력이 부족하다.

5) 고객이 중요하게 생각하는 조건을 간과하고 있다.

6) 거래의 조건을 모두 협상 테이블에 올려놓고 이것을 패

키지로 활용하지 못했다.

:: 비용

고객에게 무엇이 중요한 조건인지를 파악하지 않고서 양보를 하지 말라. 위 사례에서 고객은 납기와 직원교육 그리고 서비스 방법에 대해서 관심이 없거나 중요성이 떨어진다. 고객이 요구하지 않은 조건의 양보는 의미가 없다.

:: 대응

1) 합의된 사항의제의 가치를 강조하라. 김 대리가 제안한 다른 조건의 가치를 숫자로 정리를 해 가격 또는 다른 조건과 비교시켜 주어라. 실질적으로 고객이 얻는 이익을 강조하라.

2) 합의된 사항과 상대방이 요구하는 사항을 교환하라. 가격이 중요하다면 위에서 언급한 조건들을 뒤로 후퇴시켜라. 만일 이 조건들을 고객이 요구하지 않았는데 김 대리가 먼저 제안을 하는 상황이라면 그 가치를 알리고 고객이 수용하지 않으면 철회를 하라. 이를 위해서 미리 고객이 요구하지 않는 조건의 양보는 하지 말라.

3) 거래무산에 대한 걱정/두려움을 지나치게 강하게 갖지 말라. 계약을 하지 않으면 고객이 입게 될 불이익을 강조하는 것이 좋은 방법이다. 영업전문가 스스로 자신의 손해에 생각이 고착되면 다른 대안과 방법이 떠오르지 않는다.

4) 고객이 중요하게 생각하는 것 중심으로 협상을 전개하라. 협상 장에서 상대방이 요구하지 않은 의제를 양보하는 것은 의미가 없다. 협상의 안건이 아닌 것은 자신에게 가장 유리하게 이끌어 가면 된다. 그렇지 않으면 모든 것을 양보해 주고 고객이 원하는 것도 양보를 하게 되는 어리석음을 범하게 된다. 이를 방지하기 위해 영업의 단계에서 협상의 단계로 상담이 진전이 되면 고객이 조정하기를 원하는 모든 거래조건사항들을 끌어내어 그 중에서 무엇을 타협할 것인지 또는 타협하지 않을 것인지를 합의를 봐야 한다. 이 단계에서 고객이 중요하게 생각하는 거래의 조건들을 파악할 수 있다. 그다음 본격적인 협상에 임해서는 타협된 조건들만 상호 조정하도록 하는 것이 협상의 기본 전략이다.

64 포커페이스가 약하다

■ ■ ■

김 대리는 오늘 만난 고객이 거래조건을 까다롭게 제안을 하고 고집을 부리는 전술에 넘어갔다. 고객의 까다로운 대응에 긴장을 하고 중심을 잃은 김 대리는 알리지 말아야 할 정보를 자신도 모르게 노출을 시켰기 때문이다. 더욱이 감정적인 대응('고객이 그 정도의 권한도 없이 영업을 하는가? 회사 내부의 상황을 그렇게 몰라 어떻게 영업을 하는가?' 등의 말에 김 대리는 짜증을 부린 것이다.)을 한 것이 원인이 되었다.

거래처와 계약은 하였지만 거래조건이 썩 마음에 들지 않는다. 늘 고객과 영업협상을 할 때는 고객의 페이스에 말려들지 않고, 감정을 통제해야 한다고 다짐을 하지만 이 다짐은 쉽게 무너진다.

고객이 이렇게 나올 때 김 대리는 정말로 갑갑하다. 어떻게 대응을 하는 것이 효과적인 방법인지….

:: 원인

1) 협상을 진행하는 데 자신감이 부족하다.

2) 협상을 성공적으로 진행하는 기술이 부족하다.

3) 고객의 반응과 말에 너무 민감하다.

4) 힘과 레버리지의 효용을 활용하지 못한다.

5) 감정적인 강인함의연함을 갖지 못하고 협상에 임한다.

:: 비용

협상에서 감정적이 된다는 것은 치명적이다. 감정적이 된다는 것이 화를 내거나 소리를 지르는 것만을 의미하지 않는다. 고객을 지나치게 의식하는 것, 고객의 전술에 끌려다니는 것, 좋은 사람이 되고자 하는 것, 고객의 말 한마디에 심리적으로 흔들리는 것, 까다로운 대응에 흔들리는 것 등 굉장히 많다. 협상에 임할 때는 이러한 감정에 흔들리지 말아야 한다.

:: 대응

1) 협상의 한계를 정하도록 하라. 이 한계 또한 영업전문가가 혼자서 정하지 말고 조직과 상사와 합의를 한 한계이어야 한다. 그래서 협상 결렬의 책임이 영업전문가에게 있는 것

이 아니고 조직의 역량에 달려 있도록 하면 감정이 쉽게 흔들리지 않는다. 협상은 조직 간의 능력의 조정임을 다시 한번 강조를 한다. 이 사실을 적극 활용하도록 하라.

2) 다양한 협상의제를 만들어 자신이 수용할 수 있는 조건의 폭을 넓혀라. 협상 테이블에서 주고받을 사항이 많다는 것은 협상에 임하는 당사자에게 여유를 갖게 해 주고 협상의 결과를 좋게 하는 방법 중 하나이다. 협상을 시작하기 전 고객과 자신이 요구하는 협상의 의제를 많이 개발하도록 하라.

3) 고객이 까다롭게 나오는 것은 그만큼 자신들에게도 거래의 필요성을 느끼고 있다는 신호이다. 적극적이고 자신감 있는 태도로 협상을 하도록 하라. 그리고 고객이 까다롭게 요구하는 조건들 또한 고객에게 중요한 것이다. 고객에게 덜 중요한 것을 찾아 중요한 것과 교환하는 협상 전술을 사용하도록 하라.

4) 자신의 협상능력이 부족하다고 느낀다면 혼자 고객을 만나지 말고 동료, 상사와 동행을 하라. 절대로 김 대리의 능력이 부족함을 드러내는 것이 아니다. 고객에게 이야기하면 된다. '중요한 거래이고 앞으로 지속적으로 거래하는 좋은 파트너가 되었으면 하는 기대로 상사를 모시고 왔다.'라고 하면 된다. 물론 상사와 사전에 충분한 사전 조율이 있어야 함은 물론이다.

5) 과감하게 'No'라고 말하라. 김 대리는 자사와 내부협상을

충분히 하였으면 고객의 전술에 흔들리는 자신을 발견할 때는 과감하게 '노'라고 말하고 협상을 연기하도록 하라. 고객도 자신의 모든 요구사항을 영업전문가가 수용해 줄 것을 기대하지는 않는다. 어느 정도는 영업전문가가 맞대응을 할 것이라고 생각을 한다. 협상은 이런 것이다.

6) 고객의 말고객이 그 정도의 권한도 없이 영업을 하는가? 회사 내부의 상황을 그렇게 몰라 어떻게 영업을 하는가?을 듣고 감정적으로 흔들리지 말라. 이러한 고객의 말을 협상의 전술로 활용하라. 가) 엄살을 피워라. '그렇습니다. 그래서 그 조건으로는…' 나) 상사 핑계를 대라. '그럼 상사 또는 회사와 상의를 한 후 결정을… 왜냐하면 저희 회사는 중요한 거래처는 상사가 관심을 갖고 도와주는 것이 원칙이라서…' 다) 상대의 자존심을 자극하라. '그러니까 고객께서 저를 도와주셔야…'

65 마무리를 적절하게 이끌지 못한다

■ ■ ■

오랫동안 진행해 온 거래처와의 영업협상이 하나하나 거래조건들의 합의가 이루어지면서 막바지로 접어든다.

김 대리: 그럼 직원들 교육 지원과 납기는 ○○하게 하도록 하지요.

고객: 그건 괜찮은 것 같군요.

하면서 고객은 긍정적인 반응을 보인다. 김 대리는 고객이 자신의 입으로 구매를 하겠다는 말을 기다리지만 고객은 침묵을 지킨다. 한참 후 조급한 김 대리는

김 대리: 아직 마음에 걸리는 것이 있습니까? 말씀해 주시면 제가 조정을….

하면서 고객의 입을 열기 위해 말을 꺼낸다.

고객: 그래요? 그럼 가격이….(하면서 고객은 조심스럽게 가격이 부담된다고 한다.)

김 대리는 갑자기 당황한다. 고객을 충분히 설득하였다고 생각을 하였는데. 왜 구매를 하겠다는 말을 하지 않지… 내가 먼저 하면 고객이 싫어할 수도 있는데….

■ ■ ■

:: 원인

1) 고객의 전술이다.

2) 고객 내부적인 변화가 발생하였다.

3) 협상 과정에서 명확한 커뮤니케이션이 부족했다. 예전과 같을 것이라는 자기중심적은 해석을 하였다.

4) 고객의 반응에서 마무리를 시도하는 타이밍을 놓쳤다.

5) 고객의 의사결정을 촉구하는 기법을 익히지 못했다.

6) 고객이 결정을 해 주기를 기다린다.

:: 비용

사전에 합의를 보지 않은 의제라면 김 대리는 과감하게 이 사실을 언급하여야 한다. 고객이 주도하는 대로 끌려 다녀서는 안 된다. 마무리를 할 때는 시기적절하게 다양한 방법으로 마무리를 시도하라. 그래야 고객이 반응을 할 수 있다.

:: 대응

1) 마무리 기법을 활용하라.

고객의 의사결정을 촉구하는 능력을 개발하라. 의사결정 촉구 방법으로는

ⅰ. 협상의 의제를 강조하라. 협상의 의제는 상호간 중요하게 생각하는 거래조건들이다. 의제의 합의가 주는 이익을 강조하면서 의사결정을 촉구하라.

ⅱ. 대안을 활용하라. 다소 위험스러운 방법이지만 상대방이 불리함을 느낀다면 활용할 만한 방법이다. 간접적으로 대안이 있음을 알려라. 확실한 대안이어야 한다. 거짓 대안이어서는 안 된다.

ⅲ. 상대의 태도를 조정하라. 상대가 가진 불안감이나 부정적인 태도를 긍정적으로 바꾸는 방법이다. 상대가 감정적이고 공격적이더라도 맞불 작전을 펼쳐서는 안 된다. 그들의 태도를 순응적이고 부드럽게 바꾸는 노력을 하라.

ⅳ. 대비효과를 활용하라. 협상이 마무리되어 고객이 얻는 비즈니스의 이익과 협상의 지연 또는 실패가 가져올 불이익을 비교해 보여 주라.

ⅴ. 구두약속을 받아내라. 서면으로 약속을 하는 것보다 구두로 약속을 쉽게 하는 것이 심리현상이다. 의제 하나씩 구두약속을 받으면서 협상을 진행하라.

ⅵ. 제안과 대안이 공정함을 강조하라. 제안을 설득력 있게 준비를 하라. 대안은 이번 거래만을 위한 대안이 아니라 영업전문가라면, 당연히 준비하는 대안다른

^{가망고객} 임을 알려라.

vii. 최종시한의 압력을 활용하라. 시간적인 한계를 고객이 느끼도록 하는 것이다. 시간 내의 결정이 이익이 됨을 제안하라.

viii. 반발심리를 이용하라. 상대의 체면을 자극하는 방법이다. 긍정적인 방법보다는 부정적으로 체면을 자극해 상대가 반사적으로 결정을 하도록 하라.

ix. 퇴짜부터 맞기 기법을 활용하라. 큰 것을 제안해 거부를 당한 후 작은 것을 요구하는 방법이다. 상대방이 큰 제안을 거부한 것에 대한 보상 심리를 이용하는 것이다. 덤 얻어주기 기법 등이 있다. 부담이 되지 않는 것을 양보하면서 의사결정을 촉구하라.

2) 고객의 어떠한 반응에도 긴장하지 말라. 조바심을 가질 필요도 없다. 만일 결제조건이 협상의제로 합의된 것이 아니라면 고객 내부의 상황변화로 그것이 중요한 의제가 되었을 수도 있다. 원인을 물어보라. 그리고 'If~' 전술을 활용하라.

3) 고객에게 일관성을 유지하는 것이 중요하다고 하면서 새로운 요구조건에 대한 보상을 요구하라.

4) 김 대리의 권한을 벗어나거나 협상의제를 벗어난 경우 '상사 핑계 대기', '엄살 피우기', '체면 자극하기' 등의 전술을 활용하라.

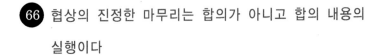

66 협상의 진정한 마무리는 합의가 아니고 합의 내용의 실행이다

■■■

상사: 김 대리. ○○ 기업과의 비즈니스는 잘 되고 있지. 물량이 제때에 납품이 되고 있는가? 결제는? 기타 고객이 원하는 것은 있는가?

김 대리: 예? 그건 생산부와 물류 그리고 서비스 부서에는 관리하는 업무 아닌가요? 전 계약을 한 이후로는 신경을 쓰지 못하고 있었습니다. 다른 업무가 많아서….

상사: 물론 그러한 업무는 생산부와 물류부 그리고 서비스 부서의 일이지. 하지만 고객은 누구와 계약을 하였는가? 만일 문제가 발생하면 그들은 누구를 찾지? 또한 그들이 계약을 올바르게 이행하지 않으면 누가 그 문제를 해결하는가? 자네가 해야지!

김 대리: 물론 그렇지만… 저는 계약만 하면 되는 것이 아닌가요? 그동안 영업협상이 얼마나 힘들었는데… 또다시 그 사람들을 만난다는 것이…. 그리고 그 거래처가 중요하다는 것을 다른 부서도 알고 있으니까 알아서 잘 할 것이라고 생각을 합니다.

상사: 그러니까 자네가 좀 더 신경을 써야지. 그리고 영업협상의 마무리는 계약서를 작성하는 것이 아니고 계약 내용의 성실한 이행이 이루어져야 한다는 것일세. 그래야 추가적인 비즈니스도 가능할 것이고….

김 대리: 잘 알겠습니다. 오늘부터라도 확인을 하도록 하겠습니다.

■■■

:: 원인

1) 영업과 협상의 마무리가 모든 영업의 끝이라고 생각한다.

2) 다른 관련부서의 업무처리가 고객과 영업전문가에게 미

치는 영향이 매우 크다는 것을 간과하고 있다.

3) 고객은 영업전문가를 비즈니스의 창구로 생각하고 있다는 것을 모르고 있다.

4) 지속적인 비즈니스를 위한 큰 계획_{고객관리}이 없거나 중요성을 모른다.

:: 비용

고객은 영업전문가와 협상을 마무리하고 계약서를 작성하면서 자신들이 원하는_{계약서의 모든 항목} 것이 제대로 잘 이행되리라 믿는다. 그리고 그 이행의 책임이 영업전문가에게 있다고 믿고 문제가 발생하면 제일 먼저 영업전문가를 찾는다. 때로는 이러한 영업전문가의 의무 수행에 고객은 불안감을 갖고 있다. 그리고 고객은 이러한 믿음이 지켜지고 불안감을 해소해 주는 영업전문가와 지속적인 비즈니스를 하고자 할 것이다. 물론 그렇지 않은 경우는 언제든 떠날 것이다.

:: 대응

1) 영업과 협상의 진정한 마무리는 계약이 아니다. 진정한 비즈니스는 고객만족이고, 고객의 비즈니스 성공을 돕는 것이며, 지속적인 거래와 새로운 고객의 추천이다. 이를 위해 영업전문가는 고객이 기대하는 이상의 역할을 하여야 한다. 그것에 대한 보상은 분명히 주어질 것이다.

2) 협상 마무리 이후의 상황을 세심하게 확인을 하여야 다

음의 비스니스에서 유리한 위치를 확보할 수 있다. 그리고 고객이 불안하도록 하여서는 안 된다. 고객의 불안은 신뢰를 깨는 첫걸음이다. 모든 수단과 방법을 동원해 고객의 불안을 해소해 주어야 한다. 그러한 노력이 다음의 협상에서도 유리한 입장을 가질 수 있게 해 줄 것이다.

3) 중요한 거래처일수록 영업전문가가 스스로 챙겨야 한다. 한 번의 거래로 끝나는 비즈니스는 많지 않다. 어떤 고객도 자신을 만족시켜 준 영업전문가 또는 기업을 다시 찾는다는 것을 알아야 한다. 특히 B2B 영업을 하는 영업전문가는 지속적인 거래를 해 주는 고객을 확보하는 것이 얼마나 중요한지 잘 알 것이다. 한 두 번의 소홀함이 고객을 떠나가게 한다. 물론 반대의 경우 고객은 최고의 파트너가 될 것이다.

4) 고객이 기대하는 이상의 비즈니스 서비스를 수행하라. 고객이 궁금해 할 만한 정보는 미리 파악을 해 알려 주라. 이러한 영업전문가의 노력에 고객은 감동을 받을 것이다.

67 양보하는 방법을 모른다

■ ■ ■

고객: 다 좋습니다. 다만 가격이 부담이 되는군요. 가격을 어느 정도 조정을 하였으면 합니다.

김 대리는 예상한 반응이 나왔다고 생각을 한다. 김 대리가 양보해 줄 수 있는 범위는 제안한 가격에서 100,000원을 양보할 수 있다.

김 대리: 그럼 10,000원을 깎아 드리면….

고객: 그것은 너무 하군요 더 깎아 줄 수는 없나요?

김 대리: 그럼 20,000원을 깎아 드리면….

고객은 생각을 한다. 김 대리가 깎아 줄 수 있는 범위가 많아진다. 이것은 더 많은 양보를 얻을 수 있을 것 같다.

고객: 그 가격도 부담이…. 10,000원에서 20,000원까지 깎아 주시는 것을 보면 더 많은 조정이 가능할 것 같은데…. (하면서 고객은 계속 가격을 깎아 달라고 한다.)

김 대리는 결국 자신에게 주어진 가격 조정선을 모두 양보한 수준에서 거래를 마무리 지었다.

■ ■ ■

:: 원인

1) 너무 쉽게 양보를 하였다.

2) 양보에도 법칙이 있다. 그것을 효과적으로 활용하지 못하고 있다.

3) 양보는 협상의 전략 중 가장 낮은 수준의 전략이다.

4) 상대의 양보요구에 대응하는 요구를 하지 못하고 있다.

5) 상대의 반대, 거부에 쉽게 넘어갔다.

:: 비용

협상을 하면서 고객이 양보를 요구하는 것은 늘 있는 일이다. 아무리 영업전문가가 좋은 조건을 제안을 해도 고객은 더 많은 양보를 요구한다. 또한 양보를 할 때는 더 이상 물러설 수 있는 곳이 없다는 느낌을 상대방이 갖도록 하여야 한다.

:: 대응

1) 양보를 할 때는 너무 쉽게 많은 것을 양보하지 말라. 선뜻 양보를 하는 것은 상대방의 목표와 전략을 더 강하게 한다. 협상에서 일방적인 양보는 머리에서 지워라. 양보를 할 수밖에 없을 때는 최대한 엄살을 피우거나, 상대와의 인간관계를 자극하거나, 최후통첩의 전술을 활용하도록 하라.

2) 양보를 여러 번 할 때는 큰 양보에서 점점 작은 양보를 하라. 양보를 할 때는 더 이상 물러설 곳이 없다는 것을 상대가 느끼도록 양보를 하라. 위의 사례에서는 양보를 할 때는 큰 것부터 점점 작게 양보를 하는 것이 좋다. 10,000⇒20,000⇒30,000보다는 30,000⇒20,000⇒10,000의 방법으로 양보를 하면 상대방은 김 대리에게 더 많은 기대를 하지 않게 된다. 자신이 얻는 부분이 뒤로 갈수록 작아지게 되면 기대를 점점 덜하게 되는 심리를 활용하는 것이다.

3) 어떤 양보든 양보를 할 때는 보상을 요구하라. '고객이 부담이 된다는 것이 어느 것인지? 그 부담을 줄이기 위해 무엇을 요구하는지?' 등의 질문을 하면서 고객의 상황을 파악을 하라. '만일 가격을 조정해 드리면 무엇을 양보할 수 있는가?' 등의 질문을 통해 의제의 중요성과 우선순위를 파악하라. 절대로 보상 없는 양보를 하지 말라.

4) 자신의 허용 범위 내에서라도 선심 쓰듯 양보를 하지 말라. 많은 영업전문가는 고객의 요구사항이 자신의 권한 내에 있다면 선뜻 수용을 한다. 빨리 마무리를 하고 싶은 심리가 작용하는 것이다. 물론 나쁜 것은 아니지만 프로 영업전문가이라면 이 상황에서도 협상을 밀고 당기는 분위기로 전개한다. 왜냐하면 언제든 자신이 고객의 요구사항을 수용할 수 있는 여유를 갖고 있기 때문이다.

68 제안을 패키지로 하라

■ ■ ■

상사: 김 대리, 오늘 ○○○ 거래처와 영업협상을 할 계획인 것으로 알고 있는데…. 어때 준비는 잘 되었는가?

김 대리: 예, 팀장님. 그런데 ○○○사는 가격을 너무 무리하게 요구를 하고 있습니다.

상사: 그런가? 그럼 다른 조건들은? 예를 들어 납품기간과 방법, 사후서비스와 직원들 교육 그리고 배송책임 등….

김 대리: 글쎄요! 지금까지는 가격만 이야기를 하였는데… 가격을 자신들이 요구하는 수준으로 맞추어 달라고…. 그런 이야기는 가격을 먼저 합의를 하고 하나씩 합의를….

상사: 그렇지 않네. 그들이 가격을 중요하게 여기면 다른 것에 대해 양보를 할 수도 있네. 그리고 영업협상에서 하나하나의 조건을 개별로 합의하려는 시도는 좋은 방법이 아니지. 고객은 구매하기 때문에 조건들을 하나씩 합의를 보려 하지만 영업은 그렇게 해서는 안 되지. 그리고 가격을 원하는 수준으로 맞추어 주고 우리가 얻을 수 있는 것을 생각해 보게. 그러한 것들이 오히려 가격을 맞추어 주는 것에 대한 부담을 줄일 수 있을 테니까.

김 대리: 예! 잘 알겠습니다.

■ ■ ■

:: 원인

1) 협상의 주도권이 고객에게 있다고 생각을 한다.
2) 고객의 요구조건이 '가격' 하나뿐일 것이라고 생각을 한다.
3) 협상의 의제와 거래조건들 하나하나를 별도로 생각을 한다.
4) 구매협상의 전술을 잘 모른다.

:: 비용

이는 협상 테이블에 돈을 남겨 놓지 않아야 한다는 협상의 원칙이다. 구매협상은 구매조건을 하나씩 다루면서 영업전문가를 압박하는 것이 전술이다. 가격을 합의하면 그다음은 납기를 끄집어낼 것이고, 다음에는 결제방법 등등 계속 조건을 하나씩 끄집어내어 영업전문가를 압박한다. 영업전문가가 이러한 구매협상 전술에 효과적으로 대응하지 못하면 낮은 수준의 계약서를 받을 수밖에 없을 것이다.

:: 대응

1) 협상을 시작하면서 고객의 요구조건 — 협상에서 다룰 모
든 거래조건들 — 을 모두 확인하라. 고객이 쉽게 응하지
않더라도 계속 요구하라. 만일 가격을 먼저 조정을 하자
고 하면 '그럼 가격만 조정이 되면 의사결정을 하겠습니
까?' 또는 '가격을 조정해 드리면 무엇을 양보하시겠습니
까?' '가격 외 다른 조건은 문제가 되지 않습니까?' 등의
질문을 하면서 고객의 요구조건을 끄집어내도록 하라.
이것이 영업의 시작과 협상의 시작이 다른 내용이다.

2) 모든 의제와 거래조건들은 서로 연관성이 있다. 이를 적
절하게 조합한 패키지를 중심으로 상호 제안을 하도록
하라. 이를 위해 영업전문가는 고객의 모든 요구사항을
두고 자사 내부 관계부서와 내부협상을 하여야 한다.

3) 조직은 영업전문가에게 이러한 상황에서 힘을 갖고 여
유 있고 당당하게 협상을 하도록 지원해 주는 시스템을
갖추고 있어야 한다. 언제든 영업지원미팅을 관련부서 실
무자 또는 책임자와 개최를 할 수 있는 권한을 영업조직
에 주라. 영업계약서의 조건이 자사의 경영성과에 미치는
영향을 안다면 기꺼이 이러한 시스템을 갖출 것이다.

4) 내부협상을 하는 방법과 프로세스는 다음과 같다.

1단계
명확한 쟁점 규명   ➢동의된 의제

2단계
쟁점의 재구성   ➢우선순위
일괄적 협상대상 분류   ➢중요도 결정

3단계
이해관계자의 파악

4단계
내부협의

5단계
한계 및
제한요인 식별

6단계   ➢제안할 의제 합의
구체적인 목표설정   ➢의제 구성
                       ➢희망, 목표, 이탈가격

7단계
설득력 있는 논리개발

8단계
협상 상대분석

영업전문가는 모든 협상을 준비하면서 위의 프로세스로 내부협상을 가동해 협상의제를 늘 여유 있게 준비하고 설득이 논리를 갖추도록 하라.

⑥⑨ 고객의 문제를 자신이 떠안는다

■ ■ ■

상사: 김 대리. 어제 계약을 한 ○○ 기업의 계약서에 왜 우리가 배송을 책임지기로 하였는가? 이제까지 우리는 고객이 직접 배송을 하도록 하지 않았는가?

김 대리: 예, 팀장님. 그것은 고객이 차량 문제로 어려움을 이야기해서…. 그리고 이제까지 좋은 거래처이기 때문에….

상사: 그래, 그럼 배송을 해 주는 대신 어떤 것을 얻었는가? 계약서를 보니 지난달과 달라진 것이 없는데… 우리가 배송을 하려면 차량 유지비와 배송비가 소요되는데….

김 대리: 예, 알고 있습니다. 하지만 납기도 여유가 없고 고객도 자꾸 도와 달라고 해서….

상사: 그리고 왜 직원들 교육을 우리가 하기로 했지? 늘 거래처 스스로 하지 않았는가?

김 대리: 예, 지난주 거래처의 교육 담당이 회사를 떠나서…. 도와 달라고 해서 도와주는 것이….

상사: 만일 다음의 거래에도 이러한 것을 요구하면 어떻게 하겠는가? 전례를 남기는 것이 좋은 방법은 아니라고 생각하는데…!

김 대리: 설마 그럴 리가 있겠습니까!

상사: 그럼 다른 조치를 취해 놓은 것이 있는가? 계약서에 이번만 도와주는 것으로 한다는 문구라도 있는가? 없지 않은가?

김 대리: ….

■ ■ ■

:: 원인

1) 고객의 요구를 수용하는 협상기술이 부족하다.

2) 고객의 요구를 들어주는 것의 비용을 고려하지 않는다.
3) 고객의 문제를 영업의 문제와 거래조건의 문제로 구분
하지 못한다.
4) 거래조건이 전체적인 결과에 미치는 영향을 고려하지
않는다.
5) 이번의 양보, 수용이 다음의 거래에 미치는 영향을 고려
하지 않았다.

:: 비용

고객의 문제 특히 거래조건상의 문제를 영업전문가가 떠안
는 것은 곧 거래조건의 악화를 의미한다. 고객은 엄살을 피우
든, 대안을 활용하든, 상사 핑계를 대든, 협박을 하든 다양한
전술로 자신들의 문제를 영업전문가가 해결해 주기를 바란다.
또 몇몇 영업전문가는 이러한 고객의 문제를 해결해 주는 것
이 영업을 잘 하는 것이라고 믿기도 한다.

:: 대응

1) 고객의 문제는 고객이 해결하도록 하라. 그래도 해결을
요구하면 합당한 대가를 요구하도록 하라. 협상을 하는
도중에 고객이 자신들의 문제를 언급을 한다. 영업전문
가는 그 문제 때문에 결정이 지연되거나 반대를 할까
두려워한다. 그때 고객이 엄살을 피우는 등의 전술을 쓰
면서 영업전문가에게 도와 달라고 한다. 그 결과는…. 고
객의 이런 문제를 무시하거나 다루지 않을 수는 없다. 왜

냐하면 그 문제가 해결되지 않으면 고객은 구매를 하지
않을 것이기 때문이다. 도와주라. 그렇지만 공짜로 도와
주는 것은 신중하게 고려하라. 조심스레 대가를 요구하
라. 고객 입장에서 큰 부담이 되지 않는 것을 요구하라.

2) 고객이 가진 영업의 문제구매를 하는 이유와 그 이익와 거래조건
의 문제를 구분하도록 하라. 영업상의 문제는 고객이 가
진 업무수행상의 어려움, 해결해야만 하는 문제생산성, 품질,
생산수율, 고객만족, 직원안전 등는 영업의 무기인 솔루션으로 해
결을 할 수 있다. 이러한 솔루션에 대한 반대인지, 구매
를 하는 데 자신들의 역량부족예산부족, 전문가 부족 등인지를
영업전문가는 고객의 요구를 듣고 잘 판단하여야 한다.

3) 불가항력적인 문제 외에는 고객의 문제를 공짜로 해결
해 주지 말라. 오픈된 문제를 해결하지 않으면 고객은
구매를 할 수 없다. 위의 예에서 직원들 교육문제가 이
러한 문제이다. 아무리 가격이 자신들이 원하는 대로 조
정이 되어도 교육을 하지 못해 그 상품을 사용하지 못
한다면 누가 구매를 하겠는가? 이 문제에 대한 창의적
인 해결책을 영업전문가는 제안을 할 수 있을 것이다.
예를 들어 직원들 교육을 영업사원이 직접 할 수도 있
다. 물론 영업사원이 준비가 되어 있어야 하겠지만. 그
것이 가능하다면 고객과의 관계를 재구축할 수 있고 고
객사의 현장 사용부서와의 관계 수립도 가능하다. 이를

통해 정보를 얻고 추가적인 영업의 기회를 발굴할 수도 있을 것이다. 올바른 문제해결책을 제안한다면 고객에게 그 보상을 요구할 수도 있을 것이다.

4) 고객의 문제는 고객이 알아서 해결하라는 식의 대응을 해서는 안 된다. 영업의 전술로 한 번쯤은 언급을 할 수 있겠지만 이 또한 조심하여 사용하여야 한다. 혹 고객이 영업전문가의 이러한 반응에 감정적으로 나올 수도 있기 때문이다. 고객의 문제를 함께 고민을 하도록 하라. 하지만 이때에도 협상을 하고 있다는 것을 잊어서는 안 된다.

5) 고객의 문제를 떠안더라도 예외적인 경우로 만들어라. 다음의 요구를 없애는 노력이 필요하다. 전례로 남기지 말라. 전례를 사용하는 것은 가장 극복하기 어려운 협상의 전술이다. 영업전문가 입장에서는 자신의 권한을 압박하는 전례를 만들어서는 안 된다. 고객은 호시탐탐 이 전례를 만들려고 한다. 위와 같은 상황에서는 계약서에 분명히 명시하여야 한다. 이번 한 번의 지원으로 한정한다는 문구를 넣어야 한다. 고객이 불평할 것이라고? 당연하다고 생각하라. 그리고 대가를 요구하라. 고객이 가진 문제해결의 지원이 가진 가치를 강조하라.

❼⓪ 고객의 요구가 없는데도 먼저 양보를 하려 한다

■ ■ ■

김 대리: 팀장님, ○○○ 기업과 영업협상 진전을 위해 조건들을 수정하는 것이….

상사: 왜 그런가? 고객이 원하는 것인가?

김 대리: 고객이 원하지는 않았지만 영업협상이 마무리가 안 되고 지루하게 지연되기만 해서…

상사: 우리가 요구조건을 수정을 하면 고객이 바로 계약을 할 것 같은가?

김 대리: 그건 아니지만…. 그래도….

상사: 그럼 우리가 양보를 하기를 고객이 기다리고 있다면? 그 양보를 통해 더 많은 양보를 요구한다면… 그리고 그 양보의 대가로는 무엇을 제안할 것인가?

김 대리: ….

상사: 우리가 요구조건을 너무 쉽게 또는 자주 변경을 하는 것이 영업협상에서 결코 유리한 입지를 만들어 주지는 않네. 오히려 우리의 힘을 떨어뜨릴 가능성이 높지.

■ ■ ■

:: 원인

1) 협상의 성급한 결과를 원한다.

2) 자신의 제안 내용 수정이 협상에 미치는 영향을 생각하지 못한다.

3) 일관성을 잃는 것은 협상에서 자신의 파워를 포기하는 것임을 모른다.

4) 이번 계약 외에 다른 대안이 없다.

5) 고객이 지루하게 협상을 지연하는 전술임을 모른다.

6) 양보의 원칙그냥 양보는 없다. 대가가 있는 양보를 하라.을 모른다.

:: 비용

협상이 영업전문가가 원하는 대로 이루어지기를 바라는 것
은 너무 순진한 생각이다. 이런 생각으로 협상을 자신이 원하
는 대로 진행되게 하고자 많은 영업전문가는 먼저 양보를 하
기도 한다. 자신의 양보가 이후의 협상에 미치는 영향을 고려
하지 않는 것은 장기적인 시각이 부족하다는 증거이다. 영업
과정을 충실히 수행하고 고객이 영업전문가의 솔루션에 대한
가치를 인식하였기 때문에 협상을 하는 것이다. 여유를 갖고
기다리지 못하면 먼저 양보하는 어리석음을 저지른다.

:: 대응

1) 제안은 신중하게 하되 수정을 쉽게 하지 말라. 일관성 있
   는 행동은 제안의 가치를 높인다. 고객의 어떠한 전술에
   도 흔들리지 않는 영업전문가는 협상의 레버리지를 이용
   할 줄 아는 영업전문가다. 이는 곧 고객에게 부담을 준다.
   누가 큰 부담을 지느냐가 협상의 결과를 좌우할 수 있다.

2) 고객이 얻는 비즈니스의 이익을 강조하면서 기다려라. 어
   떠한 경우든 고객이 의사결정을 하지 않는다면 영업전문
   가는 거래조건의 양보를 하기 전 다른 기업들이 얻은 이

익을 계속 강조하는 것이 좋다. 고객이 먼저 요구하기 전에 영업전문가가 미리 양보를 하지 말라. 아무리 조건이 좋아도 고객은 그 조건 때문에 구매를 하는 것이 아니다.

3) 자신이 제안한 내용들을 항상 기록하고 메모를 하라. 협상 커뮤니케이션에서 차이가 나는 주장은 협상의 힘을 떨어뜨린다. 고객이 자신의 주장이 일관성을 잃고 있다면 그것을 지혜롭게 활용할 수 있어야 한다.

4) 다른 의제에 대한 조건들의 확보를 통해 거래의 여유를 가져라. 상사와 협의를 통해 고객을 공략하는 전략과 전술을 개발하라. 대안이 많으면 사용할 수 있는 전략과 전술에도 그만큼 유리하다. 고객이 어떻게 나오든 영업전문가는 적절한 조건을 활용하면 된다. 계약가능성이 높은 다른 가망고객을 많이 확보하는 것도 훌륭한 대안이 된다.

⑦ 내키지 않은 척하는 고객에게 대응하지 못한다

■ ■ ■

김 대리는 좋은 거래처가 될 가능성이 높은 기업의 담당자를 만나 상품 설명을 열심히 한다. 벌써 30분째다. 고객도 중간 중간에 반응을 잘 보인다.

고객: 예, 좋군요. 자세한 설명에 감사를 드립니다. 덕분에 좋은 제품에 대한 정보를 얻을 수 있었습니다. 그런데 현재로서는 저희 기업에 필요성이 없을 것 같군요. 나중에 기회가 되면….

김 대리는 갑자기 힘이 빠진다. 이제까지 설명을 하면서 보여 준 반응은 좋았는데. 김 대리는 실망한 표정으로 자료를 챙겨서 일어서려고 한다.

고객: 혹 가격을 조정할 수 있다면 한번 진지하게 검토를 해 볼 수도 있을 것 같은데….

김 대리: (재빨리 자리에 앉으며.) 예 가격은 ○○○○까지 조정을 해 드릴 수 있고 다른 조건들도….

■ ■ ■

:: 원인

1) 구매자/고객의 전술이다.

2) 고객의 답글에 쉽게 흔들린다.

3) 영업전문가는 자신의 노력에 대한 보상에 갈급함을 갖고 있다.

4) 고객의 구매가능성을 다시 확인하는 노력이 부족하다.

:: 비용

고객은 항상 영업전문가의 제안을 흔쾌히 받아들이지 않는다. 자신들이 원해서 부른 영업전문가의 제안에도 그렇게 대한다. 그 이유는 현업 사용자가 아닌 구매담당 고객의 관심은 구매조건에 있기 때문이다. 특별하게 시간적인 여유가 없거나 당장 구매를 해야 하는 상황이 아니라면 고객은 늘 영업전문가의 제안에 미지근한 반응을 보인다.

:: 대응

1) 고객의 반응이 좋았음을 확인하였으면 그것을 재확인하

라. 즉 고객이 구매를 하고자 하는 의사를 표현하면 좀 더 신중히 대응을 하라. 이 단계에서는 협상을 하는 것이 아니고 영업의 단계인 솔루션의 가치와 고객이 얻는 이익을 강조하는 것이다. '가격을 조정하기 전에 어느 부분이 마음에 드시는지요?' '그것이 어떤 이익을 제공해 줄 것이라고 생각하시나요?' 등의 질문을 사용해 고객의 마음을 확인하고 구매의 가치를 극대화하라.

2) 고객의 마지막 요구사항에 성급하게 자신의 대안을 제시하지 말고 고객이 원하는 수준을 물어라. 고객의 구매의사를 확인하였으면 협상 테이블에 올릴 의제를 모두 끌어내는 커뮤니케이션을 하라. 성급하게 먼저 조건을 양보하지 말라. '만일 가격을 조정해 드리면?' '가격 외 다른 조건은?' 때로는 먼저 요구하라. '가격을 ○○% 조정해 드릴 테니 현금으로?' 하면서 진짜로 고객이 계약의 마음이 있는지를 확인하기 전에는 성급하게 양보하지 말라.

3) 고객의 전술임을 알고 있음을 보여 주라. 고객의 내키지 않은 반응에 무덤덤해지라. 처음에는 누구나 그렇게 반응을 한다고 이야기하라. 하지만 가치와 미래의 이익을 알면 그렇지 않다고 사례를 들어 이야기하라.

4) 만만치 않은 상대를 만났을 때는 다음과 같이 하라.
A. 협상이 결렬되어도 상관이 없다. ⇒
   양자택일을 요구하는 고객

ⅰ. 패키지로 의제준비

ⅱ. 가치강화

ⅲ. 결렬 시 상대의 불이익 강조

B. 정보량이 많고 논리적으로 공격해 오는 상대 ⇒
논리적 공격을 하는 고객

ⅰ. 개인의 성향 탐색

ⅱ. 전문가 대동

C. 자신감 넘치며 공격적인 상대 ⇒
독선적, 경청하지 않는 고객

ⅰ. 이야기를 듣고 모순점 등을 발견해 공격

ⅱ. 인내, 정중하게 대응

ⅲ. 화내지 말 것

D. 새로운 문제를 잇달아 꺼내는 상대 ⇒
문제를 복잡하게, 합의된 것 다시 꺼내기 등 전술을
사용하는 고객

ⅰ. 작전인지를 파악

ⅱ. 합의된 것은 서류로 남기기

E. 이기적 상대 ⇒
자신의 입장만 주장, 우리 제안은 무조건 비판, 인신
공격을 하는 고객

ⅰ. 있는 그대로 보라.

ⅱ. 의견과 충고를 구하라.

　　'어떻게 하면 좋을까요?'

iii. 이야기/험담을 다 할 때까지 느긋하게 기다려라.

iv. 우리의 질문에 대답할 때까지 침묵을 지켜라.

v. 협상 현안에만 집중하라.

72 고객의 엄살에 흔들린다

■ ■ ■

고객: 이번엔 저희 회사가 경제적인 어려움이 있으니 가격을 조정을 합시다.

김 대리: 회사의 경영이 잘되고 이익도 많이 발생하였다고….

고객: 그건 외부의 이미지 때문에…. 그리고 이번에 제가 새로 구매업무
를 하게 되면서 처음 구매하는 것입니다. 회사에서 인정을 받을 수 있
도록 김 대리께서 도와주시면… 또 김 대리께서도 잘 알고 계시듯 저
희 구매 부장님 성격도….

김 대리: 이해를 할 수 있습니다. 하지만 그 조건에는….

고객: 그럼 어쩔 수 없군요. 구매 물량을 줄이는 방법 외에는…. 회사로
부터 질책을 받는 수밖에….

김 대리: 그럼 어떻게 해 드리면….

고객: 제 사정을 다 말씀드렸으니까 이젠 김 대리께서 답을 주시기 바랍
니다.

김 대리는 어떻게 대답을 하는 것이 좋을지 망설인다. 고객은 자꾸 자신
의 어려운 입장만 이야기하고….

■ ■ ■

:: 원인

1) 고객의 입장을 이해하고 수용하는 것이 협상에 도움이

되리라 생각을 한다.

2) 고객의 엄살에 대한 진위 여부를 확인하지 않는다.

3) 고객의 말을 너무 쉽게 믿는다.

4) 고객에게 대응할 수 있는 충분한 준비를 하지 못했다.

:: 비용

고객의 엄살 피우기 전술에 적절하게 대응하지 못하면 고객의 문제를 떠안거나 양보를 하는 결과를 가져올 수 있다.

:: 대응

1) 자신이 수집한 정보의 진위 여부를 확인하라. 고객에 대한 정보가 확실하다면 위의 반응이 협상의 전술임을 판단할 수 있다. 부정확한 정보를 갖고 고객을 설득하려 하지 말라.

2) 고객의 엄살은 고객의 입장이다. 비즈니스와 구분하라. 한 번쯤 협상을 연기해 보라. 상사핑계를 대든, 인간관계에 호소하든, 소신을 유지하든 다시 만나자고 해 보라. 고객의 반응을 확인할 수 있을 것이다.

3) 고객의 반응에 대한 숨겨진 의도를 파악하라. 고객이 대안이 있는지, 물량을 줄여 구매를 하면 다른 문제는 없는지… 등등을 파악하라. 영업과정에서 구매관계자들을 적절하게 공략을 하였다면 알 수 있을 것이다.

4) 고객이 거래할 의향이 있으면 고객이 얻을 수 있는 이익으로 설득을 시도하라. 엄살의 이면에는 구매비용을 절

약하고자 하는 목적이 강하다. 구매비용을 줄일 수 있는 다양한 방법들을 앞에서 알아보았다. 적극 활용하라.

5) 거래를 통해 고객이 얻는 이익을 강조하면서 - 물론 고객도 인정을 한 이익이어야 한다. - 의사결정을 촉구하라.

6) 누구나 다 하는 엄살이라는 것을 알고 있다는 메시지를 보내라. '누구나 처음에는 그런 반응을 보입니다. 그럼 조건이 좋아질 때까지 기다리기로 하지요.'라는 반응을 보여라. '엄살 피우지 말고 본격적으로 협상에 들어갑시다!'라고 대응하라.

73 협상에 대한 전략적 시나리오를 준비하지 못한다

■ ■ ■

상사: 김 대리. 그럼 고객이 가격을 10% 이상 깎아 달라고 하면 어떻게 할 건가?

김 대리: 예, 팀장님. 고객도 사람인데 그렇게 무리하게 요구하지 않을 겁니다. 그리고 저하고도 자주 만나 친구같이 지내기 때문에···.

상사: 그건 그 사람과 김 대리의 사적인 관계 아닌가? 업무는 다르지. 또 하나 이번 미팅에서는 고객사의 의사결정권자가 참여를 하면 어떻게 할 것인가? 누가 의사결정권자인지 알고는 있는가? 또 만일 직접 우리 제품을 사용하는 부서의 직원이 참석을 한다면···. 그들이 보일 영업협상의 전술과 그에 대한 대응 준비는···.

김 대리: 이제까지 여러 차례 거래를 해 왔지만 그런 경우는 없었습니다. 걱정하지 마시기 바랍니다. 의사결정권자가 누군지는 모르지만 구매담

당자와 이야기가 잘 되어 합의를 하면 별문제 없을 것입니다.

호언을 한 김 대리는 계약의 확신을 갖고 거래처를 방문한다.

고객: 어서 오십시오. 오늘은 상담의 질을 위해 두 사람을 동석하도록
하겠습니다. 한 분은 저희 이사님이시고 다른 한 분은 품질부 ○○○
과장입니다. 직접 제품을 검사하고 사용하는 부서라…. (하면서 고객은
다른 두 사람을 모시러 회의실을 나간다.)

김 대리는 갑자기 긴장이 된다. 어떻게 한다? 이쪽은 오늘 상담을 위해
만반의 준비를 하고 있는데 나는…. 이사님은 왜 참석을 하시는 것이지?
이번 거래에서의 역할은? 그리고 품질부 ○○○ 과장님은? 내가 모르는
것을 물으면 곤란한데… 그렇게 되면 영업협상의 주도권은… 등등의 생
각이 든다. 며칠 전 상사와의 대화내용이 떠오른다. 그때 좀 더 준비를
할 것을….

그때 고객이 예의 두 사람과 함께 회의실로 들어온다.

■ ■ ■

:: 원인

1) 고객을 좋은 사람으로 생각을 한다.

2) 개인적인 관계와 비즈니스의 관계를 엄격하게 구분하지
않는다.

3) 협상의 전체적인 그림을 그리지 않고 있거나 협상에 영
향을 미치는 내부협상 관계자들의 역할을 너무 가볍게
생각을 하고 있다.

4) 항상 고객은 자신이 원하는 조건의 거래를 위해 다양한
전술을 준비하고 있음을 간과하였다.

:: 비용

협상이 자신이 원하는 계획대로 진행이 되지 않는 것은 영업전문가의 협상목적과 고객의 협상목적이 다르기 때문이다. 물론 최종목적은 비즈니스를 하는 것이지만 그 과정의 내용이 다르다. 고객은 얼마든지 다양한 협상 전술을 사용할 수 있다. 물론 영업전문가도 협상 전술의 사용에 대해서는 같은 입장이다. 협상과정에서 발생할 다양한 상황들에 대한 준비를 갖추지 않으면 그 결과는 뻔한 것이 될 것이다.

:: 대응

1) 협상의 이해관계자들을 파악하고 그들을 공략할 준비를 철저히 하라. 고객의 구매관계자들이 언제 김 대리 앞에 나타날지 모른다. 특히 영업과정에서 관련부서를 만나지 못하였다면 그들은 반드시 협상과정에 나타나 김 대리를 혼란스럽게 한다. 구매부 담당자는 협상을 이야기하고, 같이 앉아 있는 품질부 담당자는 품질과 성능 그리고 자신들의 문제해결 능력과 증거를 요구한다. 김 대리는 어떻게 해야 하는가?

2) 고객과의 친밀한 개인적인 관계는 협상의 파워를 떨어뜨릴 수 있다. 이 둘을 구분할 수 있어야 한다. 개인적인 관계를 무시하라는 것이 아니다. 그 인간관계가 협상의 결과에 영향을 미치지 않도록 주의하라는 것이다. 좋은 관계는 비즈니스가 성공적으로 수행이 될 때 가치가 있는 것이다.

3) 모든 발생 가능한 상황을 상정하고 대응준비를 하고 있

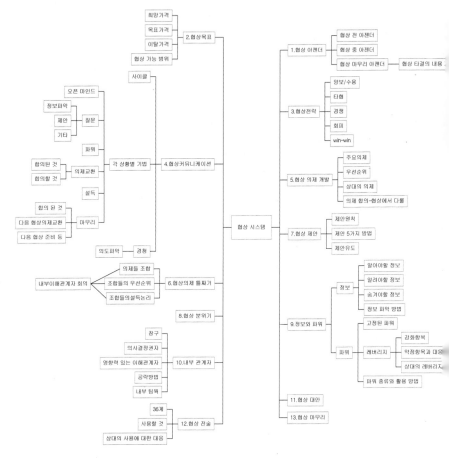

어야 한다. 고객이 펼칠 협상의 전술들은 무궁무진하다
고 할 수 있다. 최대한 창의력을 발휘하고 내부협상을
통해 그러한 전술들을 예견하고 대응할 수 있는 준비를
하는 것이 유일한 대안이다. 절대로 상대가 순진하고 인간관계를 중시할 것이라는 안일한 생각은 버려라. 그들은 자신들의 이익을 위해 윤리적이고 합법적인 범위 내에서 영업전문가를 괴롭힐 것이다.

4) 자사의 내부 관계자들을 통해 다양한 협상의 패키지를 준비하라. 고객에게 줄 선물의제의 조건들이 많다면 위와 같은 상황에서도 좀 더 여유 있게 대응할 수 있을 것이다. 영업전문가 혼자 모든 것을 해결하려고 애쓰지 말라.

5) 협상의 시작과 진행 그리고 마무리에 대한 전체적인 시나리오를 만들고 각각의 상황에 대처할 준비를 철저히 하라. 이를 위해서는 협상의 전체적인 그림이 있어야 한다. 다음이 협상의 모든 것이다. 잘 활용하도록 하라.

⑦④ 협상의 파워를 만들지 못한다

■ ■ ■

김 대리: 팀장님 ○○○ 기업과 영업협상을 위해 방문을 해야 하는데 동행을 해 주십시오. 내일 오전입니다.

상사: 그러지. 그런데 왜 나와 동행을 하려는가?

김 대리: 팀장님이 가셔야 힘을 가질 수 있죠. 고객이 부장님이라… 제가 만나서 이야기하는데 부담을… 그렇다 보니 영업협상을 하는 데도 신경이 쓰여서….

상사: 김 대리, 영업협상에서 파워가 뭐라고 생각하는가? 그리고 파워의 종류와 특성은?

김 대리: 글쎄요. 영업협상에서는 늘 구매를 하는 고객이 파워를 갖는 것이 아닌가요?

상사: 영업을 하는 사람들 대부분이 그렇게 생각을 하지. 틀린 말은 아니네. 하지만 중요한 것을 모르고 있는 것이지. 영업협상에서 파워는 '영업협상의 결과를 자신이 원하는 대로 나오도록 상대를 움직이는 상대적인 힘'이라네. 파워는 상대적이라는 말을 명심하게

김 대리: 그렇지만 어떻게 고객에게 파워를 사용할 수가 있습니까? 더구나 고객이 저보다 나이도 많고 직위도 높은데….

상사: 물론 그런 상황을 이해한다네. 그래서….

■ ■ ■

:: 원인

1) 협상 파워에 대한 고정된 관점파워는 늘 고객이 갖고 있다.을 갖고 있다.

2) 고객의 파워는 영원할 것이라는 생각을 갖고 있다.

3) 자신에게는 파워가 없다고 미리 결정을 한다.

4) 파워의 다양한 종류에 대한 이해가 부족하다.

5) 협상 파워를 만드는 능력이 부족하다.

:: 비용

협상에 임하면서 자신에게 파워협상의 결과를 자신에게 유리하게 만들기 위해 상대에게 미칠 수 있는 상대적인 영향력가 없거나 약하다고 생각을 한다면 협상을 주도적으로 이끌 수 없고 고객에게 끌려다니게 된다. 협상의 파워에 대해서 새로운 시각을 갖도록 하라.

:: 대응

1) 협상의 파워는 항상 고정되어 있지 않다는 것을 인식하라. 고정된 파워_{구매자와 영업전문가, 대리와 부장 등}는 협상의 결과에 큰 영향을 미치지 않는다. 협상의 초기에는 영향을 미칠 수 있다. 이 고정된 파워에 집착하지 말라. 다음의 방법으로 파워를 레버리지로 바꾸어 자신의 영향력을 강화하라.

2) 영업전문가는 협상이 진행되면서 자신의 파워를 인지하고 적극적인 활용을 하여야 한다. 협상을 진행하는 과정에서 파워를 만들 수 있는 정보는

A. 협상자의 권한

B. 시간

C. 상호 의존성

D. 내부이해관계자 견제 또는 대립, 갈등, 협력

E. 정보

F. BATNA_{최적의 협상대안}

G. 전략과 목표

H. 틀짜기_{패키지, 의제}의 준비 등이 있다.

3) 협상은 파워의 게임이면서도 서로의 이익을 추구하는 게임이다. 따라서 상호간에 자신의 파워를 사용하기도 하고 자신의 파워를 떨어뜨리는 많은 요소들을 보호하려고 하기도 한다. 따라서 영업전문가는 이러한 파워게임을 두려워해서는 안 된다.

4) 영업전문가는 스스로 파워를 강화할 수 있어야 한다. 파워를 강화하기 위해서는 다음을 기억하고 활용하도록 하라.

합법성의 힘	가격표, 인쇄된 문구, 서류 등 인쇄물에 따라오는 힘 당신이 이익이 되면 활용을 하고, 그 반대라면 도전하라.
경쟁의 힘	당신이 가진 것에 대해 경쟁을 유발시키면 그 소유물의 가치는 올라간다
위험감수의 힘	당신이 무언가를 가지길 간절하게 원하면 그에 상응하는 위험(가격, 거래조건 등)을 감수해야 한다.
동창의 힘	사람들은 자신의 행동하고 참여한 것에는 가치와 힘을 느낀다 당신이 원하는 것을 얻는 과정에 다른 사람들을 참여시켜라
지식의 힘	기술적 지식, 전문기술 또는 전문적 지식은 존경심과 경외심을 유발해 힘을 강화한다
투자의 힘	협상에 투자한 시간, 비용이 갖는 힘 협상의 중요한 조건(가격 등)은 제일 나중에 이야기 하라.
보상. 벌의 힘	협상 상대에게 영향력을 미칠 수 있는 또는 미치는 힘
도덕성의 힘	협상의 과정과 결과가 가진 도덕성과 윤리적이 영향력이 가진 힘

선례의 힘	인내의 힘	설득력의 힘	희소성의 힘	태도의 힘

75 영업의 무기와 협상의 무기를 구별하지 못한다

■ ■ ■

상사: 김 대리 자네는 영업과 영업협상을 하면서 가장 많이 부딪히는 어려움은 무엇이라고 생각하는가?

김 대리: 예, 아무래도 고객을 설득하는 것이지요. 고객들은 영업전문가의 말을 잘 믿으려 하지 않으니까요?

상사: 그럼 김 대리는 영업에서의 설득의 무기와 영업협상에서의 설득의 무기는 무엇이라고 생각을 하는가? 아니 질문이 어렵겠구먼. 영업을 하면서 가장 어려운 점은?

김 대리: 고객을 설득하는 것이고, 가격문제를 해결하는 것, 결제문제 등.

상사: 그럼 영업을 하면서 고객을 설득할 때와 영업협상을 할 때 고객을 설득하는 내용에는 어떤 차이가 있을까?

김 대리: 같은 것 아닌가요?

상사: 같은 것이라고 생각할 수 있지. 하지만 엄밀하게 구분을 할 수가 있지. 그 구분되는 내용을 알아야 영업협상을 제대로 할 수 있을 것일세.

■ ■ ■

:: 원인

1) 영업과 협상의 구분을 하지 못한다. 또는 같은 것으로 생각을 한다.

2) 영업과 협상에서 고객의 주요 관심사는 다르다는 것을 모른다.

3) 영업의 무기와 협상의 무기를 구분하지 못한다.

4) 전략적인 영업의 상담기법과 성공요소를 모른다.

5) 영업의 설득 대상과 협상의 설득 대상을 구분하지 못한다.

:: 비용
1) 거래조건이 악화된다.
2) 영업전문가로서의 역할 수행에 어려움을 겪을 수 있다.
3) 고객의 전술에 말려들어 간다.
4) 조건영업을 하게 된다.

:: 대응
1) 영업과 협상을 구분하라. 영업은 자신이 판매하려는 상품과 서비스가 가진 역량, 기능, 성능, 장점으로 고객의 문제를 해결하는 과정을 근거자료와 함께 고객이 얻는 이익을 논리적으로 설득을 하는 과정이다. 따라서 이 영업의 과정이 진행이 되거나 마무리되어야 협상으로 진전이 된다. 협상은 상호 이익을 위해 서로가 가진 조건들을 제안 - 역제안 - 설득하는 과정이다.
2) 영업의 무기와 협상의 무기를 구분하고 활용할 수 있어야 한다. 따라서 영업의 무기는 상품과 서비스가 해결해 주는 문제, 그것의 근거자료, 문제해결 후의 이익의 구체화를 말하는 것이고, 협상의 무기는 고객과 비즈니스를 위해 합의를 해야 하는 거래조건들이다.
3) 고객이 협상을 하고자 하는 것은 거래의 가치를 인정하는 것이다. 따라서 고객의 반응에 대응하는 방법영업상담.

협상 시작을 구분해서 사용할 수 있어야 한다. 그리고 영업
의 대상은 현업부서가 되어야 하고 협상의 대상은 구매
부가 되어야 한다. 구매부를 만나 영업상품의 기능. 장점 등 솔
루션을 설명을 하려 하면 반응이 미지근하다. 그때 조건의
양보를 이야기해 보라. 관심을 가질 것이다. 이것이 조
건영업을 하는 계기가 된다.

4) 고객은 영업과 협상을 구분하지 않으려고 한다. 영업전
문가는 이 둘을 구분할 수 있어야 한다. 영업전문가는
고객이 펼치는 이 전술에 끌려다녀서는 안 된다. 따라서
협상의 무기로는 다음의 것들이 있다, 모든 협상에 적극
적으로 활용하도록 하라.

∷ 대금 지불조건
- 대금 지불 방법
- 통화의 종류 - 국제거래
- 할부와 기간
- 선불 시 가격할인 여부
- 선불 혹은 후불 가능성
- 취소 불가능 계약서
- 삼자 결제 방식
- 결제 시기
- 결제 위약 시 처리 방법

:: 납품조건
- 수량
- 포장 단위를 요구대로 해 줄 경우 대가 요구
- 운송 /보험관계
- 보관 중 피해의 책임소재
- 포장지 구매 시 구입자의 상표명 사용가능성
- 용기의 방수, 방풍, 방충 문제
- 잔여 물량의 보관 방법
- 보관비용 부담 방법
- 인도 시 물품 검사 방법

:: 규격, 품질
- 규격과 품질에서 필수 요건 합의
- 품질의 변동 없이 규격 변동가능성
- 품질의 95% 유지가능성
- 내구성과 가격의 관계
- 규격조건과 가격
- 잔여 물량에 대한 규격조건 적용 여부
- 이상적인 규격조건과 실제 사용상 필요조건

:: 수급관계
- 독점 공급업체로서 누릴 수 있는 특혜
- 여러 공급업체와의 거래필요성

- 독점 공급 시 적정 계약 기간
- 계약 기간 중 가격 조정가능성
- 독점 계약 시 광고 및 홍보비 분담
- 판매 홍보의 분업

:: 위험
- 보험료 부담가능성
- 보험 종류
- 불량품 교체 시 부담 여부
- 계약 불이행 시 책임
- 품질 보증 기간
- 품질 검사 담당 여부
- 제품 성능 측정
- 보험금 분담가능성
- 보험 적용가능 항목
- 특허권, 저작권 위반 시 책임
- 세금 및 기타 부채 책임

:: 시간
- 물품인도 시기와 방법
- 계약기간
- 최종인도 시점
- 물품의 사용가능 시기

- 계약 진행 상황 체크 여부
- 계약 이행 세부 절차 확인
- 납품 후 검사기간
- 납품일정의 조정가능성 등이 모두 협상의 무기들이 이
  들을 기준으로 다양한 협상의제들을 개발하고 고객 과
  협상에 임하라.

■ ■ ■

이상의 내용이 최고의 영업전문가들이 사용하는 영업의 전략과 전술들이다. 영업을 제대로 하기 위해서는 영업업무를 바라보는 관점과 영업전문가의 역할, 고객이 원하는 비즈니스 파트너로서의 자신을 만들어 가야 한다.

위의 글을 읽은 김대리는 영업전문가로서의 자신을 만들기 위해 무엇을 준비해야 하는지 전체적은 그림을 그릴 수 있을 것이라는 확신이 든다. 이 것이 영업의 모든 것은 아니지만……. 그러면서 영업전문가로서 일을 좀더 가치 있게 바라보고 고객에게 도움을 주고 그들이 찾는 전문가가 되어야겠다는 결심을 한다.

김대리는 언제 비즈니스 코치를 다시 만나게 될지 모르지만 그때가 오면 지금보다 훨씬 성장하고 발전된 자신의 모습을 보여주리라 다짐을 한다. 김대리는 비즈니스 코치가 준 서류를 잘 정리해 가방에 넣고서 다시 일과 속으로 발걸음을 옮긴다. 성공하고 성장하는 자신의 모습을 상상하면서…….

■ ■ ■

부록

협상 전술 60계

1. 인내하고 인내하라
2. 협박에 의연하게 대응하고 역으로 이용하라
3. 갑작스런 충격에 대응하라
4. 말을 아끼고 상대의 말을 유도하라
5. 어부지리를 노려라
6. 감정을 조절하고 이용하라
7. 상대의 말을 경청하는 것이야말로 최대의 양보이다
8. 때를 살펴 협상을 진행하라
9. 상대의 패에 따라 적절한 카드를 제시하라
10. 협상의 안건을 선별하고 우선순위를 정하라
11. 작고 쉬운 것부터 시작하라
12. 악역을 등장시켜 상대의 기대수준을 낮춰라
13. 감춰진 언어를 읽어라

14. 작은 것을 양보하고 큰 것을 얻어라
15. 양보에도 법칙이 있다
16. 양보의 법칙에도 예외가 있다
17. 협상의 목표를 명확하게 설정하라
18. 질문을 질문답게, 대답은 대답답게 하라
19. 원하는 것 이상을 요구하라
20. 제안 원칙 – 등거리 전술
21. 엄살 피우기 전술
22. 모든 것은 협상이 가능하다
23. 상대의 제안에 내키지 않은 척하라
24. 위임의 법칙 – 마누라 핑계 대기
25. 정면대결을 피하라
26. 상대의 허점을 이용하라
27. 협상의 이해관계자청중, 언론를 활용하라
28. 충격에 대비하라
29. 소신을 유지하라
30. 상급자협상의 최종 결정권자와 대화하라
31. 공격적인 질문은 구렁이 담 넘어가듯 일단 피하라
32. 마감 기일을 활용하고 그에 적절히 대응하라
33. 모든 결정 사항은 낱낱이 서면으로 확인해 두어라
34. 허풍과 기만에 냉정하게 대처하라
35. 거절하기 어려운 카드를 제시하라

58. 때로는 비공식적 협상을 진행하라

59. 양자택일

60. 다양한 협상의 의제를 발굴하라.

Sales Master Series 3

영업달인의 비밀노트

초판인쇄 | 2009년 7월 20일
초판발행 | 2009년 7월 20일

지은이 • 노진경 / 펴낸이 • 채종준 / 펴낸곳 • 한국학술정보㈜ / 주소 • 경기도 파주시 교하읍 문발리
파주출판문화정보산업단지 513-5 / 전화 • 031) 908-3181(대표) / 팩스 • 031) 908-3189 / 홈페이지 •
http://www.kstudy.com / E-mail • 출판사업부 publish@kstudy.com

등 록 | 제일산-115호(2000. 6. 19)
가 격 | 22,000원

ISBN   978-89-268-0159-8 03320 (Paper Book)
       978-89-268-0160-4 08320 (e-Book)

이담
Books 는 한국학술정보(주)의 지식실용서 브랜드입니다.